Adolph Joseph Leibrock

# Musikalische Akkordlehre für Lehrer und Lernende

Adolph Joseph Leibrock

**Musikalische Akkordlehre für Lehrer und Lernende**

ISBN/EAN: 9783743315747

Hergestellt in Europa, USA, Kanada, Australien, Japan

Cover: Foto ©Paul-Georg Meister /pixelio.de

Manufactured and distributed by brebook publishing software
(www.brebook.com)

Adolph Joseph Leibrock

**Musikalische Akkordlehre für Lehrer und Lernende**

# Musikalische

# AKKORDLEHRE

für

## Lehrer und Lernende

von

## Dr. Ad. Jos. Leibrock,

Herzogl. Braunschw. Kammermusiker.

---

**Leipzig,**

Verlag von Julius Klinkhardt.

1875.

# Vorwort.

Die vorhandenen musikalischen Kunstlehren sind so reich an Zahl wie an Werth, dass es nicht ohne Bedenken unternommen werden kann, ihnen eine neue hinzuzufügen, woferu dies Beginnen nicht von der Ueberzeugung geleitet wird, soviel des Neuen und Wissenswerthen darin bieten zu können, dass sie Lebensfähigkeit genug hat, sich neben jenen als selbständiges und nützliches Werk zu behaupten.

Ist dies möglich? — Gewiss, denn die Kunst kennt keinen Stillstand, und ebensowenig darf sich ihre Lehre jemals für erschöpft und abgeschlossen erachten.

Von dem Neuen und noch nirgend früher Erörterten, was die vorliegende Akkordlehre bringt, sei hauptsächlich die Unterdominante hervorgehoben, d. h. nicht die blos gelegentliche Erwähnung, dass der jedesmaligen Quarte einer Tonleiter vor Zeiten dieser Name zuertheilt ist, sondern die Erklärung dieses Namens vielsagender Bedeutung, die Darstellung und Entwicklung dieses merkwürdigsten, vielgestaltigsten, interessantesten aller Intervalle und der mit ihm verknüpften Akkorde, seine Einverleibung als der die ganze Lehre durchziehende rothe Faden.

Folgendes Bild gewährt davon eine vorläufige Anschauung:

Alle in diesen Beispielen bezifferten Akkorde, welche zwanglos ein und dasselbe Ziel (den Quartsextakkord von *C*) erreichen, sind Unterdominantakkorde. Sie werden gewöhnlich „Hilfsakkorde" genannt, eine Benennung, deren Richtigkeit zugestanden werden kann, denn obgleich theilweise ganz anderen Tonarten zugehörend, als C-dur und moll, denselben vielmehr leiterfremd, stehn sie ihnen doch „hilfreich" zur Seite. Der Name „Hilfsakkorde" reicht aber für ihre Karakterisirung nicht aus; sie sind mehr, — auch müssen sie in ein festgegliedertes System gebracht werden, und dies ist die Aufgabe, welche das vorliegende Buch zu lösen unternimmt.

Diese Darstellung gewährt viele Vortheile. Indem sie erstens die Namen und Begriffe beider Dominanten erklärt, macht sie auch mit den Bedingungen bekannt, unter welchen die Quarte der Tonleiter zur Unterdominante wird, als welche sie ihren Einfluss auf die Oberdominante ausübt, den sie aber nicht hat, wenn sie nur einfache *Quarta toni* bleibt. Unzertrennlich hiervon ist die Erwähnung der Bedingungen, unter welchen die Quinte der Tonleiter zur Oberdominante wird, als welche sie ihren Einfluss auf die Tonika ausübt, den sie aber nicht hat, wenn sie (weil sie nicht immer Dominante ist,) nur einfache *Quinta toni* bleibt.

Zweitens erläutert sie, dass Quarte und Quinte der Tonleiter an sich Konsonanzen sind, in ihrer zweiten Eigenschaft als Dominanten aber zu Dissonanzen werden, die sich den Auflösungsgesetzen fügen müssen, wie dies auch der Sprachgebrauch sagt: die Unter- muss sich in die Oberdominante, und diese in die Tonika auflösen, — ein Ausdruck, der bei *Quarta* und *Quinta toni* nicht gefunden wird.

Drittens deutet sie jene Menge täglich vorkommender leiterfremder (Schein-) Akkorde, welche durch das Band der Unterdominant-Umbildungen mit der Tonika zusammenhängen.

Sie liefert viertens den werthvollsten Beitrag zur Klärung der Quintenfrage, indem sie nachweist, dass bei der nothwendigen Auflösung gewisser Unterdominantakkorde in die Oberdominante bei korrekter Auflösung aller Intervalle unausbleiblich reine Quinten entstehn, welche ertragen werden müssen, weil es unmöglich ist, jene Akkordfolgen zu verbieten. Freilich sind auch Abhilfen dagegen erdacht, — dieselben haben aber nur die Bestimmung, die Quinten dem Auge zu verbergen, und sind (meistentheils Vertauschung der Intervalle, welche den glatten Gang der Stimmen schädigt,) von so zweifelhaftem Werthe, dass die edelsten Meister es zuweilen verschmäht haben, sich derselben zu bedienen. Daher die auch bei ihnen manchmal vorkommenden Quinten. (Die Abhilfen sind § 17 aufgezeichnet.) Die beste Abhülfe wäre, die unvermeidlichen Quinten zu sammeln, ihnen eine bestimmte Fassung zu geben und sie von denjenigen zu unterscheiden, welche nicht von der Natur geboten sind, folglich auch vermieden werden müssen. Die Kritik würde dadurch eine sichere Basis erhalten.

Fünftens hat sie bedeutenden Einfluss auf die Auseinandersetzung des Ganz- und Halbschlusses, des Orgelpunkts, der Bassvorausnahme und anderer Gegenstände mehr. Auch ist ein rationelles Septimenakkordssystem ohne sie nicht zu denken.

Was die Anordnung der Unterdominant-Abhandlung betrifft, die hier zum Erstenmale in diesem Umfange und von diesem Kunststandpunkte zur Sprache kommt, so ist es nöthig, möglicher Missdeutung zuvorzukommen. Die Aufstellung der verschiedenen Unterdominantakkorde geschieht selbstverständlich immer von dem Tone der Unterdominante aus, und es erscheint über derselben der Reihe nach z B. in den Tonarten C-dur und moll

1) ein Dreiklang,  A. I.

2) ein Sextakkord,  B. I.

3) ein Quintsextakkord,  C. I.

4) ein Septimenakkord,  D. I.

5) ein Sekundakkord,  E.

6) ein Terzquartsextakkord.  F.

Wenn nun aber der Akkord eine Verwechslung ist, wie bei No. 2, 3, 5 und 6, so muss er dennoch vorn hingestellt werden, weil er der eigentliche Unterdominantakkord ist, und sein Stammakkord kann erst als zweiter hinter ihm zu stehn kommen. Die Anwendung dieses Verfahrens auf den Quintsextakkord z. B. bei No. 3 ergiebt folgende Reihenfolge:

Ganz besonders zweckmässig erweist sich diese Anordnung bei den Umbildungen. Die obigen Akkorde No. 1 bis 4 erlauben nämlich, dass einige ihrer Intervalle umgebildet, d. h. theils einen Halbton erhöht, theils einen Halbton erniedrigt werden, wodurch sie zwar ihren Klang verändern, von ihrer Eigenschaft als Unterdominantakkorde jedoch nichts einbüssen. Die erste Umbildung ist bei allen (in Dur und Moll) diejenige, dass der Ton der Unterdominante einen Halbton (*f* zu *fis*) erhöht wird, folglich so:

Wollte man dies nun so darstellen, wie es hier bei b) geschehn ist, so würde dies Bild der wahren Sachlage nicht entsprechen, denn dies ist der wesentliche Septimenakkord aus G-dur, folglich dessen Oberdominante, deren Auflösung auch nach G-dur erfolgt, wogegen bei a) die betreffende Unterdominant-Umbildung aus C-dur erscheint, deren Auflösung in den Quartsextakkord C-dur an Deutlichkeit nichts zu wünschen übrig lässt.

Bei der zweiten Umbildung ist es ebenso. Nachdem *f* bereits zu *fis* erhöht ist, kommt nun die Reihe an den Ton *d*, welcher *dis* wird:

Der Akkord bei b) ist der verminderte Septimenakkord (eine Oberdominante) aus E-moll, bei a) hingegen ein Unterdominantakkord aus C-dur. In keinem Falle dürfte man jedoch die Erhöhung des *d* zu *dis* ohne gleichzeitiges *fis* vornehmen: das *dis* allein würde einen Akkord schaffen, welcher der Tonart C-dur gar nicht, vielmehr dem A-moll zugehörte.

In C-moll erhöht die zweite Umbildung das *as* zu *a*, nachdem in der ersten das *fis* bereits vorangegangen ist:

Erste Umbildung.　　　　　　　　　Zweite Umbildung.

In keinem Falle dürfte man aber mit diesem *a* die Reihe der Umbildungen beginnen; man würde damit die Tonart C-moll verlassen.

———

Die zu Belegen der Lehrgrundsätze gewählten Beispiele sind mehrentheils wirklich existirenden Tonwerken entlehnt, mit Vorliebe aus dem Fache der Oper und mit Rücksichtnahme auf allgemein bekannte Stellen, deren weiteste Verbreitung mit Grund angenommen werden darf. Dass sie in C-dur, C- und A-moll transponirt sind, wird hoffentlich ihrem instruktiven Zwecke förderlich sein. Hauptaugenmerk war dabei, sie — wenn auch noch so kurz — stets in solcher Vollständigkeit zu geben, dass sie einen abgeschlossenen Sinn aussprechen. Hier wäre allzugrosse Dürftigkeit leicht am unrechten Orte. Würde man, um ein Beispiel anzuführen, von dem wesentlichen Septimenakkorde sprechen, mit dem Hinzufügen, dass der durch ihn herbeigeführte Ganzschluss dann der vollkommenste ist, wenn sich seine Terz (Leitton) oder Quinte (mit abwärtsgehender Tendenz) in der Oberstimme befindet, weil hinter beiden der tonische Dreiklang in die erste Lage zu stehn kommt, und suchte dies etwa so anschaulich zu machen,

so ist dies für den Lernenden keineswegs ausreichend. Stellt man aber den Akkord in dem kleinsten zusammenhangsvollen Musikgedanken dar,

sodass der Schüler sieht, wie sich jene beiden Töne in der Oberstimme bilden, und die Art ihrer Auflösung aus dem Sätzchen allenfalls heraus-

lesen kann, so wird ihm augenblicklich das volle Verständniss erschlossen.
Dagegen ist es wirkliche Raumersparniss, sie nach Möglichkeit auf eine
Notenzeile zu schreiben; des Uebelstandes bleibt doch noch genug, dass
sie dadurch einestheils in eine zu hohe Tonregion, anderntheils zu einseitig in die enge Harmonie zu stehn kommen, wovon sich der Anfänger
erst wieder losringen muss. —

Die herkömmliche Musikterminologie, die noch von Niemand unge-
straft verlassen, ist überall beibehalten. Die überlieferten Kunstausdrücke
bieten in ihrer tiefgehenden Bedeutung dem Nachdenken so reichen Stoff,
dass das Bedürfniss neuer Namenserfindungen nicht fühlbar wird. Sogar
das unschöne Wort „musikalisch" ist geblieben, weil es überall verbreitet
ist. Es muss „musisch" heissen, gleichwie es heisst „melodisch", „harmonisch", „rhythmisch", auch „ethisch", plastisch", „logisch" u. s. w. Nur
das Adjektivum „physikalisch" macht eine Ausnahme, um es von „physisch"
zu unterscheiden. A. v. Platen bildet es in dem Gedichte „Christnacht"
einmal „musikisch":

> Es schreitet die Sterne des Himmels entlang
> Mit leisem Gesang
> Der seligen Scharen musikischer Gang.

Da es aber hier aus Dichterfreiheit, augenscheinlich dem Versmass zu
Gefallen, entstanden ist, so eignet es sich ebenfalls nicht zu allgemeiner
Annahme, so gut es auch klingt.

Die Benennung der Intervalle ist im ganzen Buche folgende:

Sekunde: vermindert, — klein, — gross, — übermässig.
Terz: vermindert, — klein, — gross, — übermässig.
Quarte: vermindert,    — rein, —    übermässig.
Quinte: vermindert,    — rein, —    übermässig.
Sexte: vermindert, — klein, — gross, — übermässig.
Septime: vermindert, — klein, — gross, — übermässig.
Oktav: vermindert,    — rein, —    übermässig.

Die vier Intervalle, welche gross und klein sein können, werden,
wenn man sie umkehrt, in ihr Gegentheil verwandelt. Die grosse Sekunde
wird zur kleinen Septime, die kleine Sekunde zur grossen Septime etc.
Anders bei Quarte, Quinte und Oktav; sie heissen rein, weil sie in der
Umkehrung wieder zu reinen Intervallen werden: Die reine Quarte
wird zur reinen Quinte, und die reine Quinte wird zur reinen Quarte.
Ebenso die Oktav. Deshalb eignen sich für dieselben die Ausdrücke
gross und klein nicht, wie es auch schon im Sprachgebrauche liegt,
welcher sagt: die Violinen, Violen und Violoncellos werden in reine

Quinten, die Kontrabässe in reine Quarten, und auf dem Pianoforte werden die Oktaven rein gestimmt. Die Erhöhung davon ist sofort „übermässig", die Erniederung „vermindert". Daher z. B. bei der Quinte auf der einen Seite „übermässiger" Dreiklang, auf der andern „verminderter" Dreiklang. — Diese drei „reinen" Intervalle sind die in der Geschichte der Musik so bedeutungsvollen „vollkommenen Konsonanzen", die, wie sie als Tonika und beide Dominanten in unserm heutigen Tonsystem eine hervorragende Stellung einnehmen, auch durch besondere Benennungen vor den übrigen Intervallen ausgezeichnet werden.

Um für die zum Erstenmale bearbeiteten Gegenstände „Unterdominante", „Halbschlüsse", „Hauptgebrauchsarten des verminderten Septimenakkords" grösseren Raum zu behalten, sind einige andere, „Durchgangs- und Hilfstöne", „Orgelpunkt", „Vorhalt", „Vorausnahme" u. s. w. kürzer gefasst und nur soweit berücksichtigt, als sie der Akkordlehre zugehören. Diese wolle man nicht mit Kompositionslehre verwechseln, wiewohl sie bei der Gebrauchsanweisung aller Akkorde manchmal dahin überzugreifen gezwungen ist. Auch will sie als ein organisch zusammenhängendes Ganzes aufgefasst, und kein abgerissener Theil derselben kann in seiner Vereinzelung vollkommen verständlich sein.

Die Bezifferung beschränkt sich überall nur auf den jedesmal vorliegenden Akkord; alles Uebrige ist nicht beziffert.

Möge das Werk so viel Nutzen stiften, als seine Abfassung mir Freude bereitet hat, denn

Des Lebens Endzweck ist die Freude nicht:
Der Freuden höchste aber ist die Kunst.

Dr. Ad. Jos. Leibrock.

# Inhalt.

## Dritter Abschnitt.

### Die fünfstimmigen Akkorde.

# Register.

# § 1.

## Melodie, Harmonie, Rhythmus.

Bei dem Anhören von Musik dringen die Töne — abgesehen von den Organen, durch welche dieselben hervorgebracht werden — auf dreifache Weise in das Ohr:

a. als **Verbindung der Töne in der Zeitfolge**; (succesive Tonverbindung: **Melodie**.)

b. als **gleichzeitige Tonverbindung**; (simultane Tonverbindung: **Harmonie**.)

c. als **Bewegung der Töne** rücksichtlich ihrer Dauer und taktischen Anordnung; (**Rhythmus.**)

# § 2.

## Motivirung der Akkordlehre.

Diese drei Arten der Tonerscheinung sind in musikalischen Kunstwerken immer vereinigt. Sie sind jedoch unschwer voneinander zu unterscheiden, und können als **Melodik, Harmonik, Rhythmik** — jede für sich — wissenschaftlich behandelt werden.

Dem Zwecke dieses vorliegenden Buchs dient die mittlere der drei obigen Rubriken, die **Harmonie**, zur Grundlage. Gleichzeitig verbundene in ihrer äusseren Erscheinung verschiedene) Töne werden zu **Akkorden**; folglich ist sie es, welche die Lehre dieser Akkorde zum Gegenstande hat. Melodie und Rhythmus können dabei nur gelegentlich und nur dann berücksichtigt werden, insofern sie auf die Gestalt oder den Gebrauch von Akkorden Einfluss äussern.

Der Begriff des Worts **Harmonie** wird übrigens durch die Definition „gleichzeitige Tonverbindung" keineswegs erschöpft. Jener Begriff ist damit nur im engern Sinne gefasst. Im weiteren und allgemeinen Sinne, wie dies auch der Volksmund ausspricht, der jede Verträglichkeit, jedes Zusammenpassen, jede wohlgefällige Uebereinstimmung eines Mannigfaltigen damit bezeichnet und z. B. von Menschen, Farben u. s. w. sagt: sie harmoniren miteinander, erstreckt er sich über das ganze Tongebiet; denn es müssen ausser den gleichzeitig zusammentreffenden auch die aufeinander folgenden, d. h. die melodisch verbundenen, ebenso die rhythmisch verknüpften Töne, nicht minder auch die Verbindung von Singstimmen und Instrumenten u. s. w. — es muss Alles miteinander harmoniren. — Das Wort Harmonie kommt noch in mancher anderen Verwendung vor, deren Einseitigkeit leicht zu erkennen ist, z. B. „Kompositionen für Harmoniemusik", womit Tonstücke für Blasinstrumente gemeint sind. Tonstücke für Streichinstrumente können ebensowenig ohne Harmonie existiren.

2

## § 3.

### Der Terzenbau.

Unter gleichzeitig verbundenen Tönen, die bestimmt sind, Akkorde zu bilden, versteht man solche, deren äussere Erscheinung von einander verschieden ist; nicht Einklänge oder Oktaven, denn diese werden in jedem Zusammenklange nur einmal gezählt, nur als ein Ton gerechnet.

Ihre Zusammenfügung muss nach einem Kunstgesetze geschehen, und dieses Kunstgesetz ist das terzenweise Uebereinanderbauen derselben. Ueber einen angenommenen Ton (Grundton) wird eine Terz höher ein zweiter, über diese erste Terz ein dritter (des Grundtons Quinte), und in derselben Reihenfolge ein vierter (des Grundtons Septime), ein fünfter (des Grundtons None) gesetzt.

Ein so vollzogener terzenweiser Aufbau von drei, vier oder fünf Tönen trägt den Namen Akkord. — Erblickt man einen Akkord, der nach diesem Grundsatze nicht zusammengefügt scheint, so ist dies eine Verwechslung, die man nur umzukehren braucht, um den Grundton aufzusuchen, von welchem der terzenweise Aufbau begann.

## § 4.

### Geringste Anzahl der Terzen.

Wie nach mathematischem Gesetz zur Bildung eines Verhältnisses wenigstens zwei Glieder erforderlich sind, so hat die Tonsprache zur deutlichen Vorstellung eines Akkords wenigstens zwei Terzen (drei Töne) nöthig. — Wenn bisweilen eine einzige Terz dazu ausersehen ist, einen Akkord zu repräsentiren, so ist der dritte Ton absichtlich weggelassen, in den meisten Fällen deshalb, weil es an einer Stimme gefehlt hat, in welcher derselbe seinen Platz gefunden haben würde. Das dieser Terz Vorangehende muss dann so deutlich zu ihr hinführen, ebenso muss das derselben Nachfolgende so klar von ihr ausgehen, dass ein Zweifel an dem gemeinten Akkorde nicht aufkommen kann. (S. § 10.)

## § 5.

### Normaltonart.

Zur Entwickelung der Akkorde wird von allen Tonlehrern die Tonart C-dur gewählt, weil sie — ohne alle Vorzeichnung, mithin die ungefärbteste von allen — die richtige Mitte zwischen den Erhöhungstonarten auf der einen und den Erniederungstonarten auf der andern Seite einnimmt, und damit die musikalische Normaltonart bildet.

Die Lehre nimmt durch diese Wahl die Pflicht auf sich, an der C-dur-Tonart treu festzuhalten und alle Akkorde, welche sie aufstellt, nur aus ihr zu entnehmen; zuerst die, welche aus ihr selbst hervorgehn, d. h. welche ohne Anwendung eines Versetzungszeichens gebildet werden, woran sich dann später die durch Erhöhungs- oder Erniederungszeichen zu gewinnenden anreihen, sofern sie mit der Tonart C-dur in Beziehung stehn.

Zur gleichzeitigen Darstellung der Akkorde des Mollgeschlechts ist es principiell richtig, die Tonart A-moll zu nehmen, welche, als die Parallele von C-dur, ebenfalls keine Vorzeichnung hat. Pädagogisch ist aber für den Anfang C-moll empfehlenswerther. Die Tonstufen und die Noten sind da dieselben, wodurch die Auffassung erleichtert wird; die Gegensätze in den Akkorden beider Geschlechter (*e* und *es*, *a* und *as* u. s. w.) springen unmittelbarer in die Augen; aber auch die Uebereinstimmung in dem gemeinschaftlichen Leittone *h* wird (namentlich dem Lernenden) anschaulicher.

Die Uebertragung des auf diese Weise gewonnenen Akkordsystems in alle anderen Tonarten setzt in den Besitz aller Akkorde, welche überhaupt existiren, und stellt jeden an seinen richtigen Platz.

---

# Erster Abschnitt.
## Die dreistimmigen Akkorde.

### § 6.
#### Dreiklang.

Ein aus zwei Terzen, mithin aus Grundton, Terz und Quinte zusammengesetzter Akkord

*C-dur.*      *C-moll.*

wird Dreiklang genannt; und zwar, wenn die Terz die grosse ist: harter (Dur-, grosser) Dreiklang, und wenn sie die kleine ist: weicher, (Moll-, kleiner) Dreiklang

Wenn die drei Töne dicht übereinander gesetzt sind, wie bei a., so steht der Akkord in der engen Lage oder in der gedrängten Harmonie; sind sie aber weit auseinander gehalten, wie bei b., sodass zwischen ihnen noch andre zum Akkorde gehörige Töne Platz finden können, so steht er in weiter Lage oder in zerstreuter Harmonie.

Der harte Dreiklang macht den Anfang, weil er der ursprünglichste, der von der Natur gegebene ist. Man erkennt dies daraus, dass zu einer aufgespannten Saite (Monochord) die grosse Terz und reine Quint- mitklingende (Aliquot-) Töne sind. (Der Saiteninstrumentist weiss auch, dass ihm diese Töne als Flageolettöne zu Gebote stehn.) Die Aesthetik schreibt ihm Bestimmtheit und den Ausdruck von Heiterkeit zu.

Der weiche Dreiklang ist dem harten durch Erniedrung der Terz nachgebildet. (Das Monochord zeigt die kleine Terz nicht.) Die Aesthetik misst ihm weniger Bestimmtheit und das Gegentheil von Heiterkeit bei.

Mit Ziffern wird kein Dreiklang bezeichnet. Man versteht im Gegentheil unter einem unbezifferten Akkorde immer einen Dreiklang. Nur

1 *

4

wenn man ihn vor andern Akkorden besonders kenntlich machen will,
setzt man ihm die Zahlen ⅗ unter.

Beide Dreiklänge haben ihre Namen von der Terz erhalten. Die
Quinte wird dabei nicht benannt; es wird vorausgesetzt, dass sie die
reine sei. Wenn sie dies nicht ist, so empfängt der Akkord seine Benennung von ihr. Ist sie vermindert, so heisst er verminderter Dreiklang, und ist sie übermässig, so heisst er übermässiger Dreiklang.
Dieser Letztere ist ein abgeleiteter Akkord, dessen Erörterung hier
noch nicht stattfinden kann. (S. § 15.) Der verminderte Dreiklang
dagegen gehört zu den ursprünglichen, und wir finden ihn in beiden Tongeschlechtern auf der siebenten diatonischen Tonleiterstufe:

Es giebt also drei Arten von Dreiklängen: harte, weiche und
verminderte.

Im Durgeschlechte sind in gleicher Anzahl drei harte (Prime,
Quarte und Quinte) und drei weiche Dreiklänge (Sekunde, Terz und Sexte)
vorhanden. — Im Mollgeschlechte wird die Quinte doppelt gebraucht,
bald mit kleiner, bald mit grosser Terz; dadurch ist es möglich, auch hier
die gleiche Anzahl von drei harten und drei weichen Dreiklängen herzu-
stellen, welche durch das Vorhandensein von zwei verminderten Dreiklängen
(Sekunde und Septime) gestört scheint. Eine Vermehrung der Intervalle
findet aber dadurch nicht statt, denn die Quinte bleibt nur ein Intervall,
wenn dasselbe auch verschieden gebraucht wird. Die drei harten Dreiklänge befinden sich auf der Terz, Quinte und Sexte, die drei weichen auf
der Prime, Quarte und Quinte.

Es verdient Aufmerksamkeit, dass in beiden Geschlechtern die Dreiklänge auf allen Stufen von einander verschieden sind; nur auf der Quinte
und Septime sind die Dreiklänge (um den Leitton h zu gewinnen) gleichförmig gebildet.

## § 7.

### Die Verwechslungen.

So lange der Anfangston des Terzenbaues der tiefste bleibt, behält
der Akkord den Namen Dreiklang. Verlässt er aber seinen Platz und
räumt ihn einem der beiden andern zu ihm gehörenden Töne ein, was aus
ästhetischen und aus Gründen des musikalischen Satzes oft geschieht, so
wechselt der Akkord den Namen.

Die Töne haben hier ihre Plätze gewechselt, daher heissen die beiden neuen Gestaltungen: des Dreiklangs Verwechslungen.

Ihre Benennung erhalten sie wieder von der ursprünglichen Terz. Die erste Verwechslung heisst Sextakkord, weil darin die ursprüngliche Terz zur Sexte umgekehrt ist. Man bezeichnet ihn durch die Zahl 6. Dieselben beiden Töne sind in der zweiten Verwechslung zur Quarte und Sexte geworden, daher der Name Quartsextakkord, bezeichnet durch die Ziffern $\frac{6}{4}$.

Diese beiden Veränderungen des Dreiklangs haben seine Gestalt und seinen Namen, nicht aber die ursprüngliche Bedeutung seiner Intervalle geändert. Im C-dur-Dreiklange z. B. nebst seinen Verwechslungen bleibt $c$ immer der Grundton, $e$ immer die Terz, $g$ immer die Quinte. — Der Ausdruck Grundton ist nicht zu verwechseln mit Basston, worunter der jedesmalige tiefste Ton verstanden wird. Im Sext- und Quartsextakkorde können $e$ und $g$ wohl Basstöne werden, $c$ bleibt aber auch in ihnen immer der Grundton. Im Dreiklange dagegen ist $c$ Grund- und Basston zugleich.

Die Verleihung besonderer Namen an die Verwechslungen des Dreiklangs lässt vermuthen, dass man ihnen eine besondere Wichtigkeit zuerkennt. (Alle wichtigen Akkorderscheinungen sind durch eigene Namen ausgezeichnet worden; was damit nicht bedacht ist, tritt an Bedeutung zurück.) Sie wohnt ihnen auch in der That bei; denn obgleich aus denselben Tönen bestehend, wie ihr Stammakkord, sind sie doch an Bedeutung und Wirkung so sehr von ihm verschieden, dass sie bei rechtem Gebrauche niemals mit ihm oder untereinander vertauscht werden dürfen. Man kann von dem C-dur-Dreiklange und seinen Verwechslungen, die in folgendem Beispiel vorkommen, in ungefährer Weise auf alle Uebrigen schliessen:

Dem Lernenden ist es nützlich, Dreiklänge nebst ihren Verwechslungen in beliebigen Tonwerken und in vielen Tonarten aufzusuchen und sich an ihre Wirkung zu gewöhnen, damit er die Ueberzeugung gewinne, dass die Verwechslungen eines Akkords kein müssiges Spiel sind, sondern ein nothwendiges Kunstmaterial bilden, ohne welches gewisse Wirkungen nicht erreicht werden können.

§ 8.

**Tabelle der leitereigenen Dreiklänge und deren Verwechslungen
auf den 7 diatonischen Tonleiterstufen.**

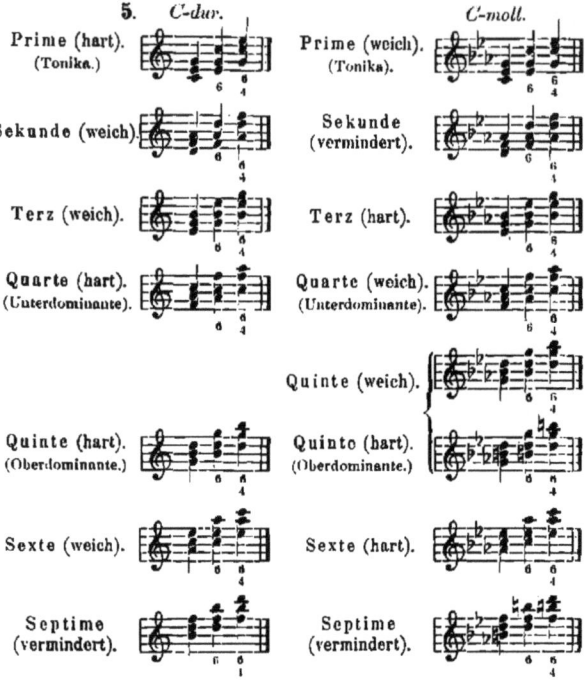

Wer diese Tabelle in mehre Kreuz- und Be-Tonarten überträgt, verschafft sich einen gewinnbringenden Ueberblick über einen wichtigen Theil des musikalischen Akkordvorraths. Es ist dann zu gleicher Zeit lehrreich, das Vorkommen eines und desselben Akkords in den verschiedensten Beziehungen zu beobachten. Der C-dur-Dreiklang z. B. findet sich als Prime (Tonika) in C-dur, als Terz in A-moll, als Quarte (Unterdominante) in G-dur, als Quinte (Oberdominante) in F-dur, und als Sexte in E-moll.

Wenn die leitereigenen Dreiklänge nebst ihren Verwechslungen innerhalb ihrer Tonart zur Verwendung kommen, so bleiben die der Tonleiter eigenen Intervalle unverändert; wenn also in einem Tonsatze, welcher aus C-dur geht und sich von C-dur nicht entfernt, der F-dur-Akkord gebraucht wird, so nimmt man nicht *b*, sondern behält *h*, oder wenn der G-dur-Akkord vorkommt, nicht *fis*, sondern man behält *f* u. s. w. Dies ist ein sicheres Zeichen, dass jene Akkorde nicht selbständig für sich, sondern nur als Hilfsakkorde von C-dur benutzt sind, wie hier:

u. s. w.

Es ist schon in § 6 angedeutet, dass die gleichnamigen Stufen beider Tongeschlechter stets entgegengesetzte Dreiklänge besitzen. Wo in dem einen Geschlechte ein harter Dreiklang vorhanden, da ist ihm gegenüber ein weicher, und umgekehrt. Hierauf beruht der karakteristische Unterschied zwischen Dur und Moll Nur auf der siebenten Stufe — in dem verminderten Dreiklange — findet Gleichbildung statt. Ebenso muss im Mollgeschlechte der Dreiklang auf der Quinte — sobald der Leitton nöthig wird — mit grosser Terz versehn werden, um ihn mit dem Durgeschlechte in Uebereinstimmung zu bringen, wo der Akkord ebenfalls die grosse Terz hat. Dadurch entsteht im Moll der harte Dreiklang auf der Quinte (Oberdominante). Wenn aber der Leitton nicht nöthig ist, so wird der weiche Dreiklang beibehalten; diesem fehlt jedoch im Durgeschlechte ein Gegenbild, deshalb bleibt daselbst der Raum frei.

Der zweite verminderte Dreiklang auf der Sekunde wird später — bei der Unterdominante — zur Besprechung kommen. Es kann hier nur durch ein Beispiel angedeutet werden, inwiefern er seinem Gegenüber im Durgeschlechte entspricht:

Zugleich kann dieses Beispiel Zeugniss ablegen für die Nothwendigkeit des Tones *h* im vorletzten Akkorde.

## § 9.

### Verminderter Dreiklang.

Die reine Quinte, welche der harte und weiche Dreiklang besitzen, verleiht diesen beiden Akkorden einen so ruhigen und befriedigenden Karakter, dass sie befähigt sind, am Schlusse von Tonstücken zu stehn, und dass das Ohr eine weitere Folge noch mehr befriedigender Akkorde nicht gebieterisch fordert. Dies Tonverhältniss heisst in der Kunstsprache: Konsonanz. Harter und weicher Dreiklang sind konsonirende Akkorde.

Der verminderte Dreiklang zeigt hiervon das Gegentheil. Die verminderte Quinte macht ihn unruhig, und das Ohr erkennt, dass er allein und ohne Nachfolge eines andern Akkordes nicht zu befriedigen vermag, dass er mithin den Schlussakkord eines Tonstücks nicht bilden kann. Es wohnt in ihm der Drang, in einen ruhigeren Akkord überzugehen, und dies ist der Begriff des Wortes: Dissonanz. Der verminderte Dreiklang ist ein dissonirender Akkord. Wenn er diesen Drang befriedigt, so erfährt er seine Auflösung, d. h. er geht in diejenige Tonart zurück, aus welcher er hervorgegangen ist.

### Auflösung
### des verminderten Dreiklangs und seiner Verwechslungen.

Quartsextakkord.

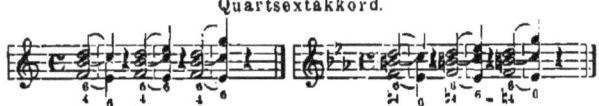

Bei der Auflösung — wie aus diesen Beispielen zu ersehen ist — geht jeder der beiden Töne, welche die verminderte Quinte bilden, dem andern einen Schritt entgegen. Dies ist der Grundsatz, nach welchem alle verminderten Intervalle aufgelöst werden. Der Grundton — hier zugleich der Leitton — geht einen halben Ton aufwärts, und die verminderte Quinte in die nächste diatonische Stufe abwärts; im Durgeschlechte beträgt dies einen halben, im Mollgeschlechte einen ganzen Ton. Die Terz (diesmal der Ton $d$) erfordert eine besondere Aufmerksamkeit. Dieses Intervall hat den sogenannten freien Gang, d. h. es kann ebensowohl eine diatonische Stufe abwärts als aufwärts fortschreiten. In diesen beiden Fällen bleibt jedoch der nachfolgende Akkord unvollständig. Es darf aber auch, indem es die dazwischenliegenden Intervalle überspringt, den fünften Ton abwärts (oder den vierten Ton aufwärts) erreichen, wodurch der Vortheil gewonnen wird, dass im folgenden Akkorde kein Ton fehlt.

(Wir werden künftig dieses $d$ in allen Oberdominant-Akkorden wieder antreffen, wo es — als Terz von $h$ oder als Quinte von $g$ — dieselbe Freiheit geniesst; zwei Fälle ausgenommen, in denen seine Bewegung — um Quinten zu vermeiden — beschränkt wird.)

Die Elasticität dieses Intervalls giebt Anlass zu einer wichtigen Ausnahme. Wenn nämlich im Sextakkorde das $d$ einen Ton aufwärts geht, so kommt es in dasselbe $e$ oder $es$, welches schon von $f$ her abwärts erreicht wurde; dieser Ton erscheint also doppelt:

*C-dur.*     NB.       *C-moll.*     NB.

9.

So korrekt diese Auflösung (bei $a$) ist, so enthält sie doch eine Leere, welche das Ohr beseitigt wünscht. Man gestattet deshalb dem $f$ aufwärts nach $g$ zu gehn (bei $b$), dadurch wird der nachfolgende Sextakkord C-dur — resp. C-moll — vollzählig. Man sieht es aber immer nur für die Ausnahme an, die unter der Voraussetzung unbeanstandet bleibt, dass der Ton, in welchen die Dissonanz sich eigentlich hätte auflösen müssen, in einer andern Stimme genügend vertreten ist. Dies ist der Fall bei NB. (Das Zugeständniss, die Auflösung eine Sekunde aufwärts zu nehmen, wird, wie wir in der Folge sehen werden, dieser Dissonanz häufig gemacht, sobald höhere Kunstzwecke, als da sind: grössere Vollstimmigkeit, Sangbarkeit der Melodie u. dgl. dadurch erstrebt werden.)

10

## Anwendung
### des verminderten Dreiklangs und seiner Verwechslungen.

## Erweiterte Aufgaben.

Choral: „Ach Gott und Herr".

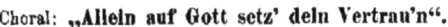

Choral: „Allein auf Gott setz' dein Vertrau'n".

## § 10.

### Intervall-Auslassung.

Nicht immer ist es möglich, alle zum Akkorde gehörenden Intervalle zu gleicher Zeit beieinander zu haben. Zuweilen ist Mangel an Stimmen die Ursache davon, oft lenkt auch der manchen Tönen durch ihre Natur angewiesene Fortschritt die Spur davon ab. Da nun zur Verdeutlichung eines Akkords dessen Grundton und Terz unerlässlich sind, der erste, um den Namen, die zweite, um das Dur- oder Mollgeschlecht zu bestimmen, so bleibt nur die Quinte übrig, welche allenfalls wegbleiben kann, weil durch ihre Abwesenheit die Deutlichkeit des Akkordes nicht wesentlich beeinträchtigt wird. Dies wird in den obigen Beispielen gezeigt. Bei einigen Fermaten fehlt dort sogar die Terz. Sie war nicht zu gewinnen; die beabsichtigten Dreiklänge sind darum doch nicht zu verkennen, weil die Vorbereitung ganz unzweideutig zu ihnen hinführt.

## § 11.

### Tonika.

Der Anfangston einer jeden diatonischen Tonleiter — sowohl in Dur als in Moll — wird Tonika genannt. Vorzugsweise bezeichnet man mit dieser Benennung den Haupt- oder Grundton (Prime) derjenigen Tonart, in welcher ein Tonstück geschrieben ist, mit dem es anfängt, von dem Melodie und Harmonie ausgehn, und zu dem man, wie weit man sich auch von ihm entfernt haben möge, wieder zurückkehrt, um mit ihm das Tonstück zu endigen.

Das Wort wird aber auch auf engere Kreise angewendet. Es ist z. B. ein geheiligter, von den Klassikern eingeführter und befolgter Gebrauch geworden, in einer Dur-Komposition die erste grössere Ausweichung nach der Oberquinte, und in einer Moll-Komposition die erste grössere Ausweichung nach der Oberterz, als derjenigen Dur-Tonart, welche ebendieselbe Vorzeichnung hat, zu machen. Wenn nun C-dur die Haupttonart eines Tonstücks ist, und es kommt darin ein selbständiger Mittelsatz aus G-dur vor, so hört dieses *G* auf, die Oberdominante von *C* zu sein, es wird vielmehr selbsteigene Tonika, welche ihre eigenen Dominanten hat. Ebenso wird in einem Tonstücke aus C-moll im Mittelsatze *Es* zur Tonika u. s. w.

Der auf der Tonika befindliche Akkord heisst der tonische Dreiklang.

12

§ 12.

### Die Oberdominante.

1) **Oberdominante** ist unter gewissen Bedingungen der Name für die **Quinte** der Tonleiter. Aus dem lateinischen *dominare* „herrschen" abgeleitet, kündigt das Wort an, dass diesem Intervall ein überwiegender Einfluss, eine „Herrschaft" innewohnt, wie sie andere Stufen der Tonleiter nicht besitzen. Dieser Einfluss erstreckt sich auf die **Tonika**, in dem Sinne, dass ihr die Tonika auf dem Fusse nachfolgen muss.

13.

Das Ohr erkennt augenblicklich, dass durch das Zusammenwirken dieser beiden Akkorde der Musiksatz zu Ende geführt wird. Dies ist der **Ganzschluss**, und die Regel sagt: „der Ganzschluss besteht in der Aufeinanderfolge von Oberdominante und Tonika." Der Akkord auf der Oberdominante heisst die **Oberdominant-Harmonie**, und ihr Gang zur Tonika (vier Töne aufwärts oder fünf Töne abwärts) der **Dominantenschritt** oder **Dominantensprung**.

Die Oberdominante muss immer die **grosse Terz** haben. Im Durgeschlechte ist dieselbe von Haus aus vorhanden; im Mollgeschlechte muss sie durch ein Versetzungszeichen gewonnen werden. (S. § 8.) Sie ist zugleich die siebente Stufe der diatonischen Tonleiter, welche als **Leitton** in die Tonika leitet, daher der Oberdominantakkord auch **Leitakkord** genannt wird. Es wird auf diesen Akkord auch das Wort **Auflösung** angewendet, wie man es von Dissonanzen und von allen Tönen und Akkorden gebraucht, die einen natürlichen und leicht erkennbaren Fortschritt haben, und es heisst dann: die Oberdominante **löst** sich in die Tonika **auf**.

Diese Auflösungsbedingungen gelten auch — vorzugsweise in Betreff des Leittons — für die beiden Verwechslungen der Oberdominantharmonie,

14.

nur kann mit ihnen kein Ganzschluss hervorgebracht werden, dazu besitzt allein der Grundton, wenn er sich im Basse befindet, die erforderliche Kraft und Bestimmtheit.

2) Wenn gleich trotz aller Vorbereitungen auf den Ganzschluss der erwartete tonische Dreiklang nicht folgt, vielmehr an seiner Statt plötzlich ein anderer Akkord erscheint, so entsteht der Trugschluss. Solcher Mittel, das Ohr in seinen natürlichen Erwartungen — wenn auch auf eine nicht unangenehme Weise — zu täuschen, giebt es eine grosse Anzahl. Eins der am meisten vorkommenden ist, wenn die Oberdominante, statt ihren Dominantenschritt zu machen, einen Schritt aufwärts (in die Sexte der Tonleiter) geht:

Die Fortschreitung der andern Intervalle wird dabei nicht geändert. Er ist eins der wirksamsten Ueberraschungsmittel. Zu bemerken ist dabei, dass im Durgeschlechte der Gang der Oberdominante einen ganzen Ton beträgt und in einen Moll-Dreiklang kommt, im Mollgeschlechte umgekehrt einen halben Ton beträgt und in einen Dur-Dreiklang kommt. Aus diesem Grunde ist der Letztere wirkungsvoller und befriedigender, als der Erstere, und kann man auch ohne Weiteres mitten aus dem Dur heraus diesen dem Moll angehörenden Trugschluss machen, — umgekehrt aber nicht.

Beim Trugschlusse giebt es eine wichtige Satzregel zu befolgen. Sie betrifft die Quinte in dem Oberdominantakkorde, in unserer Tonart den Ton d. Dies ist dasselbe d, welchem als Terz im verminderten Dreiklange (S. § 9.) die unbeschränkteste Fortschrittsbewegung zusteht. Hier beim Trugschlusse hat es diese Freiheit nicht mehr; es darf keine Intervalle überspringen, sich auch nicht aufwärts auflösen, es bleibt ihm nur der einzige Weg in die nächste diatonische Stufe abwärts, wo es — gleichzeitig mit dem Leittone — in die Terz des nachfolgenden Dreiklangs geht. Diese Verdopplung der Terz ist das Merkzeichen, dass der Trugschluss fehlerfrei ist.

———————

3) Ganz- und Trugschluss erhalten ihre Namen von dem Schlussakkorde; der erste von dem tonischen Dreiklange, der zweite von dessen Stellvertreter. Es giebt noch eine dritte Form, welche den Namen „Schluss" trägt, obschon in derselben nicht geschlossen, vielmehr nur die Hoffnung auf einen Schluss angeregt wird. Wenn nämlich nach allen Vorbereitungen auf einen Ganzschluss der Musikgedanke plötzlich auf der Oberdominante abbricht, sodass der Schluss nur bis zur Hälfte ausgeführt

ist, so wird diese Form der Halbschluss genannt. — In folgenden Beispielen stehn alle drei Schlussformen nebeneinander:

Wenn sich im Quartsextakkorde des Halbschlusses die Sexte in
der obersten Stimme befindet, sind folgende Varianten sehr beliebt:

und bei der Quarte die folgenden, deren Zahl beliebig vermehrt werden
kann:

*C-moll.*

4) Ohne einen Ganzschluss kann ein Tonstück nicht wohl zu Ende gebracht werden. Gleichwohl besteht unter den Worten „Schluss" und „Ende" ein feiner Unterschied. Beide treffen nicht immer zusammen. Der Schluss ist allemal da, wo die Oberdominante zuletzt in die Tonika geht. Wenn hierauf noch Etwas folgt, möge es so lange dauern als es wolle, so tritt erst mit dem Verhallen der letzten Klänge das Ende ein. Z. B.

*C-dur.*

**20.**

*C-moll.*

5) Bis hieher ist in diesem Paragraphen nur von dem Dreiklange auf der Oberdominante die Rede gewesen. Es giebt aber noch drei Akkorde, welche eigene sie vor anderen auszeichnende Namen erhalten haben, und die, weil sie ebenfalls nur auf der Oberdominante zu Haus sind, hier eingereiht werden müssen: 1) der dissonirende Quartsextakkord, 2) der Quartquintakkord, und 3) der übermässige Dreiklang.

Zuvor sei noch erwähnt, dass die Quinte der diatonischen Tonleiter, obwohl nur sie allein die Fähigkeit besitzt, Oberdominante werden zu können, dies doch nicht immer und unbedingt ist, und auch nicht immer und unbedingt diesen Namen führt. Sie ist und heisst nur da Oberdominante, wo sie „herrscht", d. h. wo sie auf das, was ihr folgt, einen unleugbaren Einfluss ausübt; in allen übrigen Fällen ist sie einfache Quinte, *(Quinta toni,)* d. h. sie dominirt Nichts, und die Nachfolge ist von ihr ebenso unabhängig, wie von jedem andern Intervalle.

**21.**

In diesem Beispiele ist der G-dur-Dreiklang auf dem vorletzten Platze die Oberdominante; derselbe G-dur-Dreiklang im zweiten Viertel des ersten Taktes dagegen nicht, denn er ist daselbst ganz ohne Einfluss.

Für das Mollgeschlecht ist hier kein Beispiel nöthig; dort liegt der Unterschied schon von selbst in dem harten und weichen Dreiklange.

6) Das Vorstehende zeigt, dass die Oberdominante ihre vorzüglichste Wirksamkeit in den Schlüssen entfaltet. In der Mitte der Perioden und Sätze ist sie weniger nothwendig, da kommen mehr ihre Verwechslungen zur Verwendung, und werden dabei von dem verminderten Dreiklange (nebst Verwechslungen) unterstützt, welcher, da er sich ebenfalls direkt in die Tonika auflöst, (S. § 9.) wenn auch nicht dem Namen, doch dem Karakter nach, der Oberdominante zugehört. Ihre ganze und volle Bedeutung können beide Akkorde übrigens erst bei den vierstimmigen Akkorden entwickeln, wo sie, zu einem (dem wesentlichen Septimen-) Akkorde vereinigt,

22.

auf diesen die verdoppelte Kraft von zwei dreistimmigen Oberdominantakkorden übertragen.

### § 13.

### Der dissonirende Quartsextakkord.

23.

Im Ganzschlusse steht auf dem vorletzten Platze immer die Oberdominante (mit dem Leittone). Aber auch auf dem drittletzten Platze findet sich sehr häufig (man möchte sagen „meistens") die Oberdominante ein, aber nicht etwa als Dreiklang, sondern als Quartsext- (oder Quartquint-) Akkord. Dieser Quartsextakkord wird der dissonirende genannt, nicht etwa weil er in Wirklichkeit dissonirte, sondern weil seine Quarte und Sexte eine hervortretende Neigung bekunden, sich in die nächsten Stufen abwärts aufzulösen, als ob sie Dissonanzen wären.

24.

Die Regel sagt: „Derjenige Quartsextakkord, welcher, der drittletzte Akkord im Ganzschlusse, sich über demselben Basstone in den Dreiklang auflöst, ist der dissonirende. Die übrigen sind konsonirend."

Am stärksten tritt die Neigung zur Auflösung nach unten hervor, wenn sich die Sexte in der obersten Stimme befindet, wie Beispiel 24

bekundet. Der Quarte, wenn sie sich in der melodieführenden Stimme
befindet, ist dieser Zug nicht so stark eingeprägt; es giebt sogar eine
beliebte und häufig wiederkehrende Schlussformel, worin sie geradezu aufwärts geht:

da dieselbe aber aus dieser Form entstanden ist,

worin die Quarte anfangs regelrecht abwärts geht, bevor sie sich wieder
nach oben wendet, so ist die Abweichung nicht gross.

Diesem Akkorde begegnet es häufig, dass er seine Auflösung in einer
andern — bald höheren bald tieferen — Region erhält, wie z. B. in
folgendem Citat aus Weber's „Freischütz-Ouverture:"

In solchen Fällen werden alle Stimmen miteinander vertauscht; es
findet nur die allgemeine Auflösung des einen Akkords in den andern
statt, und die spezielle Auflösung der Quarte und Sexte kann nicht weiter berücksichtigt werden.

In folgender Stelle aus Mendelsohn's „Paulus" zeigt sich der Quartsextakkord in seiner zweifachen Bedeutung:

(No. 22. „O welch eine Tiefe des Reichthums" u. s. w.) Im Original ist
es F-dur.

Der drittletzte Akkord ist der dissonirende, in der zweiten Hälfte
des dritten Takts dagegen der konsonirende Quartsextakkord.

Der richtige Platz für den dissonirenden Quartsextakkord ist jeder
Melodie leicht abzumerken; doch darf man nicht versäumen, ihn nur auf

den guten Takttheil (auf die *thesis*) zu setzen, um nicht einen Verstoss gegen die richtige Betonung zu begehn.

## § 14.

### Der Quartquintakkord.

*Dur* und *Moll.*

Dieser Akkord ist ein Stellvertreter für den Vorigen.

Diese Nebeneinanderstellung zeigt Beider Aehnlichkeit und Unterschied. Die Quarte im Quartquintakkorde ist eine der stärksten Dissonanzen, für welche die Lehre ausser der regelrechten Auflösung nach unten noch die strenge Forderung stellt, dass sie vorbereitet, d. h. dass sie im vorhergehenden Akkorde — womöglich auf derselben Tonstufe — bereits vorhanden gewesen sein soll, und zwar als konsonirendes Intervall. Nur wenn diese specielle Vorbereitung durchaus nicht zu erreichen ist, darf man sich mit der allgemeinen Vorbereitung begnügen, dass der betreffende Ton im vorhergehenden Akkorde überhaupt nur dagewesen ist, wie im folgenden Beispiele:

Wenn beide Akkorde nebeneinander zur Verwendung kommen, so ist dies sehr geeignet, dem ganzen Schlussgedanken einen feierlichen Karakter zu verleihen; der Quartsextakkord geht dann immer voran:

Nach strengem Wortlaute ist der Quartquintakkord kein selbständiger Akkord, weil er nicht terzenweise gebildet ist. Dies ist auch der Grund, weshalb er von manchen Tonlehrern nicht für einen solchen angesehen, vielmehr nur für einen Vorhalt vor dem nachfolgenden Oberdominantakkorde erklärt wird. Beide Meinungen sind bequem zu vermitteln. Der Quartquintakkord besitzt allerdings keinen Terzenbau, dennoch aber macht er den Eindruck eines selbständigen Akkords; und theils dieses Eindrucks wegen, theils um ihn von anderen Bildungen, welche ihm gleichen, ohne Quartquintakkorde zu sein, zu unterscheiden, ist es vor Zeiten für zweckmässig erachtet, ihm jenen Eigennamen beizulegen Das gleichzeitige Zusammentreffen von Quarte und Quinte kann nämlich auf jeder Tonleiterstufe stattfinden:

hier ist die Quarte stets nur Vorhalt vor der Terz, aber kein Quartquintakkord, nicht einmal der auf der Quinte, sobald dieselbe nicht als drittletzter Akkord im Ganzschlusse zur Oberdominante geworden ist.

## § 15.

### Der übermässige Dreiklang.

Dem Grundton und der grossen Terz des Oberdominant-Dreiklangs sind ihr Fortschritt unabänderlich vorgeschrieben; nicht so der Quinte, denn sie hat den freien Gang. (S. § 12.) Das Ohr empfindet nur dann eine wohlthuende Bestimmtheit in dem Fortschreiten dieses Intervalls, wenn es in einer abwärts gehenden Tonreihe ebenfalls abwärts geht, oder wenn es in einer aufsteigenden Tonreihe ebenfalls aufwärts steigt, wie hier:

Beim Aufwärtssteigen kann nun diese Bestimmtheit noch dadurch bedeutend gesteigert werden, dass man den zwischen beiden Stufen (in C-dur zwischen *d* und *e*) liegenden Halbton (*dis*) ausfüllt,

und dadurch entsteht der — aus zwei grossen Terzen bestehende — übermässige Dreiklang, so genannt von seiner nun übermässig gewordenen Quinte. Die Gewissheit, dass dieselbe jetzt jedenfalls aufwärts fortschreiten wird, giebt diesem Akkorde ein überaus erfreuliches Gepräge.

Sextakkord:                     Quartsextakkord:

Der übermässige Dreiklang erfordert eine ebenso subtile Unterscheidung von andern ihm ähnlich sehenden Bildungen, wie die übrigen auf der Oberdominante befindlichen Akkorde. Ein jeder Dreiklang mit grosser Terz erlaubt nämlich die Erhöhung (Alterirung) seiner Quinte. Im Durgeschlechte sind dies die Dreiklänge auf der Prime, Quarte und Quinte (Oberdominante); nur dieser Letzte ist der übermässige Dreiklang, weil er sich dominantisch auflöst; die beiden andern lösen sich nicht dominantisch auf, sie führen keine besondern Namen, und ihre alterirte Quinte dient nur als Durchgangston, um aus dem Dreiklange — über demselben Basstone — in den Sextakkord zu kommen. Dies thun die beiden folgenden Beispiele dar:

Prime.
(Tonika.) 38.

(Spohr. „Jessonda". No. 9. „Kannst du mir die Schwester retten" u. s. w.)

Quarte.
Unterdominante. 39.

Recht augenfällig zeigt sich die Verschiedenheit, wenn man diese Akkorde in ihrer zweifachen Bedeutung und Wirkung nebeneinander stellt:

40.

Der erste Dreiklang *c-e-gis* steht auf der C-dur-Tonika, der zweite ist der übermässige Dreiklang aus F-dur.

Die wahren Kennzeichen für den übermässigen Dreiklang sind: 1) dass er sich dominantisch auflöst, und 2) dass ihm (was bei den vierstimmigen Akkorden gezeigt werden wird) stets die kleine Septime hinzugefügt werden kann:

**41.**

(Das Ausfüllen des zwischen einer grossen Sekunde liegenden Halbtons, sobald der erste Ton in den zweiten übergehn muss oder soll, aufwärts sowohl als abwärts, ist ebenso natürlich wie melodisch. Man thut es theils um den Fortschritt schärfer und treibender, theils um denselben weicher und flüssiger zu machen. Wir werden diesem Verfahren künftig noch eine grosse Anzahl von Akkorden zu verdanken bekommen, namentlich bei der Unterdominante, wo die Erhöhungen und Erniederungen in ausgiebiger Weise verwendet werden.)

Im Mollgeschlechte giebt es keinen übermässigen Dreiklang, weil daselbst für die erhöhte Quinte kein Fortschritt stattfinden kann. Z. B.:

**42.**

Hier fehlt mithin jede Veranlassung zur Bildung des übermässigen Dreiklangs. Wenn in den beiden andern Dur-Dreiklängen, welche im Mollgeschlechte auf der Terz und Sexte liegen, die Quinte erhöht wird, so geschieht es, wie bei denen auf der Prime und Quarte im Durgeschlechte, um aus dem Dreiklange — über demselben Basstone — in den Sextakkord zu kommen.

## § 16.

### Die Unterdominante.

C-dur.   C-moll.

**43.**

Die Quarte der diatonischen Tonleiter steht in einem ähnlichen Verhältniss zur Oberdominante, wie diese zur Tonika. Die Oberdominante muss ihr unmittelbar nachfolgen:

C-dur.   C-moll.

**44.**

Auch ohne Akkorde sprechen dies die Basstöne allein schon mit grosser Deutlichkeit aus:

**45.**

Sobald die Quarte in solcher Weise ihren Einfluss auf die Oberdominante ausübt, nimmt sie den Namen **Unterdominante** an.

1) Ueber die Nothwendigkeit der Unterdominante im Ganzschlusse ist Folgendes zu bemerken: Wenn die Entwickelung eines Musikgedankens soweit vorgeschritten ist, dass man das baldige Ende desselben voraussetzen darf, dann fühlt das Ohr das Bedürfniss, in der gedrängten Form des Ganzschlusses noch einmal sämmtliche Töne der Tonart, wie sie in der diatonischen Tonleiter sich darstellen, auf kurzem Raume vereinigt zu hören. Hiervon liefern die beiden Akkorde der Oberdominante und Tonika, welche den Ganzschluss im **engeren Sinn** bilden, und deren Verwandtschaftsgrad man in folgendem Bilde darzustellen liebt,

die Töne *c*, *d*, *e (es)*, *g* und *h*. Die beiden noch fehlenden Stufen *f* und *a (as)* werden durch die Unterdominante ergänzt:

Die Tonika hängt einerseits mit der Oberdominante durch den Ton *g*, anderseits mit der Unterdominante durch den Ton *c* innig zusammen, und diese drei Akkorde sind schon allein im Stande, die ganze Tonart zu repräsentiren. Deshalb sind sie auch vor den übrigen vier Intervallen durch besondere Namen ausgezeichnet deshalb heissen ihre Quinten reine, und nicht grosse oder kleine u. s. w.

2) Die **Stellung** der Unterdominante ist im Vorstehenden schon unverkennbar angegeben: sie steht immer dicht **vor** der Oberdominante, und zwar, wenn diese **zweimal** vorhanden ist, auf dem **viertletzten**, ist diese aber nur **einmal** vorhanden, auf dem **drittletzten** Platze, wie die hier folgenden Schlussformen zeigen:

Andere Plätze nimmt sie niemals ein, selbst dann nicht, wenn Quartsext-
und Quartquintakkord vereint vorhanden sind; die Zahl der Oberdominantakkorde wird dadurch nicht vermehrt, da beide — weil Einer den
Andern vertreten soll — nur für einen gerechnet werden.

Alle Akkorde, die im Ganzschlusse thätig sein können, zusammengenommen (etwaige Wiederholungen abgerechnet) ergeben als die
breiteste Form desselben folgende Anzahl und Reihenfolge:

Tonika, (oder Sexte),
Unterdominante,
{Oberdominante (Quartsextakkord),
{Oberdominante (Quartquintakkord),
Oberdominante (mit dem Leittone),
Tonika.

Es ist nicht nöthig, dass alle diese Akkorde in jedem Ganzschlusse
gebraucht werden müssen; bald bleibt der eine, bald der andre fort, wodurch eine grosse Mannigfaltigkeit des Ausdrucks erreicht wird. Am häufigsten wechselt die Anwendung des Quartsext- und Quartquintakkords;
auch ohne Unterdominante kommen Ganzschlüsse vor, doch sind diese
Fälle bei weitem in der Minderzahl.

3) Von dem Dreiklange F-dur (F-moll) darf auch der Sextakkord
als Unterdominante benutzt werden:

C-dur.
Viertletzter Akkord:     Drittletzter Akkord:

50.

C-moll.
Viertletzter Akkord:     Drittletzter Akkord:

51.

Der Grund hiervon liegt darin, dass, wenn man mit vier Stimmen schreibt,
beide Töne, sowohl die Terz der Unterdominante als diese
selbst, in die Oberdominante übergehn müssen. (Dies ist eine
wichtige Satzregel, deren Befolgung vor vielen Fehlern schützt.) Die Oberdominante wird somit zwanglos — ohne Sprung — erreicht, was das
Ohr beifällig aufnimmt; doch ist die Wirkung eine weniger kräftige, als
wenn sich der Ton der Unterdominante selbst in der untersten Stimme
befindet.

Der Quartsextakkord (c-f-a (as)) wird in korrekter Schreibart
nie im Ganzschlusse als Unterdominante gebraucht. Man würde die
nachfolgende Oberdominante nicht anders als durch einen Sprung zu erreichen vermögen, wogegen sich das Ohr sträubt. Und wenn nun gar die
Oberdominante den Quartsextakkord über sich hätte, so würden sprung-

weise zwei Quartsextakkorde einander folgen, was unsre klassischen Tonsetzer von jeher als unzulässig verworfen haben, weil jeder Quartsextakkord zu wenig intensive Selbständigkeit enthält, um ihn sprungweise verlassen zu können. — In der Mitte eines Satzes oder einer Periode kann er
dagegen sehr wohllautend wirken, wenn die nachfolgende Oberdominante
ebenfalls in einer Verwechslung erscheint, z. B. als Sextakkord:

4) Neben der Stellung der Unterdominante ist es zunächst die
Gestalt derselben, welche durch ihre Mannigfaltigkeit unsre Aufmerksamkeit fesselt. Es ist z. B. für die Nachfolge ohne allen weiteren Einfluss, ob auf der Unterdominante statt des Dreiklangs *f - a (as) - c* der
Sextakkord *f - a (as) - d* erscheint, vorausgesetzt dass nicht etwa in der
Melodie Töne enthalten sind, welche dem widersprechen. Sonst führen
beide Akkorde, wiesehr auch übrigens von einander verschieden, durchaus
zu demselben Ziele:

Dies ist der Sextakkord von der zweiten Stufe der Tonleiter.
(S. § 8.) Von ihm findet sich auch häufig der Dreiklang in der Verwendung als Unterdominante, gleichwie von dem vorhin gezeigten Dreiklange *f - a (as) - c* ebenfalls dessen Sextakkord *a (as) - c - f* in gleicher
Eigenschaft dienen konnte:

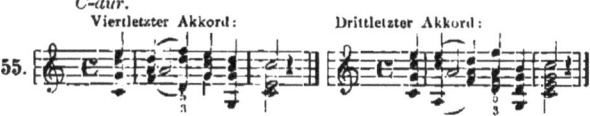

*C-moll.*

Viertletzter Akkord.          Drittletzter Akkord.

**56.**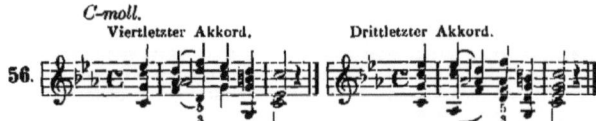

Hiermit ist die zweite Stufe der Tonleiter in den Kreis der Unterdominantakkorde hereingezogen, was sich noch mehrfach wiederholen wird. Nur der Quartsextakkord *(a(as)-d-f)* bleibt ebenso ausgeschlossen, wie der vorige *c-f-a(as)*, aus demselben dort angegebenen Grunde. Im Durgeschlechte bildet sich auf der zweiten Tonleiterstufe ein konsonirender Dreiklang. Diese Eigenschaft macht es möglich, denselben — wenn auch noch so kurz — selbständig zu behandeln und mit seinem Leittone zu erreichen, was im Mollgeschlechte, wo auf der Sekunde ein verminderter Dreiklang vorhanden, nicht möglich ist:

Viertletzter Akkord.          Drittletzter Akkord.

**57.**

Wir besitzen mithin in der Eigenschaft als Unterdominante einen Dreiklang nebst Sextakkord:

*C-dur.*          *C-moll.*

**58.** Λ. I.

und einen Sextakkord nebst Dreiklang:

*C-dur.*          *C-moll.*

**59.** B. I.

Dass bei dem Letzteren der Sextakkord vor dem Dreiklang zu stehn kommt, darf nicht befremden. Dieser Sextakkord baut sich auf dem Tone der Unterdominante auf, und derselbe hat, wenn es sich um Unterdominantakkorde handelt, immer von selbst den Vortritt. Bei keiner andern Veranlassung findet eine ähnliche vom Gewöhnlichen abweichende Aufstellung statt; vielmehr wird sonst immer der Stammakkord vorangestellt, und die Verwechslungen folgen.

Wenn man — ohne genauere Beschreibung — von einem Sextakkord der Unterdominante spricht, so ist *f-a(as)-d* gemeint. Hat man aber den Sextakkord *a(as)-c-f* im Sinne, so bedarf es einer umständlicheren Bezeichnung.

Der Sextakkord $f$-$a$-$d$ schliesst eine Gefahr ein, welche mit Sorgfalt zu umgehn ist. Wenn man ihn nämlich als **viertletzten Ak**kord gebraucht, so vermeide man, die beiden Töne $d$ und $a$ als Quinte **übereinanderzusetzen**; sie müssen umgekehrt als **Quarte** — von $a$ zu $d$ — gestellt werden, wenn sie nicht verbotene Quinten machen sollen.

60.

Wenn der Ton $d$ in der obersten Stimme steht, wie bei 1), so ist kein Fehler möglich. Steht dagegen $f$ in der Melodie, wie bei 2), so entgeht man den verbotenen Quinten nur dadurch, dass man — wie bei 3) geschehn — den Satz in **gedrängter Harmonie** schreibt. Wenn sich, wie bei 4) das $a$ in der obersten Stimme befindet, so lässt sich der Sextakkord gar nicht verwerthen; da muss an seiner Statt ein anderer Unterdominantakkord ausgesucht werden.

Der Sextakkord $f$-$a$-$d$ ist als Unterdominante intensiv einen Grad stärker, als der Dreiklang $f$-$a$-$c$. Wenn man daher Veranlassung hat, beide Akkorde nebeneinander anzubringen, so muss der Sextakkord $f$-$a$-$d$ dem Dreiklange $f$-$a$-$c$ nachfolgen; nie aber umgekehrt, sonst wird keine Steigerung erreicht.

61.

Allegro moderato.

(J. Haydn. „Schöpfung". Nr. 3. Chor: „Und laut ertönt des Schöpfers Lob, das Lob des zweiten Tags.")

## Umbildungen.

5) Der Schritt von der Unter- zur Oberdominante beträgt eine grosse Sekunde. Er ist ein nothwendiger, ein gezwungener. Es wurde schon bei einer früheren Veranlassung erwähnt, dass es recht wohl anginge, jenen Raum durch den dazwischenliegenden Halbton auszufüllen. Geschieht dies, nimmt man zwischen $f$ und $g$ das $fis$ (oder nimmt man dieses $fis$ allein

ohne vorausgegangenes *f*), so bildet sich eine grosse Zahl neuer Akkorde, welche, den Tonarten C-dur und moll zum Theil nicht leitereigen, aus andern Tonarten herübergezogen und doch speciell in *C* gebraucht werden:

Die Unterdominante als Dreiklang.

Die Unterdominante als Sextakkord.

Die Unterdominante als Dreiklang.

Die Unterdominante als Sextakkord.

Die Unterdominante als Dreiklang.

Die Unterdominante als Sextakkord.

Der Hinblick auf diese Tabelle zeigt sofort die vorgegangenen Veränderungen. Besonders stark wird die Terz davon betroffen. Im Durgeschlechte, wo die Terz von Natur gross ist, von *f* zu *a*, ist sie nun zur kleinen geworden, von *fis* zu *a*. Dies hat weiter nichts Befremdendes, weil unser Ohr mit kleinen Terzen hinlänglich vertraut ist. Im Mollgeschlechte hingegen, wo die Terz von Natur klein ist, von *f* zu *as*, ist sie durch Erhöhung der Unterdominante zur verminderten geworden, von *fis* zu *as*. (In A-moll von *dis* zu *f*.) Die verminderte Terz, welche uns hier zum ersten Male begegnet, ist ein unserm Ohre schwer zugängliches, etwas widerstrebendes Intervall; sie klingt wie die grosse Sekunde *ges-as*, und damit scheint der Zusammenhang mit der Tonika gefährdet. Um eine solche Zweideutigkeit zu vermeiden, sind für ihre zweckmässige Behandlung folgende drei Verhaltungsregeln vorgeschrieben:

1) müssen die beiden Töne, welche die verminderte Terz bilden, nicht dicht übereinander gesetzt, sondern wenigstens neun Stufen weit auseinander gehalten werden. Durch diese Entfernung werden sie fasslicher.

2) thut man, wenn es die Melodie erlaubt, noch besser, beide Töne

umzukehren und zur übermässigen Sexte zu machen, wie bei A. II.
geschehn ist. Hierdurch entsteht ein neuer Akkord, der wegen seiner
Wichtigkeit einen besonderen Namen erhalten hat, der übermässige
Sextakkord:

Er leitet mit grosser Schärfe in den Oberdominantdreiklang hinüber, weil
jeder seiner beiden äussersten Töne nur einen Halbton bis zu seiner Auflösung zu gehn braucht. Zu diesem Zwecke wird er auch meistens nur
verwendet, im Ganzschlusse seltener, da zieht man einen von den vierstimmigen Akkorden, welche ebenfalls die übermässige Sexte haben, vor.

3) Nach der dritten Regel erhöht man neben der Unterdominante
auch zugleich deren Terz. (Siehe A. III.) Hierdurch wird eine kleine
Terz von *fis* zu *a* hergestellt, und der Akkord ist nun ganz so gebildet,
wie der gleichlautende im Durgeschlechte bei A. II.

Die erste Umbildung bei B. II. (im Mollgeschlechte) mit verminderter Terz und kleiner Sexte wird nur wenig angetroffen. Diese Zusammensetzung von verminderter Terz und kleiner Sexte ist zu unklar,
um Befriedigung zu gewähren. Erst wenn noch ein vierter Ton hinzu-
gekommen ist, wie wir bei den Septimenakkorden finden werden, kann
der Akkord zu wirklicher Brauchbarkeit gelangen.

Die zweite Umbildung bei B. III. dagegen, welche nach Herstellung
einer kleinen Terz ebenso geformt ist, wie der gleichlautende Sextakkord
im Durgeschlechte, lässt sich sehr gut verwerthen:

Die dritte Umbildung bei B. IV. ist die erste, welche durch Erniederung eines Intervalls gewonnen wird. Sie ist sehr wohllautend,
und dieser Wohllaut ist auch leicht zu erklären. Wenn die Melodie verlangt, dass die Sexte *d* des Sextakkords *f - as - d* sich abwärts nach *c*

wende, so kann sie den zwischen *d* und *c* liegenden Halbton *des* berühren, und dann entsteht an Stelle des grossen Sextakkords *f-as-d* der kleine *f-as-des*:

Viertletzter Akkord.      Drittletzter Akkord.

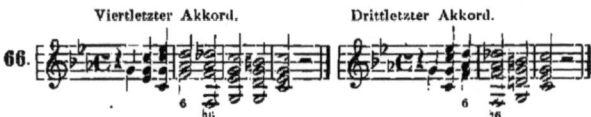

66.

Dieses und das vorhergehende Beispiel zeigen die darin dargestellten Umbildungen durch den grossen Sextakkord (dem sie entstammen) vorbereitet. Damit ist aber nicht gemeint, dass dies immer geschehn müsse. Es kann vielmehr grosse Wirkung mit ihnen erzielt werden, wenn sie frei eintreten, wie hier:

*Andante.*

67.

(W. A. Mozart. „Don Juan." Nr. 21. („*Mio pianto può finir.*")

Auf diese Weise geschieht es mittelst der Umbildungen, dass die Akkorde D-dur und Des-dur als Unterdominanten von C-moll gebraucht werden.

Die solchergestalt erkünstelten leiterfremden Akkorde werden Scheinakkorde genannt. Die Dreiklänge *fis-a-c* und *d-fis-a* (nebst Verwechslungen) sind die beiden dreistimmigen leitereigenen Oberdominanten aus *G*; von dort auf dem Wege der Umbildungen nach *C* als Unterdominanten verpflanzt, werden sie hier zu leiterfremden, zu Scheinakkorden.

Alle dreistimmigen Unterdominantakkorde werden im Verlaufe dieses Buches stets mit den bereits in obiger Tabelle bemerkten Zeichen aufgeführt werden, nämlich:

## Im Durgeschlechte:

A. I.   Die leitereigene Unterdominante als Dreiklang (nebst Sextakkord).
A. II.  Dessen Umbildung. (Erhöhung der Unterdominante.)
B. I.   Die leitereigene Unterdominante als Sextakkord (nebst Dreiklang).
B. II.  Dessen Umbildung. (Erhöhung der Unterdominante.)

. **Im Mollgeschlechte:**

A. I. Die leitereigene Unterdominante als Dreiklang (nebst Sextakkord).
A. II. Dessen erste Umbildung. (Erhöhung der Unterdominante. Verminderte Terz. Doppelt verminderter Dreiklang.)
A. III. Dessen zweite Umbildung. (Erhöhung der Unterdominante und deren Terz. Herstellung einer kleinen Terz )
B. I. Die leitereigene Unterdominante als Sextakkord (nebst Dreiklang),
B. II. Dessen erste Umbildung. (Erhöhung der Unterdominante. Verminderte Terz).
B. III. Dessen zweite Umbildung. (Erhöhung der Unterdominante und deren Terz. Herstellung einer kleinen Terz.)
B. IV. Dessen dritte Umbildung. (Erniederung der grossen Sexte.)

6) Diese an sich schon zahlreichen Unterdominanten werden bei den vierstimmigen Akkorden noch beträchtlich vermehrt werden.

Der strebsame Kunstjünger, welcher Versuche anstellt, gegebene Melodieen mit den bis hieher entwickelten Akkorden zu begleiten, — wozu sich Volkslieder, Choräle und sonstige einfache Melodieen, in denen jeder einzelne Ton einen besonderen Akkord haben muss oder soll, trefflich eignen, — wird zu seiner Genugthuung bald bemerken, wie sehr ihm dabei die Kenntniss der Dominanten zu Hilfe kommt. Choralstrophen z. B. bestehn meistentheils aus acht Tönen, die sich in zwei gleiche Hälften theilen. Sobald über den Anfang Bestimmung getroffen ist, d. h. in welcher Tonart, ob mit Tonika oder Dominante angefangen werden muss u. s. w., dann richte man sein Augenmerk sofort auf den Schluss. Wird derselbe ein Ganz- oder Halbschluss werden, so lassen sich die nothwendigen Plätze für die Dominanten bald entdecken; drei, vier, mitunter auch fünf Akkorde bieten sich gleichsam von selbst dar, sodass in der Mitte nur noch wenige Töne zur Harmonisirung übrig bleiben, die zu begleiten um so weniger schwer ist, als man schon von selbst und unvermerkt dazu gedrängt wird, zu den folgenden Akkorden, namentlich zur Unterdominante, einigermassen hinzuleiten.

Melodieen weltlichen Inhalts bieten nicht mehr Schwierigkeiten, als Choräle. Nur sind dort die einzelnen Abschnitte nicht so augenfällig durch Fermaten, sondern durch anderweitige rhythmische Anordnungen getrennt, deren Aufsuchen dem prüfenden Blick grosses Interesse gewährt.

Selbstverständlich sollen diese Winke keine Aufforderung enthalten, die Arbeit von rückwärts zu beginnen, vielmehr wollen sie nur den Rath ertheilen, das beständige Ueberblicken eines Ganzen zur frühesten Angewöhnung zu machen. (§ 74, Nr. 9.)

Die nächstfolgende Bearbeitung beider Melodieen von Neumark's Gesange „Wer nur den lieben Gott lässt walten" kann insofern zu den vorhin empfohlenen Versuchen anregen, als beide mit Strenge an ihren Tonarten festhalten, und die erste nur ein Mal C-dur verlässt, um nach G-dur auszuweichen, wo dann *C* und *D* dessen Dominanten werden, und die zweite C-moll ebenfalls nur ein einzig Mal verlässt, um Es-dur zu berühren. (S. § 11.)

**Erste Melodie.** Mit drei Stimmen geschrieben.

*C-dur.*

**68.**

Derselbe Choral, mit vier Stimmen geschrieben.

*C-dur.*

**69.**

**Zweite Melodie.** Mit drei Stimmen geschrieben.

*C-moll.*

**70.**

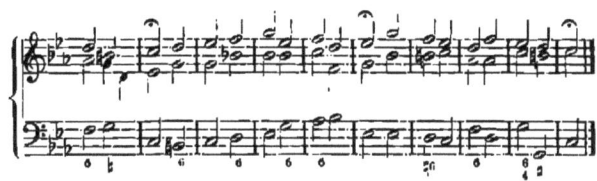

Derselbe Choral, mit vier Stimmen geschrieben.

*C-moll.*

**71.**

Diese Schreibart, in welcher nur Dreiklänge (mit ihren Verwechslungen) zur Anwendung gelangen, heisst der dreistimmige Satz, gleichviel ob er mit drei, vier oder auch noch mehr Stimmen geschrieben wird.
Durch die Zuthat einer vierten Stimme wird in vielen Akkorden ein Ton
verdoppelt, andere werden dadurch vollzählig, das Ganze klingt bedeutend
voller, aber an dem harmonischen Theile wird dadurch nichts geändert.
Die beiden vorstehenden Choräle enthalten mit vier Stimmen ganz dieselben
Bässe und dieselben Akkorde wie dreistimmig.

Sobald neben den dreitönigen auch viertönige (Septimen-)Akkorde
angebracht werden, beginnt der vierstimmige Satz, das Endziel alles
musikalischen Setzens. Auch bei diesem wird durch die Zahl der mit-
wirkenden Stimmen nichts geändert; er bleibt der vierstimmige Satz, auch
wenn er nur mit drei Stimmen geschrieben und von den viertönigen Akkorden eventuell ein Intervall weggelassen wird.

7) In den Umbildungen der Unterdominanten werden zum Theil
Akkorde geschaffen, welche in ganz andern Tonarten leitereigen sind.
Dadurch eignen sie sich zu willkommenen Bindegliedern zwischen beiden,
sodass man von ihnen ebenso leicht in die eine wie in die andere Tonart
gelangen kann. Dies ist ein Gegenstand von grosser Tragweite, der in

einem Lehrbuche nicht erschöpft, immerhin aber in einem Beispiele einmal angedeutet werden kann. Wir nehmen dazu die Des-dur-Akkorde, dritte Umbildung des Sextakkords in C-moll, B. IV. Des-dur ist aber auch die erste leitereigene Unterdominante von As-dur, es hat deshalb gar nichts Befremdendes, wenn vom C-moll aus durch dieses Des-dur die Tonart As-dur erreicht wird:

und umgekehrt von As-dur nach C-moll:

8) Ein beachtenswerther Fall ist der folgende:

    Mitten in C-dur ist ein Unterdominantakkord *(f - a - d)* und die Ober-dominante *(e - gis - h)* von A-moll vorübergehend berührt. Dieses A-moll ist aber nur gedacht, es erscheint selbst gar nicht, weder vorher noch nachher, und es waltet gar keine Absicht vor, von A-moll irgend welchen Gebrauch zu machen.

    9) Wenn man veranlasst wird, mehre Unterdominantformen nebeneinander zu stellen, so gebraucht man ein bewährtes Kunstmittel, das sich nie abnutzt, vorausgesetzt dass man nicht die richtige Aufeinander-folge ausser Acht lässt, und z. B. bei anwachsender Kraft oder steigendem Affekt den stärksten bis zuletzt aufspart:

oder:

Von den hier gebrauchten Unterdominantakkorden ist der Dreiklang.
*f-as-c* der mildeste, die Sextakkorde *f-as-d* und *f-as-des* stehn in der
Mitte, der verminderte Dreiklang *fis-a-c* aber ist — weil in zwei Intervallen alterirt — der stärkste.

Bei abnehmender Kraft oder schwindendem Affekt ist das umgekehrte
Verfahren am rechten Platze:

76.

(W. A. Mozart. „Don Juan". Schluss von Nr. 1. Ursprünglich F-moll.)

10) Die Quarte der Tonleiter ist ebensowenig immer und unbedingt
die Unterdominante, als die Quinte immer die Oberdominante ist. Sie ist
und heisst nur da die Unterdominante, wo sie durch ihre besondere Stellung die Oberdominante zu unmittelbarer Nachfolge veranlasst. Ausserdem
ist sie die einfache Quarte *(Quarta toni)* und hat vor den übrigen Intervallen der Tonleiter kein Vorrecht, d. h. es kann von ihr aus jeder andere
beliebige Akkord ergriffen werden, welcher nur irgend möglich ist:

C-dur.          C-moll.

77.

Hier sind beide drittletzten Akkorde (in C-dur der Dreiklang F-dur, und
in C-moll der Dreiklang F-moll) Unterdominanten; dieselben Akkorde in
der zweiten Hälfte des ersten Takts jedoch nicht.

Das nächste Beispiel zeigt die Abwechslung zwischen Tonika und
Quarte:

78.                            u. s. w.

(C. M. v. Weber. „Preciosa". Zigeunermarsch.)

3*

In den folgenden Fällen werden andre Stufen der Tonleiter von der *Quarta toni* aus erfasst:

(W. A. Mozart. „Zauberflöte". Nr. 10. „Tod und Verzweiflung war sein Lohn".)

Die Musiktheorie fasst diesen Unterschied zwischen der Unterdominante und der *Quarta toni* dadurch äusserst scharf, dass sie auch auf die Unterdominante das Wort anwendet, welches sie von allen Intervallen und Akkorden gebraucht, welche einen fest bestimmten Fortschritt haben und von dissonirendem Karakter sind, das Wort Auflösung, und sie sagt: die Unterdominante löst sich in die Oberdominante auf. Dagegen kommt das Wort bei der Quarte und Quinte nicht vor. — Das sichere Kennzeichen ist: dass die *Quarta toni* nur mit ihrem leitereigenen Dreiklange (oder Verwechslungen) auftreten, die Unterdominante hingegen stets und zu jeder Melodie eine grössere Anzahl von Akkorden zur Auswahl darbieten kann.

§ 17.

### Oktaven- und Quinten-Verbot.

Es ist eins von den wichtigsten Kunstgesetzen, welches uns unter obiger Ueberschrift hier zur Kenntnissnahme vorliegt. Es ist ehrwürdig durch sein fünfhundertjähriges Alter, denn schon in den Schriften des *Marchettus* von Padua und des *Joannes de Muris*, welche im Anfange des vierzehnten Jahrhunderts, der Erste in Nord-, der Zweite in Süd-Italien lebten, findet sich die Vorschrift: „dass zwei vollkommene Konso-„nanzen (d. h. Einklänge, Oktaven und Quinten) in gerader „Bewegung nicht aufeinander folgen sollen."

Um diese Vorschrift, die seitdem Gesetzeskraft erhalten hat und noch heute in voller Geltung besteht, zu begreifen und ihre Nützlichkeit zu erkennen, ist es erforderlich, einen Blick auf irgend ein Tonstück von damals zu werfen, welches einen Einblick in die Art des Tonsatzes in jener Zeit gestattet:

82.

Discantus.

Tant con je vi - vrai n'a - me - rai au-
Tenor.

Contra-Tenor.

trui que vous je n'en par - ti - rai.

(Altfranzösische Chanson für drei Stimmen von *Adam de la Hale*. Ende des
dreizehnten Jahrhunderts. — In unsere heutige Notenschrift übertragen von
A. Kretzschmer.)

So wenig Kompositionen uns auch aus jener fernen Zeit erhalten
sind, so genügen sie doch, um mit Sicherheit darauf schliessen zu können,
dass die Art und Weise der Behandlung der Töne derjenigen, wie wir sie
in dieser chanson vor Augen haben, überall ausserordentlich ähnlich gewesen ist. Es lag in der Anschauung der Zeit, nur Oktaven und Quinten
für vollkommene Konsonanzen zu halten, darum bewegte sich die Stimmführung stramm auch nur in diesen Intervallen. und nur selten gestattete
man einem Dreiklange, sich verstohlen dazwischen zu schleichen.

Diese gleichmässig fortschreitenden Tonreihen haben etwas Steifes
und Starres, wodurch die Schönheit beeinträchtigt wird, welche nur in
Freiheit der Bewegung und in Mannigfaltigkeit gedeihen will. Sie sind
den parallel nebeneinander herlaufenden Linien vergleichbar, welche wohl
mathematisch richtig sein, aber keine ästhetische Bildungen erzeugen
können.

Gegen solche Musik war das Verbot gerichtet, und wir müssen den
feinen Sinn und den Muth jener erleuchteten Männer bewundern, denen
freilich die Tonkunst in ihrem damaligen Kindesalter mehr zu wissen-
schaftlichen Untersuchungen als zu ästhetischen Kunstgenüssen diente, dass
sie so energisch gegen eine Tonbehandlung vorgingen, die so wenig melodischen und harmonischen Reiz einschloss, und gleichwohl die einzige war,
deren man sich zu bedienen verstand

Es ist anzunehmen, dass sie auch in weiteren Kreisen nicht viele
Anhänger zählte, sonst wäre das Verbot nicht so willig angenommen und
befolgt. Man wusste es aber doch zu umgehn. Da sich bei den Bemühungen
um neue Formen wiederum Oktaven und Quinten einfunden, so griff eine
kleine Wortklauberei Platz. Das von *Marchettus* aufgestellte Gesetz verbot ausdrücklich nur die Oktaven und Quinten in gerader Bewegung;
man setzte sie nun in die Gegenbewegung, und so hat sich nach und

nach die noch heute giltige Praxis herausgebildet: Oktaven und Quinten sind in grader Bewegung vorboten, und nur in der Gegenbewegung erlaubt. Mit der Anerkennung der Terz als einer vollkommenen Konsonanz, wodurch ein ausgedehnterer Gebrauch des Dreiklangs und seiner Verwechslungen angebahnt sein würde, ging es äusserst langsam. Man benutzte sie allerdings, aber sehr vereinzelt, und nach zwei Jahrhunderten, im Zeitalter des *Palestrina*, werden noch alle Schlussakkorde z. B. ohne Terz geschrieben; sie zeigen nur Grundton und Oktave, und zwischen beiden die Quinte.

Das Oktavenverbot ist weniger aus historischem, als vielmehr aus technischem Grunde bis heute in Wirksamkeit geblieben, und dieser Grund ist auch so wichtig, dass er wohl niemals wird beseitigt werden können. Wenn nämlich zwei Stimmen in Oktaven fortschreiten, so können sie (im harmonischen Sinne) nur für eine einzige gelten; es geht mithin eine Stimme verloren, und aus dem dreistimmigen Satze wird ein nur zweistimmiger, ebenso aus dem vierstimmigen ein nur dreistimmiger. Man darf folglich so nicht schreiben:

Die hier gezeigten Octaven werden falsche Oktaven genannt. Wenn zwei Stimmen in grader Bewegung in einem Tone zusammentreffen, die eine diatonisch und die andere durch einen Sprung, dann heissen sie verdeckte Oktaven, und werden für ebenso fehlerhaft angeseln, wie jene:

Doch gibt es hierbei einen wichtigen Ausnahmefall, der in folgendem Beispiel enthalten ist:

85.

(C. M. v. Weber. „Preciosa". Zigeunermarsch.)

Hier kommen allerdings verdeckte Octaven vor, aber sie begründen hier keinen Fehler. Es ist nämlich hier eine selbständige melodieführende Oberstimme, unter welcher sich eine vierstimmige Begleitung befindet. Wenn diese Begleitung in sich selbst korrekt und fehlerfrei ist, so wird es nicht für einen Fehler angeseln, wenn jene Oberstimme einmal mit einem Intervalle aus der Begleitung in verdeckten Oktaven zusammmentrifft. Nur Quinten dürfen sich in einem solchen Falle nicht einfinden.

Oktaven in der Gegenbewegung sind erlaubt:

Es sei nochmals erinnert, dass nur die harmonischen Oktaven von dem Verbote getroffen werden, die melodischen dagegen nicht. Hierher sind zu rechnen:

1) diejenigen, welche absichtlich geschrieben werden, um eine Melodie durch Verdoppelung in einer andern Oktav stärker hervortreten zu lassen. (Man denke hierbei an die immerwährend vorkommenden Oktaven in den melodieführenden Orchesterinstrumenten.)

2) diejenigen, welche als eine besondere Geschicklichkeit von Instrumentalvirtuosen ausgeübt werden, um deren Reinheit, Gleichmässigkeit, Kraft, Ausdauer u. s. w. zu zeigen.

3) die unter dem Worte *Unisono* bekannten Oktaven, welche alle gleichzeitig zum Vortrage gelangenden Organe — Singstimmen und Instrumente — machen.

Das Quintenverbot wird noch strenger gehandhabt, als das der Oktaven. Obgleich es längst seinem Zwecke gedient und dazu beigetragen hat, diejenige Musik zu beseitigen, gegen welche es gerichtet war, obgleich unsre heutige Musik eine ganz andere geworden und mit jener durchaus nicht mehr zu vergleichen ist, obgleich in unser vervollkommnetes System Akkorde aufgenommen sind, hinter denen bei korrekter Auflösung aller Intervalle nothwendig Quinten entstehn müssen, so besteht es doch heute noch in voller Wirksamkeit und Kraft, und ein Verstoss dagegen kann den Kredit eines Künstlers — besonders in Erstlingswerken — ernstlich gefährden.

Es giebt wenig Bestimmungen, auf welchem Gebiet man wolle, die nach so vielen Jahrhunderten durch allen Wechsel der Zeiten die gleiche ursprüngliche Frische und Giltigkeit behalten hätten; ein Beweis, dass ihr Grundgedanke von Anfang an gut und richtig war.

Die Kunstlehre hat demzufolge die Pflicht, vor aller Ueberschreitung des Quintengesetzes dringend zu warnen und dabei die grösste Vorsicht zu empfehlen. Nicht minder muss sie aber auch die (wirkliche oder vermeintliche) Abhilfe angeben, welche für diejenigen Fälle üblich sind, in denen sich unabwendbar Quinten einstellen.

Zuerst ist an den Wortlaut des Gesetzes zu erinnern: reine Quinten sollen in gerader Bewegung nicht aufeinander folgen. Also sind sie in der Gegenbewegung erlaubt; ebenfalls die ungleichen, die sogenannten elastischen Quinten, wenn auf eine reine eine verminderte, und umgekehrt, wenn auf eine verminderte eine reine folgt. Z. B.

Von den Fällen, wo sich leicht Quinten einzustellen pflegen, sind zwei schon früher angeführt worden. (§ 12. 2. und § 16. 4.) Dort kann der Fehler aber vermieden werden. Unter den Fällen, wo die Quinten nicht zu umgehn sind, verdienen folgende namhaft gemacht zu werden:

(Die Darstellung derselben ist ohne Septimenakkorde nicht gut möglich; es muss deshalb entschuldigt werden, dass hier schon Septimenakkorde vorkommen, und damit dem zweiten Abschnitte vorgegriffen wird.)

## I. Quinten zwischen Unter- und Oberdominante.

a) In der zweiten Hälfte (in dem zweiten Tetrachord) der aufsteigenden Tonleiter:

Die Gefahr wird hier dadurch hervorgerufen, dass die Sexte der Tonleiter aufwärts nach *h* geht, während dies *a* sonst die Bestimmung hat, im vierstimmigen Satze abwärts nach *g* sich aufzulösen, wenn es — wie hier — zur Terz der Unterdominante geworden ist. (S. § 16. 3.) Die ungewöhnliche Führung dieses Intervalls hat auch in den andern Stimmen allerlei Unregelmässigkeiten im Gefolge. Die ungefährlichste Harmonisirung ist noch die folgende, wenn sie sich grade einfügen lässt:

**89.**

Für die Quinten in Nr. 88 sind folgende zwei Abhilfen im Gebrauche:

Erste Abhilfe:     Zweite Abhilfe:

Die erste Abhilfe tritt beispielsweise äusserst klar in dem schottischen Volksliede „*Robin Adair*" hervor,

**90.**

wo die zwei reinen Quinten $f$ - $c$ und $g$ - $d$ sich in doppelter Weise bemerkbar machen, einmal weil sie in den beiden äussersten Stimmen stehn, und zweitens weil sie accentuirt sind   Dessenungeachtet haben sie noch Niemandes Missfallen erregt; ein Beweis, dass sie nicht so schlecht klingen, um das Ohr des Volks dadurch zu erschrecken.

Die zweite Abhilfe (mit der Gegenbewegung) ist häufiger; C. M. v. Weber hat sich im „Freischütz" ebenfalls damit aus der Sache gezogen:

**91.**

(No. 1. Chor: „Wird Er? frag' ich, wird Er, he, he, he?) Im Original ist es G - dur.)

Das Vorstehende wird hinreichen, um darzuthun, in welch vorsichtiger Weise die Sexte der Tonleiter des Durgeschlechts behandelt werden will, wenn sie aufwärts geht. — (Die Behandlung der *Sexta toni* des Mollgeschlechts muss dem nächstfolgenden Paragraphen vorbehalten bleiben.)

### Quinten.

b) **Hinter den Septimenakkorden vierter Gattung in
Dur und Moll:** (S. § 50 und 58.)

Sobald in diesen Akkorden die Quinte *a—e* (im Mollgeschlechte *as—es*)
nach *g—d* geht, wie sie muss, so entstehn Quinten:

Die für diesen Fall ersonnene und in fortwährender Ausübung befindliche
Abhilfe ist folgende:

Bei den Umbildungen dieser Septimenakkorde ist die Abhilfe ebenso:

Die hervorragendste Aufmerksamkeit verdient die erste Verwechslung des Septimenakkords **D. II.** im Mollgeschlechte, der übermässige Quintsextakkord:

Bei ihm sind unter allen Akkorden die Quinten am wenigsten zu vermeiden. Den Sprung den das *as*, bisher in einer Mittelstimme befindlich, machen konnte, um die Quinten dem Auge (dem Ohre nicht) zu verhüllen, ist hier, wo es im Basse liegt, nicht möglich; es muss nach *g* gehn, und über ihm das *es* nach *d*, (weil es die ursprüngliche Septime ist,) und damit sind die Quinten gegeben. Wenn sie dennoch vor dem Auge versteckt werden sollen, so kann dies nur durch Stimmentausch, durch eine naturwidrige Führung der übrigen Akkordtöne geschehn, wobei nichts gewonnen wird, denn das Ohr hört sie dennoch. Das Heilmittel ist also schlimmer, als die Krankheit.

(G. Spontini: „Vestalin": No. 6.) Die vom Autor beliebte Abhilfe ist folgende:

## II. Quinten

zwischen Tonika und Oberdominante, und zwischen Oberdominante und Tonika.

(C. M. v. Weber: „Oberon". No. 1. Chor: „Leicht, wie Feentritt nur „weht"
u. s. w. Im Original ist es F-dur.)

(Rouget de Lisle. Die „Marseillaise". „Allons enfants de la patrie" u. s w.)

Diese Quinten sind karakteristisch für den Ausdruck kriegerischer Begeiste-
rung und des wild erregten politischen Fanatismus, — doch hat sie auch
umgekehrt das harmlose gemüthliche deutsche Volkslied aufzuweisen:

ein Beweis, dass die Quintenfrage von einem ganz andern Gesichtspunkte aufgefasst worden muss, als von dem tagtäglichen des „Schlechtklingens". Für die beiden zuletzt aufgeführten Fälle giebt es die Abhilfe, dass man statt des tonischen Dreiklangs dessen Sextakkord nimmt:

Die vorstehend verzeichneten unabwendbaren Quinten, von denen man vor fünfhundert Jahren noch keine Ahnung haben konnte, sind feste Fälle und dienen dem Urtheil zu sicherer Stütze. Wenn sie offen hingeschrieben werden, so dass sie dem Auge nicht entschlüpfen können, dann heissen sie offenbare oder Augenquinten. Das Urtheil darüber ist getheilt; sie finden ebensoviel Vertheidiger als Tadler. Wenn sie aber umschrieben oder durch irgend welche Abhilfe bemäntelt werden, wobei sie dem Ohre des Harmonikers doch nicht entgehn, weil er die Fälle kennt, dann heissen sie Ohrenquinten. Diese sind unbedenklich und überall erlaubt.

Wenn von zwei Stimmen, die in gleicher Richtung fortschreiten, die eine durch einen Sprung in die Quinte der andern fällt, dann entstehn verdeckte Quinten, z. B.:

(G. Donizetti: „Lucia von Lammermoor". Einleitung. Ursprüngl. B-moll.)

Eigentliche Quinten sind zwar hier nicht vorhanden; aber der bei NB. zwischen *f* und *d* befindliche (jetzt übersprungene) Ton *es* hätte, wenn er berührt wäre, Quinten machen können. Die Lehre warnt vor verdeckten Quinten ebensosehr, wie vor verdeckten Oktaven; ausgenommen die sogenannten Hornquinten:

Eine eigenthümliche Stellung nehmen die sogenannten zufälligen Quinten ein, die sich häufig einfinden, wenn zwei Stimmen, von denen jede für sich ihren selbständigen und planvollen Weg geht, (gleichsam durch Zufall) in einer Quintenparallele zusammentreffen:

(L. v. Beethoven: „Fidelio". No. 3. „Es ist klar, ich werde glücklich sein". Ursprüngl. G-dur.)

Keinem Tonsetzer kann zugemuthet werden, solche wohlklingende und kunstvolle Stimmengänge wegen der beiläufig darin vorkommenden Quinten zu unterbrechen oder zu verwerfen. Und dennoch werden eben solche zufällige Quinten, weil sie unter keine Rubrik passen und es für sie auch keine Abhilfe giebt, oft lieblos verurtheilt. Es sind ihretwegen schon leidenschaftliche Federkriege geführt worden, und zwar ohne alles Resultat, weil kein Beweis möglich ist, dass es auf eine andre Weise hätte besser gemacht werden können. Die Musiker pflegen sich für Angriffe dieser Art auf humoristische Weise zu rächen, indem sie jene Verfolger mit dem Spottnamen „Quintenjäger" begrüssen.

Die Oktaven- und Quintenfrage ist im Vorstehenden hauptsächlich vom technischen Standpunkte aus betrachtet. In Musikerkreisen gilt sie auch meistens nur als eine technische Frage, und dort findet man auch den vielverbreiteten Glauben, Oktaven und Quinten sind deshalb verboten, weil sie „schlecht klingen". Es giebt Ton- und Akkordfortschreitungen, welche viel schlechter klingen, als alle Quinten, und doch nicht verboten sind. Jene Auffassung ist auch eine zu enge; die Frage hat einen ausgedehnteren Horizont, und darf besonders nicht ausser Zusammenhang mit dem Grossen und Ganzen der harmonischen Musik gedacht werden.

Wer das in dem Verbote vorkommende Wort „vollkommene „Konsonanz" einseitig nur auf die Oktave und Quinte bezieht, der vergisst den unermesslichen Fortschritt, welchen die Tonkunst seit fünfhundert Jahren gemacht hat. Das Wort bedeutet für jene Zeit ganz Dasselbe, was für die Gegenwart die Benennung „Harter Dreiklang" bedeutet. Die Alten bedienten sich der Terz nicht, weil ihnen dieselbe in ihrer Doppelgestalt — bald gross, bald klein, und doch immer Terz — zweideutig schien; sie hielten die Quinte für vollgiltiger, weil sie diese nur unter einer Form — als reine — kannten. Wir aber haben jetzt seit zweihundert Jahren die Terz (gross und klein) unter die Zahl der vollkommenen Konsonanzen aufgenommen, dergestalt dass wir uns einen Dreiklang ohne Terz gar nicht mehr denken können. Dadurch ist schon allein unsre heutige Musik eine total andere, in Beziehung auf Terz und Quinte sogar das Gegentheil von ehemals geworden. Die Alten vermieden die Terz, aber ohne Quinte war ihnen die „vollkommene Konsonanz" nicht denkbar; wir Heutigen dagegen können (z. B. in Schlussakkorden) eher die Quinte als die Terz entbehren. Rechnen wir dazu noch die zahlreichen übrigen Errungenschaften, welche wir jener Zeit entgegenzuhalten vermögen, Dur- und Molltonleiter, Dur- und Mollgeschlecht, Chromatische Tonleiter, Tonika und Dominanten, Septimenakkorde, Schlüsse, leiterfremde Töne und Akkorde, u. s. w., so ist es augenscheinlich, dass wir bei Anwendung des Oktaven- und Quintenverbots auf unsre Musik den neu entstandenen Verhältnissen Rechnung tragen müssen.

Der ästhetische Kern des Gesetzes ist unvergänglich. Harte Dreiklänge können in grader Bewegung nicht aufeinander folgen. Der Versuch, z. B. die Dreiklänge B-dur, C-dur, D-dur, E-dur u. s. w. einander folgen zu lassen, wird missglücken, weil die Akkorde der in der Tonleiter am nächsten beisammenliegenden Intervalle sich verwandtschaftlich am fernsten stehn. Ebenso wird, wenn auf einen eben vollendeten Tonsatz aus F-dur, worin F Tonika war, ohne Vermittlung ein Tonsatz aus G-dur folgen sollte, in welchem G zur Tonika wird, das Ohr nicht zufriedengestellt werden, auch wenn dabei keine Quinten vorkommen. In dieser Beziehung wird das Gesetz nach abermals fünfhundert Jahren noch ebenso giltig sein, als heute. Aber wenn in einem Tonsatze aus C-dur, sobald das Ohr diese Tonart als Tonika in sich aufgenommen hat, die beiden Akkorde auf F und G als Dominanten hintereinander erklingen, (und dies gehört zu den Errungenschaften der Neuzeit,) so sind sie unbedingt willkommen, selbst wenn sich auch Quinten dabei einfinden sollten, — weil es für diese ja schlimmsten Falls eine Abhilfe giebt.

Unsre Klassiker huldigen in ihren Werken immer dieser ästhetischen Forderung. Sie beziehen den Ausdruck „vollkommene Konsonanzen" stets auf die ganzen Akkorde, und nicht blos auf deren Oktav und Quinte. Mit bewundernswerthem Zartgefühl unterscheiden sie den jedesmaligen Karakter der Akkorde, ob dieselben als Toniken oder als Hilfsakkorde auftreten, und lassen die dabei zuweilen unterlaufenden Quinten, die sie recht gut kennen, gänzlich unberücksichtigt, wo es ihnen nicht geboten scheint, sich der Abhilfe zu bedienen. Eine gefährliche Klippe für die Beurtheilung!

## § 18.

Alle Tonreihen und Tonfolgen, welche in paralleler Richtung fortschreiten, wozu auch die Oktaven und Quinten gezählt werden, sind wegen ihrer Steifheit und allzu grossen Regelmässigkeit missliebig. Hierzu gehören u. A. die sogenannten Rosalien, z. B.:

**Allegro.**

**105.**

u. s. w.

Ebenso würde es unmöglich sein, unsre diatonische Tonleiter, die neben ihren fünf Ganztönen auch zwei Halbtöne enthalten muss, aus lauter Ganztönen zu bilden:

**106.**

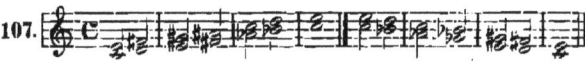

Dies wäre keine künstlerische Regelmässigkeit mehr, es wäre Einförmigkeit, welche dem musikalischen — Abwechslung und Mannigfaltigkeit verlangenden — Ohre widerstrebt. In dieselbe Kategorie gehören ferner Terzenreihen, wenn man sie etwa aus lauter grossen Terzen bilden wollte:

**107.**

Gegen solche Bildungen ist kein Verbot nöthig; sie verbieten sich von selbst.

Die Brauchbarkeit, welche den grossen Sekunden (wenigstens in grösserer Folge) versagt ist, besitzen dagegen die kleinen Sekunden desto mehr. Chromatische Tonreihen auf- und abwärts, ebenfalls sehr gleichförmig (Halbton an Halbton) zusammengesetzt, bilden ein vielgebrauchtes Kunstmaterial.

§ 19.

### Die diatonische Molltonleiter.

*C-dur.*

**108.**

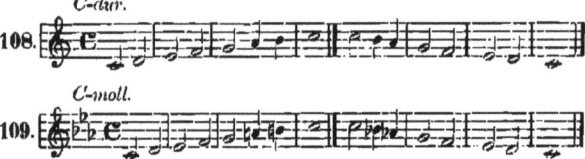

*C-moll.*

**109.**

Die diatonische Durtonleiter besteht aus fünf Ganz- und zwei Halbtönen. Der erste Halbton befindet sich (der grossen Terz wegen) zwischen Terz und Quarte, und der zweite zwischen Septime (Leitton) und Oktav.

Die diatonische Molltonleiter ist nach diesem Vorbilde mit derjenigen Aehnlichkeit errichtet, welche überhaupt möglich, und auch in jeder andern Beziehung (z. B. gleiche Anzahl von harten und weichen Dreiklängen, Leitton u. s. w.) angestrebt ist. Wegen der kleinen Terz liegt der erste Halbton zwischen Sekunde und Terz, der zweite hingegen (wie im Dur) zwischen Septime und Oktav. In den Molltonarten ist der Leitton nicht in der Vorzeichnung enthalten, er muss daher durch ein Versetzungszeichen eigens gebildet werden; der Leitton nach *C* z. B. kann kein anderer als *h* sein.

Diese nothwendige Erhöhung der Tonleiterseptime bedingt auch zugleich die Erhöhung der Sexte, und zwar aus zwei Gründen: einmal, um der Durtonleiter durch Herstellung von fünf Ganz- und zwei Halbtönen ähnlich zu werden, und zweitens, die sonst entstehende übermässige Sekunde *as*-*h* zu vermeiden, welche in der diatonischen — nur das Geschlecht anzeigenden — Tonleiter nicht zulässig ist.

Diese beiden Erhöhungen gelten aber nur für die aufwärts gehende Molltonleiter, und auch nur dann, wenn die obere Oktav wirklich erreicht wird. So schliesst W. A. Mozart die C-moll-Sonate für Clavier:

110.

Der Leitton *h* muss auch dann bleiben, wenn das nächste Ziel *c* vielleicht um einige Intervalle übersprungen werden sollte:

111.

Weil Tod und Ra-che Dich ent-zün-den!

(W. *A.* Mozart, „Zauberflöte“. No. 8. Recit.)

Wenn aber die obere Oktav nicht erreicht werden soll, wenn es in der Absicht liegt, auf einem früheren Punkte einzuhalten oder umzukehren, dann finden jene Erhöhungen nicht statt, dann würden sie unnütz sein, weil man die Intervalle dann der abwärts gehenden Tonleiter angehörend betrachtet. In der folgenden Stelle, dem Anfange von No. 16 in Weber's „Freischütz“,

112.

50

nimmt der Komponist der Regel gemäss in der Mitte des ersten Taktes *a*
und *h*, weil die obere Oktav *c* wirklich erreicht wird. Im Weitergehen
kommt es aber nicht wieder zur Oktav hin, sondern die Tonleiter wird
bei der Sexte plötzlich unterbrochen, und da heisst dieselbe *as*.
Gleichermassen heisst die siebente Tonleiterstufe *b*, wenn sie sich
abwärts wendet:

(G. Meyerbeer. „Dinorah". Ouverture. Ursprüngl. H-moll.)

In diesem Beispiele zeigt sich zugleich der interressante Fall, dass die
siebente Tonleiterstufe zu gleicher Zeit in beiderlei Gestalt erscheint; in
der Melodie *b*, weil die Zeichnung derselben sich nach unten neigt, und in
der untersten Stimme *h*, weil hier der Leitton nöthig ist. L. v. Beethoven
bildet in seinem F-moll-Quartett den Anfang aus der zweiten Hälfte der
Molltonleiter, abwärts und aufwärts gehend:

Wenn man genöthigt ist, die erhöhte Sexte der aufsteigenden Moll-
scala mit einem eigenen Akkorde zu begleiten, so darf man nicht die
leitereigene Unterdominante dazu nehmen, in C-moll also zu dem *a* nicht
das *f*; sondern man muss sich erinnern, dass bei der Umbildung der Unterdominantakkorde die Erhöhung des *as* zu *a* erst in zweiter Linie
kommt, nachdem bereits die Erhöhung der Unterdominante *f* zu *fis* vorangegangen ist. Mithin etwa so:

abwärts.

Das gleichzeitige Vorkommen der Töne $f$ und $a$, als zu einem Unterdominantakkorde von C-moll gehörend, wie es etwa das folgende Beispiel
zeigt:

Sie kommt, lasst uns bei Sei - te gehn,

(W. A. Mozart. „Zauberflöte" No. 20. Terzett der 3 Genien.)

ist so sehr selten, dass man es mit Recht zu den grössten Ausnahmen
zählen kann.

<hr>

Da in C-moll die *Sexta toni as* zwar nicht aus Willkür, aber doch
aus gewisser Rücksicht zu $a$ erhöht wird, so darf es nicht Wunder nehmen,
wenn die Erhöhung auch einmal unterbleibt. Freilich entsteht dann die
übermässige Sekunde *as-h*; aber es könnte ja sein, dass gerade diese
übermässige Sekunde ihres eigenthümlichen herben Effekts wegen gesucht
wäre. Jedes übermässige Intervall schliesst eine besondere Wirkung in
sich, die auf anderem Wege nicht zu erreichen ist, folglich auch die übermässige Sekunde.

Und in der That kann man auch dem Tetrachorde aufwärts $g$-$as$-$h$-$c$,
und abwärts $c$-$h$-$as$-$g$, häufig begegnen, bei allen Tonsetzern, in jedem
Tempo, zu jedem Akkorde, Tonika oder Dominante u. s. w. Es ist nicht
nöthig, Beispiele dafür heranzuziehn; der aufmerksame Beobachter kann
sie überall vorfinden. Bestimmte Regeln, nach denen sich Jeder zu richten
hätte, giebt es dafür nicht; bei etwaigen Interpellationen vertheidigt Jeder
das, was er geschrieben hat, so gut er kann. Nur darin herrscht Uebereinstimmung, dass diese mit der übermässigen Sekunde gebildete zweite
Tonleiterhälfte nicht als der diatonischen Scala angehörend betrachtet
wird, weil diese, die nur den Zweck hat, das Geschlecht anzuzeigen, keine
übermässigen Intervalle kennt, und auch keinen Ausdruck, keine Betonung
hat. Man liebt es, sie mit ähnlichen Erscheinungen auf verwandtem Gebiet zu vergleichen, z. B. mit der Sprache, wo der Artikel „der, die, das,"
welcher das Geschlecht anzuzeigen hat, nicht betont wird, wie: „der Künstler". Sobald man ihn aber betont, erhält er die Bedeutung des zeigenden
Fürworts, wie: „der Künstler," welcher u. s. w. anstatt: „dieser Künstler", welcher u. s. w.

<hr>

4 *

## § 20.

### Querstandsverbot.

Ein weiteres Verbot ist der Querstand (auch unharmonischer Querstand genannt.)

Er besteht darin, dass in einer Stimme plötzlich ein erhöhter Ton eintritt, welcher unmittelbar vorher in einer andern Stimme leitereigen oder erniedrigt vorhanden war,

und umgekehrt: dass ein erniedrigter Ton eintritt, welcher vorher in einer andern Stimme leitereigen oder erhöht vorhanden war:

Das querständige Verhältniss zweier in dieser oder ähnlicher Weise geleiteten Stimmen ist so einleuchtend, dass man nach dem Grunde des Verbots nicht weit zu suchen hat. Der Querstand wirkt befremdend, weil einestheils die Akkorde nicht auf die natürlichste, nächstliegende Weise ineinander übergehn, und anderntheils jede der beiden Stimmen, in denen der Querstand vorkommt, einer ganz verschiedenen Tonart anzugehören scheint, wie denn in No. 118 die oberste Stimme F-moll, die unterste hingegen G-dur andeutet. Man empfahl darum von jeher, die Erhöhung oder Erniederung einer Stufe immer in einer Stimme vorzunehmen, sodass Beispiel 117 etwa so:

und Beispiel 118 etwa so:

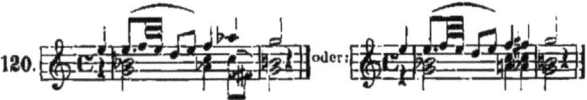

lauten würde.

Bei diesem Querstandsverbote ist die im vorigen § bei Veranlassung des Quintenverbots gemachte Bemerkung zu wiederholen, dass man früher mit grosser Gewissenhaftigkeit daran festhielt und jeden Fehler dagegen mit Strenge rügte, die Neuzeit im Gegentheil es mehr und mehr zu beseitigen trachtet. Allerdings hat die Gegenwart einiges Recht, das Gesetz mehr als ein Bedürfniss für jene Zeit zu betrachten, in welcher es entstand, nämlich des sechzehnten Jahrhunderts, von G. Zarlino zuerst methodisch dargestellt, und seine unbedingte Giltigkeit für die Jetztzeit zu bezweifeln, weil man damals den musikalisch-dramatischen Styl noch nicht kannte, worin mehr als in jedem andern die Sprache der Leidenschaft in Tönen geredet wird. Ueberall aber, wo die Leidenschaft zum Durchbruch kommt und nach entsprechendem Ausdruck sucht, da greift sie — in allen Künsten — nicht selten zum Härtesten; ja das scheinbar Missfällige, wenigstens das zur Darstellung ruhigcr und affektloser Gefühlsregungen Ungeeignetc, kann grade ihr der passende Ausdruck werden, da können in der Musik auch Querstände, welche stets rauh und herbe wirken, ganz am rechten Orte sein. Dass hiermit auch Missbrauch getrieben werden kann und getrieben wird, ist die Schuld Einzelner, welche aus Flüchtigkeit oder Geschmacklosigkeit den Missbrauch vom Gebrauch nicht sorgfältig genug trennen, denn ganz ist das Gebot nicht umzustossen, wie aus den wenigen oben angeführten Boispielen hervorgeht. Aber es haben auch Diejenigen Unrecht, welche sich zu einseitig daran klammern und jeden künstlerischen Kontrast von der Hand weisen, der durch einen wohlangebrachten Querstand zu erreichen wäre. Am besten thut man ohne Zweifel, um den Gegenstand aus der Sphäre aller Willkür zu entfernen, das Gesetz anzuerkennen, die zulässigen Querstände jedoch, um für dieselben eine sichere Grundlage zu gewinnen, wie bei dem Quintenverbote, auf folgende feste leicht zu merkende Fälle zurückzuführen:

1) Wenn der Uebertritt eines Akkords in den andern ohne Querstand nicht möglich ist, (unvermeidlicher Querstand,) wie bei dem verkleinerten Unterdominant-Sextakkorde des Mollgeschlechts B. IV, wenn derselbe im Ganzschlusse auf dem drittletzten Platze steht, (s. No. 66):

Die Wirkung dieser Akkordfolge ist zwar von Herbheit keineswegs frei, unangenehm ist sie aber nicht, weil die Nothwendigkeit der beiden Dominanten zu deutlich hindurch gehört wird.

Unter diese Rubrik müssen auch gewisse Terzen- und Sextengänge gerechnet werden, in denen die Melodietöne ebenso unvermeidliche Querstände machen, wie vorstehend die Akkordtöne:

2) Bei allen Terzenfortschreitungen, sowohl nach oben als nach unten, wenn beide Dreiklänge dem Durgeschlechte angehören. Also z. B. von C-dur nach E-dur,

und von E-dur nach C-dur,

Beide Fälle sind leicht im Sinne zu behalten, wenn man sich merkt, dass in einer Terzenfortschreitung nach oben die Quinte des ersten Akkords durch halbtönige Erhöhung zur grossen Terz des zweiten, und dass umgekehrt in einer Terzenfortschreitung nach unten die grosse Terz des ersten Akkords durch halbtönige Erniederung zur reinen Quinte des zweiten wird. In beiden Fortschreitungen ist aber der Vergleich mit andern Lagen des zweiten Akkords, worin die Querstände vermieden und die betreffenden Töne in einer und derselben Stimme verwandelt sind, von hohem Interesse. No. 123 lautet ohne Querstand so:

und 124 gewährt ohne Querstand folgenden Anblick:

Die Wahrnehmung kann nicht ausbleiben, dass die beiden letzten Beispiele an sich milder wirken, als die beiden vorhergehenden, dagegen nicht so kühn einherschreiten, als jene.

3) Wenn rhythmische Einschnitte (zuweilen auch Accente) die einzelnen Theile eines Satzes so strenge von einander sondern, dass sich das Ohr mit ihnen, die nun um so fühlbarer hervortreten, vorzugsweise beschäftigt und das Missfällige, was in den Querständen allenfalls liegen könnte, gleichsam überhört. Z. B.

127.

4) Wenn der zu verwandelnde Ton in zwei Stimmen zugleich vorhanden ist, sodass er in der einen aufwärts, in der andern abwärts geleitet werden kann. Z. B.:

128.

oder:

129.

5) Wenn (was mit dem letzten Beispiele zusammenhängt) zwei Oberdominanten in einem Dominantschritte aufeinander folgen, und der Querstand nur als Stimmentausch betrachtet werden muss:

130.

Der Stimmentausch wird evident, sobald die Verwandlung in einer und derselben Stimme vor sich geht;

131.

dies ist die demnächst zur Sprache kommende überschlagene Auflösung.

6) Bei einigen Vorhaltstönen, die, weil sie leitereigen genommen werden müssen, mit den zunächst vorhergehenden Akkorden (deren Erklärung hier aber verfrüht wäre) in den Querstand treten. Die üblichsten in dieser Weise sich zeigenden Vorhalte sind 1) die Quarte vor der Terz:

132.

und 2) die None vor der Oktav:

**133.**

Ungeachtet dieser sechs Fälle, welche, so sollte man meinen, die ausserordentlichste Freiheit gestatten, giebt es doch noch Querstände genug, um das Ohr auf unangenehme Weise zu erschrecken. Sie alle herzuzählen, wäre unmöglich. Nur eines Falles sei noch Erwähnung gethan, der, weil er oft vorkommt und schon häufig Gegenstand widerstrebender Meinungen gewesen ist, die Aufmerksamkeit in besonderem Grade auf sich lenkt. Es ist der Vorhalt der None vor der Oktav in dem Oberdominant-Dreiklange des Mollgeschlechts, wenn unmittelbar vorher der übermässige Sextakkord (s. No. 63) gewesen ist:

**134.**

Muss hier im letzten Akkorde der Vorhaltston *f* oder *fis* genommen werden? — Es klingt Beides nicht wohltönend. Der E-dur-Dreiklang scheint zu *fis* aufzufordern; dasselbe tritt aber zu dem vorhergegangenen *f* des Basses in einen der denkbar härtesten Querstände; und dann verlangt auch die Rücksicht, dass der E-dur-Dreiklang hier nicht Tonika, sondern Oberdominante von A-moll ist, das dieser Tonart leitereigene *f*. Dieses ist aber wieder durchaus unmelodisch, weil es zu dem vorhergegangenen *dis* die verminderte Terz bildet. — Kann man aus irgend welchem Grunde (in einer Gesangkomposition z. B. des Textes wegen) das *e* nicht gleich eintreten lassen, so thut man am besten, das letzte *dis* noch ein Viertel vorzuhalten, wofern nicht ein wichtiger Grund die Härte eines Querstandes anräth.

Bisher war nur von dem Querstande in zwei unmittelbar aufeinander folgenden Akkorden die Rede. Er ist auch in zwei Akkorden möglich, zwischen denen sich noch ein anderer in der Mitte befindet. Hierunter wird jedoch nur das gleichnamige Dur und Moll verstanden, wenn eine von beiden Dominanten dazwischentritt. Die Oberdominante z. B.

**135.**

trennt A-moll von A-dur und D-moll von D-dur nicht scharf genug, weil sie beiden Geschlechtern gemeinschaftlich zugehört, genügt deshalb auch nicht, einen unter ihnen sich bildenden Querstand zu verhüllen. Ebensowenig die **Unterdominante**,

**136.**

welche dadurch, dass man sich erlaubt, die Unterdominante des Mollgeschlechts in das Dur zu verpflanzen, gleichfalls beiden Geschlechtern zugehört.

### § 21.
### Die überschlagene Auflösung.

Die bei Nr. 131 angedeutete **überschlagene Auflösung** ist: wenn ein Leitton, anstatt nach der Regel in die nächste halbe Stufe oberhalb zu gehn, sich zur nächsten halben Stufe unterhalb wendet und dadurch zur Dissonanz des folgenden Akkords wird;

**137.**

Die regelmässige Auflösung des *fis* im zweiten Akkorde würde dasselbe nach *g* geführt haben, wie hier,

**138.**

und dann hätte, wie hier ebenfalls geschehn, wofern es Wunsch war, dem Sextakkorde G-dur die Dissonanz hinzuzufügen, das *f* als zweites Achtel angehängt werden können. Durch das sofortige Eintreten des *f* aber bei Nr. 137 wird die natürliche **Auflösung** des *fis* überschlagen, der Fortschritt nach C-dur dagegen um so drängender gemacht. Und dies ist der in der überschlagenen Auflösung liegende Effekt. Sie kann in allen Stimmen angebracht werden. Vorhin war sie in der obersten Stimme; hier ist sie in der Mitte,

**139.**

und hier ist sie im Basse:

**140.**

Sie ist in der Beziehung ein **gefährliches** Kunstmittel, dass sie, an sich ausserordentlich schön und durch die bequeme Stimmführung, die stets in

ihrem Gefolge ist, zum fleissigen Gebrauche einladet, bei öfterer Wieder-
kehr aber bald gleichgiltig wird, übertrieben sogar Ueberdruss erzeugt.
Welchen Eindruck es macht, wenn eine überschlagene Auflösung durch
Wiederholung geschwächt und ihres Reizes beraubt wird, ist an folgendem
Beispiel zu sehn,

141.

(V. Bellini. „Die Puritaner." Nr. 2. Im Original F-dur.)

## § 22.

### Der Orgelpunkt.

Mit dem Namen Orgelpunkt wird (im allgemeinen Sinne) eine
Kunstform bezeichnet, in welcher ein Ton (Punkt) nach Art und Weise
der Orgel, diesem für gebundene und auszuhaltende Töne am besten
geeigneten Instrumente, zu mehren Harmonieen liegen bleibt; ein Bindemittel, dieselben desto inniger zu verknüpfen:

142.

Im besondern Sinne giebt man diesem liegenbleibenden Tone jenen
Namen, wenn er beibehalten wird, obgleich er nicht allen zu ihm
erklingenden Harmonieen zugehört und nur deshalb den Wohllaut
des Ganzen nicht stört, weil dasselbe durch eine regelmässige Folge von
Akkorden gebildet wird, deren sichere, fassliche Anordnung auch ohne
Orgelpunkt das Ohr allenfalls zufriedenstellen könnte:

143.

Dies Beispiel zeigt, dass der Orgelpunkt g in den meisten Akkorden gar
nicht enthalten ist, dass sie aber dennoch alle zu ihm klingen.
Der Sinn des Orgelpunkts ist, durch das feste Verharren einer
Stimme auf ihrem Tone zu der Bewegung und vielgestaltigen Verknüpfung
der übrigen den Gegensatz der Ruhe zu bilden. Er ist, obwohl auf allen
Stufen der Tonleiter möglich, am meisten auf der Tonika und Oberdominante (zuweilen auch auf der Tonika und Quinte zugleich) ge-

bräuchlich; seine Anwendung erstreckt sich aber auf alle Stimmen. So ist er hier in der Oberstimme,

Choral: „Lobt Gott, ihr Christen, allzugleich" u. s. w.

**144.**

hier in der Mittel-,

Choral: „Allein Gott in der Höh' sei Ehr' u. s. w.

**145.**

und hier abwechselnd in der Unter- und Oberstimme:

Choral: „Vom Himmel hoch, da komm' ich her" u. s. w.

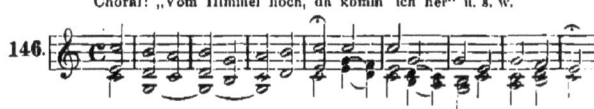

**146.**

Im engsten Sinne heisst Orgelpunkt diejenige Stelle am Schlusse mancher Tonstücke, namentlich Fugen und kirchlichen Zwecken gewidmeter Werke, worin der Bass den Schlusston bereits festhält, während die andern Stimmen dem Schlusse erst zustreben. Dies ist eine der kunstreichsten Aufgaben, und sie wird nach alter Ueberlieferung am glücklichsten gelöst, wenn es dem Tonsetzer gelingt, den Grundgedanken seines Works zu dem festliegenden Basse in den andern Stimmen noch einmal in gedrängtester Weise zusammenzufassen, umzukehren, zu verengern u. s. w., kurz, mit jeder sinnvollen Verwendung desselben das möglichst imposanteste Ende herbeizuführen. Die Kritik hebt solche Sätze, wenn sie gelungen sind, vor andern stets besonders beifällig hervor. In Seb. Bach's „wohltemperirtem Klavier" schliesst die erste Fuge aus C-dur, nachdem das ganze Tonstück aus diesem Thema

**147.**

fast nur allein zusammengefügt worden, damit, dass der Grundgedanke zu dem Orgelpunkte *c* noch zweimal, in C-dur und F-dur, wiederkehrt, wobei aber der zweite Eintritt sich nicht die Zeit nimmt, das Ende des ersten abzuwarten:

Man hat dieser Form des Schlusses auch noch den besonderen Namen aushaltende Kadenz gegeben.

Einen weltberühmten und seiner Besonderheit wegen vielbesprochenen Orgelpunkt zeigt der Anfang des Allegro der Ouvertüre zu „Don Juan",

worin Mozart, um für zwei Takte nach E-moll zu gehn, zu dem liegenden *d* des Basses sich des nach *e* führenden Leittons *dis* bedient. Es ist interessant, die Deutung nachzulesen, welche musikalische Schriftsteller dieser Stelle des in ästhetischen Auslegungen bis jetzt noch nicht erschöpften Kunstwerks beigemessen haben und noch täglich beimessen.

§ 23.

## Durchgehende Töne.

Die einen Orgelpunkt begleitenden Töne sehen zuweilen den durchgehenden Tönen sehr ähnlich, welche gleichfalls neben einem stillliegenden Tone (oder neben einem stillliegenden Akkorde) sich bewegen, ohne an der Harmonie Theil zu nehmen. Es muss deshalb die Gefahr vermieden werden, beide Kunstformen miteinander zu verwechseln.

Ihr Unterschied besteht kurz darin: dass der Orgelpunkt ein (unter dem harmonischen Gesichtspunkte aufzufassender) Ton ist (selten zwei), welchen man festhält, obgleich ihn die zu ihm erklingenden Töne oder Akkorde von ihrer Harmonie ausschliessen, — wogegen die durchgehenden Töne melodischer Natur sind, ebenfalls dem stillliegenden Tone (oder Akkorde) fremd, aber bestimmt, Tonreihen eng und zusammenhängend (diatonisch oder chromatisch) zu verbinden, deren einzelne Glieder ohne sie nur aus Sprüngen oder sogenannten Akkordbrechungen bestehen würden. Sie benehmen einer Melodie das Eckige, machen sie fliessend, und können demzufolge (zu weiterer Unterscheidung vom Orgelpunkt) ohne Bedenken Tonreihen einverleibt werden, welche von vollen Akkorden begleitet sind. Die nächstfolgenden Beispiele sollen dieses Alles anschaulich machen; zugleich wird die Forderung darin erfüllt werden, solche Durchgangstöne von einem Harmonietone aus zu erreichen und in einen andern Harmonieton hinüberzuführen. In diesen drei Takten

150.

bestehen sämmtliche Töne der Oberstimme aus dem gebrochenen C- und G-Dur-Akkorde. Wenn wir die zwischen ihnen liegenden Stufen alle ausfüllen, so entstehn die folgenden drei Takte daraus,

151.

welche mit den betreffenden vollen Akkorden so lauten:

152.

und es geht jetzt das erste c durch (das harmoniefremde) d nach c, dieses e durch (das ebenfalls harmoniefremde) f nach g u. s. w. Daher der Name Durchgangstöne.

Sie sind in jeder Stimme anwendbar. Hier befinden sie sich in der Mittelstimme,

62

**153.**

anstatt:

**154.**

und hier in der Unterstimme

**155.**

anstatt:

**156.**

Als Beispiel, wie durchgehende Töne in zwei Stimmen zugleich genommen werden können, diene folgendes:

**157.**

Dasselbe mit vollen Dreiklängen:

**158.**

Nicht immer aber liegen neben solchen vermittelst der Durchgänge gebildeten Tonreihen die andern Stimmen still. Sobald diese sich ebenfalls bewegen, — was zu zeigen sehr einfach ist, denn es braucht nur irgend ein ruhender Akkord aus einem der obigen Beispiele in Bewegung gebracht zu werden, —

**159.**

so ist es unvermeidlich, dass ein Durchgangston (hier z. B. das zwischen *e* und *g* stehende *f* des zweiten und vierten Viertels) zuweilen mit dem Anschlage des Akkords zusammentrifft und dadurch noch befremdender auf das Ohr wirkt, als es ohnehin schon der Fall ist, da er der Harmonie nicht zugehört und nur als verbindendes Glied zwischen zwei Harmonietönen geduldet wird. Dann ändert er aber seinen Namen; man sagt dann, der durchgehende habe mit dem Harmonietone den **Platz gewechselt** und nennt ihn **Wechselton**.

### § 24.

### Wechselton. — Scheinakkord.

Am auffallendsten markiren sich solche Wechseltöne, wenn sich bei ihrem Eintreten die Akkorde ändern, wie hier;

**160.**

ein Beispiel, das mit geringer und wenig bemerkbarer Umänderung ohne Wechseltöne so lauten könnte:

**161.**

Dieser Unterschied zwischen **Durchgangs-** und **Wechseltönen**, den man in der älteren Theorie mit aussergewöhnlicher Wichtigkeit behandelt findet, wird übrigens heutiges Tags nur noch wenig beachtet. (In den Beispielen Nr. 151 bis Nr. 158 sind gleichfalls mancherlei Wechseltöne enthalten.)

Die bisher benutzten Durchgangstöne dienten dem Zwecke, melodisch dahinrollende Reihen aus Tönen zu bilden, welche terzen- und quartenweise auseinanderlagen, d. h. aus den Tönen des Dreiklangs und seiner Verwechslungen. Sie sind alle (ohne Anwendung eines Versetzungszeichens) der diatonischen Tonleiter entnommen, und heissen davon auch **diatonische Durchgänge.** Es lässt sich aber auch der Wunsch erfüllen, ein noch kleineres Intervall als die Terz ist, eine grosse Sekunde z. B. mit einem Durchgangstone zu versehen, und da bleibt denn freilich nichts übrig, als den dazwischenliegenden Halbton zu nehmen, sodass beispielsweise aus folgendem Satze

162.

der nächste wird:

163.

Solche Durchgänge werden **chromatische** genannt. Durch sie entstehen zuweilen Tonverbindungen, welche allein und aus dem Zusammenhange gerissen, selbständige und ganz andern Tonarten angehörige Akkorde sein würden. Das vierte Viertel des ersten Takts im letzten Beispiele bildet einen grossen Sextakkord *e - g - cis,* die erste Verwechslung des verminderten Dreiklangs *cis - e - g,* welcher, wenn er selbständig wäre, (innerhalb der Tonart C-dur) nach D-moll gehen müsste;

164.

da er dies aber in Nr. 163 nicht thut, da das *cis* dort nur als melodischer Durchgang zwischen *e* und *d* betrachtet werden darf, so ist er ein sogenannter **Durchgangsakkord,** auch **Scheinakkord** genannt.

Mit rein diatonischen Tönen sind übrigens solche Scheinakkorde nicht minder möglich und üblich, wie hier,

165.

wo das erste Viertel des ersten, das vierte Viertel des zweiten Taktes u. s. w., weil sie nur zufällig bei dem schrittweisen Auseinandergehn der verschie-

denen Stimmen sich enfinden und weder eine selbständige Tonart begründen, noch auf Auflösung oder dergl. irgend einen Einfluss ausüben,
Scheinakkorde genannt zu werden verdienen.

Durch die Vermittlung chromatischer Durchgangstöne werden wir im
Kapitel über die Unterdominante noch eine grosse Anzahl solcher
Scheinakkorde entstehen sehn, wie denn auch schon die durch Erhöhung
des Unterdominantentones in § 16, Beisp. 64, 65 u. a. m. hieher zu
rechnen sind, weil sie an sich ganz andern Tonarten zngehören, als in
welche sie dort hinüberführen.

Das vierte Viertel des dritten Takts in Nr. 163 ist aber der wirkliche (aus Nr. 36 bekannte) übermässige Dreiklang auf der Oberdominante, was auch aus seiner Stellung und dominantischen Auflösung
genügend hervorgeht.

Die chromatischen Durchgänge lassen sich auch erweitern,

sie sind selbst auf die ganze Tonleiter anwendbar,

und es bedarf keiner weitern Anleitung, dass sie auch noch ausgedehntere
Räume umspannen, wie auch, dass sie in allen Stimmen genommen
werden können.

Um die Wirkung zu erproben, welche gleichzeitige chromatische Durchgänge in mehren Stimmen hervorbringen, muss man
sie in vorhandenen Kunstwerken beobachten. In einem Lehrbuche ist
nicht Raum, alle Möglichkeiten zu erschöpfen; doch sagt man nicht
zuviel, wenn man sie den herbsten Kunstmitteln zuzählt, die es giebt.
Dieses wahrzunehmen, wird ein Beispiel genügen, worin chromatische
Durchgänge in zwei Stimmen,

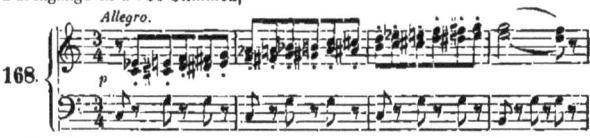

66

(C. Czerny. 100 Uebungsstücke. Op. 139. Nr. 67.)

und ein zweites, worin sie in drei Stimmen zugleich vorhanden sind:

169.

Kaum vermag die an und für sich wohlgefällige Regelmässigkeit der Stimmführung und die rhythmische Uebersichtlichkeit beider Sätze die unerfreuliche Eintönigkeit zu verdecken, dass man lauter kleine Terzen und kleine Sextakkorde (grosse Terzen sind in ähnlicher Weise schwer zu ertragen, grosse Sextakkorde gar nicht) und eine Menge leiterfremder Akkorde vernimmt, die das Gehör in solcher Geschwindigkeit nicht auffasst. Baut man nun gar solche mehrstimmige chromatische Gänge in entgegengesetzter Bewegung übereinander, so läuft man Gefahr, die eigentlichen Harmonietöne durch den Zwischenlauf zu vieler fremder Elemente zu verdunkeln, in Querstandsfehler zu verfallen u. dgl. mehr, kurz, eine allgemeine Undeutlichkeit und Verwirrung anzurichten.

### Durchgangstöne als Vorbereitung neuer Tonarten.

Eine vorzügliche Aufmerksamkeit erheischen diejenigen Durchgangstöne, welche bestimmt sind, den Eintritt neuer Tonarten vorzubereiten. Sie müssen in solchen Fällen nach einer alten sehr einleuchtenden Regel auf das Bestimmteste der neuen Tonart entlehnt sein, sodass sie dieselbe zum Voraus verkünden und mit der zu verlassenden entschieden brechen. Dies geschieht am natürlichsten durch die Stufe, welche zwei Tonarten voneinander unterscheidet, wie beispielsweise, wenn man von C-dur eine Ausweichung nach G-dur machen wollte und die Führung der Melodie den Durchgang der Quarte forderte, durch Verwandlung des *f* in *fis*, welches den Unterschied beider Tonarten am präcisesten ausspricht:

170.

Hier ist der Durchgangston *f* im zweiten Takte wohl an rechter Stelle, weil sich die Tonart C-dur, der er angehört, noch eine Weile hält. An dem analogen Platze im sechsten Takte dagegen muss *f* nicht wieder- kehren, sondern *fis* dafür eintreten, weil dieses die neue Tonart anmeldet. Diese Rücksicht ist so überwiegend, dass es auf den Widerspruch, den das plötzlich mitten in die Tonart C-dur hineinfallende *fis* erregt, nicht ankommt.

## § 25.

### Hilfstöne. Vorschlag.

Eine andere Art, die aber den durchgehenden Tönen darin gleichen, dass sie ebenfalls nicht zur Harmonie gehören und bestimmt sind, an der Bildung der Melodie Theil zu nehmen oder dieselbe zu schmücken, sind die Hilfstöne, unter welchem Namen die beiden Töne verstanden wer- den, welche einen Akkordton umgeben, also der nächste über ihm und der nächste unter ihm, die beiden Töne, mit deren Hilfe er auch den Doppelschlag und den Triller ausführt.

171.

Es muss Niemand befremden, wenn er darüber, wie diese Hilfstöne ge- braucht werden sollen, ob ganz- oder halbtönig, einer grossen Meinungs- verschiedenheit begegnet. Die Einigung ist schwer, weil bald der indivi- duelle Geschmack darüber zu entscheiden hat, bald der Karakter des Tonstücks sie verschieden fordert (oft freilich auch nur zu fordern scheint), bald endlich die Sucht, pikant zu schreiben (wozu sie sich als unerschöpf- liche Hilfsquelle bewähren), sich in ihrer Anwendung eine weitausgedehnte Freiheit gestattet. Nur eine ungefähre Uebereinstimmung findet insoweit statt, dass in Tonstücken ruhigen und leidenschaftslosen Karakters der obere Hilfston leitereigen, und der untere stets halbtönig genommnen werden soll. So sind sie in Nr. 172 gebraucht; so wird man auch nicht leicht einen Missgriff thun, und es wäre überflüssig, ihretwegen noch mehr Beispiele zu geben, wenn nicht noch der Vollständigkeit wegen gezeigt werden müsste, dass sie auch, ohne durch ihren Harmonicton vorbereitet zu sein, vor diesem schon auftreten dürfen, dass man unmittelbar mit ihnen beginnen kann. So Mozart in der „Zauberflöte", Nr. 17. *Allegretto*:

(Ursprünglich A-dur.) In dieser Gestalt gleichen sie sehr den sogenannten Vorschlägen, mit denen sie auch die Aehnlichkeit noch gemein haben, dass sie wie diese auch lang sein können,

von denen sie sich jedoch hauptsächlich dadurch unterscheiden, dass ein Vorschlag erstens nicht unbedingt einer von den nächsten Nachbarn des Akkordtons zu sein braucht, sondern auch aus dessen Terz, Quarte, Quinte, Sexte, Septime, kurz aus jedem beliebigen Intervalle bestehen kann, zweitens dass die Geltung eines Vorschlags sich nach dem Folgetone richtet, dem er den Accent und einen Theil seiner Zeitdauer (gewöhnlich die Hälfte oder zwei Drittheile) nimmt, weshalb er zu mehrer Deutlichkeit und leichterer Erkenntniss mit kleineren (meistens im Halse durchstrichenen) Noten geschrieben wird, — und drittens dass der Vorschlag an seinen Hauptton angeschleift werden muss, was bei den Hilfstönen keineswegs immer nöthig ist.

In Nr. 171 hatte jeder Akkordton einen Hilfston. Oft aber begnügt man sich damit noch nicht, und man sieht häufig den Akkordton erst nach beiden Hilfstönen folgen, sowohl dass der untere vorangeht und der obere der zweite ist,

**174.**

als auch, dass der o b e r e vorangeht und der untere der zweite ist:

**175.**

Die einzige Schwierigkeit, welche Hilfstöne zu bieten vermögen, besteht darin, dass man zuweilen versucht werden kann, sie für die Haupttöne zu halten, wenn sie entweder länger sind als diese, oder wenn sie auf die besten Takttheile fallen, oder wenn sie in der Melodie eine so hervorragende Stellung einnehmen, dass man sagen möchte, sie machten die Melodie erst eigentlich zu dem, was sie ist, und ohne sie existirte die Melodie gar nicht, wenigstens nicht in ihrer jetzigen wohltönenden Weise. Ein Beispiel hierüber wird nicht ohne Nutzen sein. Die Melodie in C. M. v. Weber's „Oberon" Nr. 13 zu den Worten: „O Hüon, mein Gatte, die Rettung sie nahet",

*Presto.*

**176.**

(Ursprüngl. Es-dur.) welche o h n e Hilfstöne so lauten würde,

**177.**

büsst, wie man sieht, durch Hinweglassung derselben all ihren Zauber ein; und doch thut man in zweifelhaften Fällen wohl, eine Melodie auf ähnliche Art auf ihre Urbestandtheile zurückzuführen, um die passendsten Begleitungsakkorde zu finden und der Gefahr zu entgehn, unter die Hilfstöne Harmonicen zu legen,

**178.**

und sie dadurch zu **wirklichen** Akkordtönen zu machen, was sie weder sein sollen noch dürfen.

Viel leichter sind die Hilfstöne zu behandeln, denen durch die vorangegangene Harmonie ein deutlicher Hinweis auf den ihnen zugehörenden Akkord gegeben ist. Hier

179.

muss das $a$ des letzten Taktes mit keinem andern Akkorde als mit C-dur begleitet werden, weil die Tonika, in welche die vorhergehende Oberdominante sich aufzulösen strebt, sofort auf dem ersten Viertel erscheinen muss, da einen Takt früher der umgekehrte Wechsel von Tonika und Oberdominante auf demselben Takttheile stattfand. Es wäre unmöglich, etwa A-moll, F-dur, D-moll u. s. w. darunter zu legen. Ebenso unmöglich ist es, dieses zufällige Zusammentreffen der Töne $e$, $a$ und $c$ als Quartsextakkord von A-moll zu deuten; dem würde das nachfolgende $g$ der Oberstimme widersprechen. Als solcher ist er nur ein Scheinakkord

## § 26.
### Nutzen des dreistimmigen Satzes.

Der § 16 richtete an die Kunstschüler die Aufforderung, so früh wie möglich mit eigenen Versuchen in der Zusammensetzung von Akkorden, als Begleitung einfacher Melodieen, zu beginnen. Nachdem die darauf folgenden Paragraphen einige Winke zur Vermeidung der gewöhnlichsten dabei vorkommenden Verlegenheiten und Fehler gegeben haben, ist es nunmehr Pflicht, die Mahnung auszusprechen, mit diesen Arbeiten ja nicht zu früh wieder aufzuhören; denn dieselbe Wichtigkeit, wie in jeder andern, hat der Fleiss auch in der Kunst, die Töne zu handhaben, und sie ist keineswegs eine solche, in deren Besitz man sich sofort befände, wenn man nur die Regeln derselben auswendig gelernt hat (ein Irrthum, dessen Beseitigung eine von des Lehrers Hauptpflichten ausmacht), sondern die Gewandtheit darin muss durch ausdauernde Uebung erworben werden. Wer aber mit Beharrlichkeit so lange fortfährt, bis er die zu einer Melodiereihe (zu einer Choralzeile von acht Tönen z. B.) passenden Akkorde im Kopfe entwirft, oder die am Pianoforte entworfenen im Kopfe behalten kann, ehe er sie niederschreibt, der trägt den Gewinn eines unermesslichen Fortschritts davon, welcher alles Nachfolgende ihm erleichtert.

Diese Versuche müssen ferner dreistimmig angestellt werden; denn obgleich dem dreistimmigen Satze diejenige Fülle und Geschlossenheit abgeht, welche nur im vierstimmigen erreichbar ist (was sich zuerst bei den Ganzschlüssen fühlbar macht, wo man sich danach sehnt, dem Dreiklange auf der Oberdominante die Septime hinzufügen zu dürfen), obgleich auch nicht geläugnet werden kann, dass es Akkordverbindungen giebt, deren vierstimmige Behandlung leichter ist, als die dreistimmige, — so sind doch die zwei Vortheile höher anzuschlagen: erstens sich mit Wenigem (mit lauter Dreiklängen und ihren Verwechslungen) behelfen, und zweitens erst die nothwendigen Verdoppelungen kennen zu lernen, wogegen, wenn man gleich damit beginnt, vierstimmig zu setzen, wo jeder Dreiklang eine Verdoppelung haben muss, das Schwanken zwischen zu vielen möglichen Verdoppelungen das schnellere Fortschreiten hemmt.

Ist man dahin gelangt, sich in den Tonarten C-dur und C-moll, mit Einschluss ihrer Hilfstonarten und der auf ihren Leitorstufen befindlichen Dreiklänge (sowie deren Verwechslungen) sicher und heimisch zu wissen, dann muss dringend empfohlen werden, nicht eher weiterzugehn, bis die gleiche Gewandtheit in den meisten Kreuz- und B-Tonarten ebenfalls erreicht ist. Dadurch gewinnt man ausser einem unschätzbaren Ueberblick den Nutzen, in allen Tonarten stets das Gleiche (nur von andern Stufen beginnend) sich wiederholen zu sehn und die gelesenen oder gehörten Akkorde leichter erkennen und verfolgen zu können.

Ganz unentbehrlich ist endlich dem Anfänger bei seinen ersten theoretischen Arbeiten die stete Hilfe eines reingestimmten Pianoforte. Das blosse Verarbeiten der Töne im Kopfe, das blosse Lesen und Schreiben der Noten ist nicht ausreichend, weil es dem Grundbegriffe der Tonkunst widerspricht, zu welchem das lebendige Erklingen der Töne unerlässlich ist. Die Wirkung einer zusammengesetzten (komponirten) Akkordfolge wird ohne diese Hilfe ebensosehr der eigenen Beurtheilung entzogen, wie die in einem Lehrbuche zum Belege der entwickelten Lehrsätze für nothwendig erachteten Beispiele zwecklos sind. Erst der ausgebildete Meister bedarf dieser Vermittlung nicht mehr, weil er bereits den Schlüssel des Geheimnisses besitzt, die Töne beim Niederschreiben ihrer Zeichen innerlich zugleich erklingen zu hören und die Nothwendigkeit ihrer Zusammenfügung ermessen zu können. Bis dahin ist aber im gewöhnlichen Laufe der Dinge ein weiter Weg.

## § 27.

Wenn es bis hieher zweckmässig war, die Akkorde des Mollgeschlechts, welche gleichzeitig mit denen des Dur erlernt werden müssen, des leichteren Ueberblicks wegen in C-moll aufzuführen, so kann dieser Zweck gegenwärtig als erfüllt angesehn werden. Es hat sich in den bisherigen Beispielen zur Genüge herausgestellt, worin der Hauptunterschied zwischen Dur und Moll besteht, nämlich in dem Gegensatze der Dreiklänge auf allen Tonleiterstufen, mit Ausnahme der Oberdominante, welche in beiden Geschlechtern gleich geformt werden muss.

Fortan hat es keine Schwierigkeit mehr, die Moll-Akkorde auch in einer andern Tonart zu lesen, und es ist jetzt an der Zeit, wo mit dem nächsten Paragraphen die Aufzählung der vierstimmigen Akkorde beginnt, zu der Methode der älteren Harmonielehrer zurückzukehren und die betreffenden Moll-Akkorde (der Einheit der Vorzeichnung wegen) in der Paralleltonart A-moll darzustellen. Als Vorbereitung hierzu dient mit Recht die folgende

Tabelle der leiterelgenen Dreiklänge und deren Verwechslungen
auf den 7 diatonischen Tonleiterstufen.

**180.**   *C-dur.*                                    *A-moll.*

Prime (hart).                    Prime (weich).
(Tonika.)                        (Tonika).

Sekunde (weich).                 Sekunde
                                 (vermindert).

Terz (weich).                    Terz (hart).

Quarte (hart).                   Quarte (weich).
(Unterdominante).                (Unterdominante).

                                 Quinte (weich).

Quinte (hart).                   Quinte (hart).
(Oberdominante.)                 (Oberdominante.)

Sexte (weich).                   Sexte (hart).

Septime                          Septime
(vermindert).                    (vermindert).

Oberdominanten:

Dreiklang.                       Dreiklang.

Uebermässiger
Dreiklang.

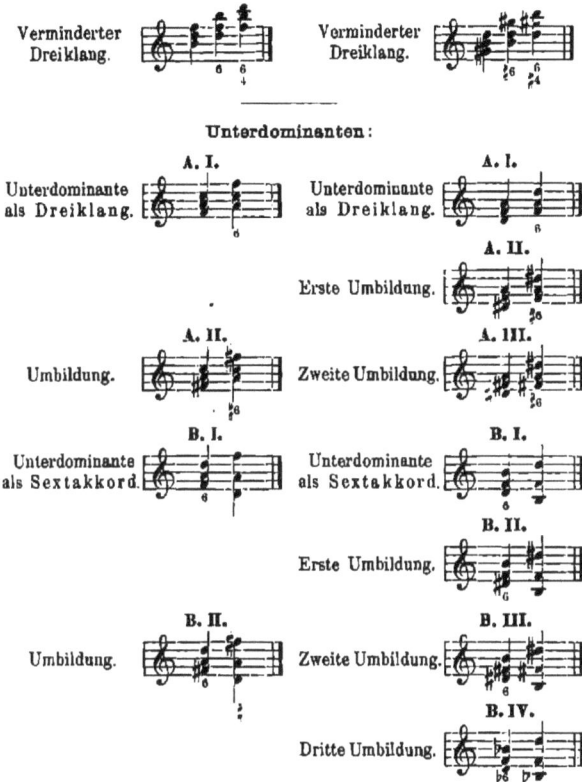

Es bedarf keiner Auseinandersetzung, welchen Reichthum Der erwirbt, welcher nach dem Muster dieser Tabelle die Dreiklänge nebst Verwechslungen aller Tonarten niederschreibt und dem Gedächtnisse einprägt. Unerlässlich ist es, wenn in einer neuen Tonart zum Erstenmale gearbeitet werden soll. Sie in einem Lehrbuche aufzuführen, ist nicht thunlich; denn sie würden darin einen ungebührlich grossen Raum wegnehmen und dem Schüler das Vergnügen des eigenen Auffindens schmälern. Ein Reichthum sind sie in der That zu nennen, selbst wenn auch die durch zweimaliges Aufzählen der Quarte und Unter-, der Quinte und Oberdominante

74

entstandenen Verdoppelungen abgerechnet werden; da aber, wie bekannt, der Reichthum einzig und allein durch klugen, zweckmässigen Gebrauch zu einem Gute wird, da uns ferner der Hinblick auf das Leben sattsam belehrt, dass es auch Menschen geben kann, welche im Besitze von Tausenden doch nur Bettler sind, — so kann die Mahnung nicht oft genug wiederholt werden, sich in der Anwendung dieser Akkorde fleissig und unablässig zu üben und sie dadurch zu einem wirklichen Vermögen zu machen.

Weiter, als bis hieher geschehn, lassen sich die Bildungsversuche mit zwei Terzen (drei Tönen) nicht fortsetzen. Neue Zusammenstellungen, welche nicht schon in einem der obigen Akkorde ihre Erledigung gefunden hätten, sind nicht mehr zu gewinnen. Zwar können durch Anhäufung mehrer gleichzeitiger Versetzungszeichen noch einige doppeltverminderte oder vermindert-übermässige u. s. w. Dreiklänge und Verwechslungen für das Auge herausgeklaubt werden, — sie finden aber, da sie durch Erhöhung oder Erniedrigung ihrer Töne dem Ohre ganz andere Tonarten verkünden, theils in denselben ihren rechten Platz, theils schliessen sie sich durch ihre ungeheuerliche und unfassliche Gestaltung von jeder praktischen Nützlichkeit aus. Wir übergehn sie hier gänzlich und schreiten sogleich zu den vierstimmigen Akkorden fort. ·

## Zweiter Abschnitt.

### Die vierstimmigen Akkorde.

#### § 28.

Das fortgesetzte Verfahren, Töne terzenweise zu Akkorden übereinander zu bauen, führt, nachdem die Darstellung aller dreistimmigen geschlossen ist, zu den vierstimmigen, zu den aus drei Terzen bestehenden. Wie auf jeder Stufe der diatonischen Tonleiter ein dreitöniger, so kann auch auf jeder Stufe ein viertöniger Akkord seinen Sitz haben. Das Aufschreiben derselben giebt folgende Reihe:

Man sieht zunächst, dass jede zu unsern bisherigen Dreiklängen neu hinzugetretene Terz des Grundtons Septime ist. Diese Septime thut die Eigenthümlichkeit der neuen Akkorde vorzugsweise kund und unterscheidet sie von den Dreiklängen, deshalb heissen sie von diesem Intervalle mit einem allgemeinen Namen: Septimenakkorde.

Ferner sieht man, dass die Septimen zwischen grossen und kleinen, ebenso dass die Intervallentfernungen aller dieser Septimenakkorde (einige wenige ausgenommen, welche in dieser Beziehung einander gleich sind,) fortwährend abwechseln. Wie soll nun eine übersichtliche Reihefolge, ein logisches System derselben aufgestellt werden, das den Theoretiker befriedigt und zugleich für den praktischen Gebrauch die leichteste Erkenntniss, sowie die sicherste Beweiskraft darbietet? – Das neu hinzugekommene Intervall giebt selbst den Fingerzeig dazu. Durch die Septime nämlich wird jeder Terzenbau sofort zu einem dissonirenden Tonverhältnisse, was seiner Auflösung zustrebt. Alle Septimenakkorde müssen sich also auflösen, und natürlich in die Tonart, welcher sie entstammen. Hier unterscheidet man nun diejenigen Septimenakkorde, welche sich (je nach ihrer Art auf die eine oder auf die andere Weise) unmittelbar in die Tonika auflösen, von denen, welche nur mittelbar, d. h. nicht ohne Dazwischenkunft eines von jenen, in die Tonika zurückgehn. Die erstern, es sind ihrer vier, stellt man zuerst auf, und lässt dann die letztern drei folgen. Hieraus ergiebt sich folgendes System der leitereigenen Septimenakkorde:

In dieser Aufstellung werden die Erwartungen, welche an ein rationelles Septimenakkordsystem zu stellen sind, erfüllt. Die kräftigsten sind vorn hingekommen. Nr. 1 und 2 sind die beiden vierstimmigen Ober-, Nr. 3 und 4 die beiden vierstimmigen Unterdominanten. Daran reihen sich in stets abnehmender Stärke der 5., 6. und 7. Septimenakkord, sodass der letzte der schwächste ist, d. h. dass er den weitesten Weg zu machen hat, bevor er seine Auflösung in die Tonika erreicht.

Die 4 ersten sind auch noch deshalb die wichtigsten, weil sie in ihrem Aufbau ganz voneinander verschieden sind, sodass sie vier gesonderte Gattungen von Septimenakkorden ergeben, ausser denen kein anderer Aufbau von drei Terzen, wenigstens keine Stammform derselben, die nicht schon in ihnen enthalten wäre, mehr vorkommen kann. Sie heissen darum auch: Septimenakkorde erster, zweiter, dritter und vierter Gattung, deren Merkmale folgende sind:

### a) In C-dur:

Der Septimenakkord erster Gattung hat (ausser dem Grundtone)
> Die grosse Terz,
> „ reine Quinte,
> „ kleine Septime.

Der Septimenakkord zweiter Gattung hat (ausser dem Grundtone)
> Die kleine Terz,
> „ verminderte Quinte,
> „ kleine Septime.

Der Septimenakkord dritter Gattung hat (ausser dem Grundtone)
> Die kleine Terz,
> „ reine Quinte,
> „ kleine Septime.

Der Septimenakkord vierter Gattung hat (ausser dem Grundtone)
> Die grosse Terz,
> „ reine Quinte,
> „ grosse Septime.

Für die drei letzten Septimenakkorde sind keine eigenen Namen gewählt worden, weil sie nichts Neues darbieten, mithin keine Gattungen repräsentiren. Dies lehrt der Anblick derselben, denn die Intervallentfernungen des fünften und siebenten:

> Kleine Terz,
> Reine Quinte,
> Kleine Septime,

treffen genau mit der Zusammenfügung des Septimenakkords dritter Gattung, und die des sechsten:

> Grosse Terz,
> Reine Quinte,
> Grosse Septime,

mit dem Septimenakkorde vierter Gattung zusammen. Man muss sie sich zugleich mit den Tonleiterstufen merken, auf denen sie liegen.

### b) In A-moll:

Der Septimenakkord erster Gattung ist nach denselben Grundsätzen errichtet, wie der Septimenakkord erster Gattung in C-dur; er hat (ausser dem Grundtone)
> Die grosse Terz,
> „ reine Quinte,
> „ kleine Septime.

Der Septimenakkord zweiter Gattung hat (ausser dem Grundtone)

Die kleine Terz,
„   verminderte Quinte,
„   verminderte Septime.

Der Septimenakkord dritter Gattung hat (ausser dem Grundtone)

Die kleine Terz,
„   verminderte Quinte,
„   kleine Septime.

Dieser Akkord hat nicht nur dieselben Merkmale, wie der Septimenakkord zweiter Gattung in C-dur, sondern er besteht auch aus ganz
denselben Tönen. Man würde aber sehr irren, wollte man Beide für
gleichbedeutend nehmen. Ihre Abhandlung an geeigneter Stelle (§ 31
und 41) wird ihre Verschiedenheit klar machen. Der Septimenakkord
$h$-$d$-$f$-$a$ in C-dur ist ein Zweigakkord der Oberdominante, welche sich
in ihre Tonika C-dur auflöst; der gleichlautende Akkord in A-moll ist dagegen
die Unterdominante, auf welche A-moll (oder E-dur) folgen muss. (Wir
stossen hier auf einen von den im § 8 vorgesehenen Fällen über die gänzlich verschiedene Bedeutung und Behandlung eines aus denselben Tönen
bestehenden Akkords in verschiedenen Tonarten. Bald werden mehre
folgen.)

Der Septimenakkord vierter Gattung hat (ausser dem Grundtone)

Die kleine Terz,
„   reine Quinte,
„   kleine Septime.

Dieser Akkord gleicht in seiner äusseren Erscheinung vollkommen dem
Septimenakkorde dritter Gattung in C-dur. Es findet aber zwischen
Beiden ein ähnlicher Unterschied statt, wie bei dem Vorherigen bemerkt
worden; nur dass Beide Unterdominante sind, der Eine von C-dur, der
Andere von A-moll.

Das Vorhandensein der zwei letzten Septimenakkorde in beiden
Tongeschlechtern ist übrigens sehr natürlich. Nicht nur, dass die Töne
$h$ und $d$, auf denen sie liegen, in beiden Tonleitern vorkommen, — sondern
dieselben Töne bilden auch Bestandtheile beider Septimenakkorde erster
Gattung.

$$g, \quad h, \quad d, \quad f,$$
$$e, \quad gis, \quad h, \quad d,$$

daher ihre Wiederkehr sich von selbst erklärt.

Die drei letzten Septimenakkorde sind ohne eigene Benennung geblieben, wie die drei letzten in C-dur.

78

Ausser diesen vorhin erwähnten Vortheilen gestattet diese Tabelle auch einen bequemen Ueberblick über diejenigen Moll-Akkorde, in welchen der Leitton gemacht werden muss. Wir erinnern uns aus § 8, dass dies nur bei der Oberdominante stattfindet, daher auch hier in der ersten und zweiten Gattung in C-moll das *h*, in A-moll das *gis*; wo diese Stufe sonst noch vorkommt, bleibt in C-moll *b*, in A-moll *g*.

### § 29.
### Vier Grundregeln für alle Septimenakkorde.

Nachdem im Vorigen die systematische Aufeinanderfolge der leitereigenen Septimenakkorde begründet ist und wir jetzt dazu fortschreiten, ihre technische Anwendung zu erörtern, müssen zuvörderst die folgenden vier Grundregeln vorangestellt werden, welche für alle gleiche Verbindlichkeit haben:

1) Jede Septime, als vorzugsweise dissonirendes Intervall, muss sich auflösen. Hierunter wird verstanden, dass sie entweder in die nächst-

liegende diatonische Stufe abwärts (in die Terz des nachfolgenden Akkords) fortschreitet, oder dass sie unverrückt liegen bleibt, wenn sie auch zu einem andern Intervall (als zur Terz) des folgenden Akkords wird, wofern dasselbe nur ein konsonirendes ist. (In einigen Trugschlussformen wird sie zur Sexte; in den Unterdominantakkorden zur Quarte oder Sexte.) — Hieraus folgt, dass keine Septime sprungweise, d. h. mit Ueberschlagung des nächsten unter ihr liegenden Tones, verlassen werden, (den sogenannten Stimmentausch abgerechnet, wo sie mit dem Tone einer andern Stimme den Platz tauscht,) und dass ebenfalls keine Septime sich aufwärts fortbewegen darf. (Von diesem Gebote schliesst sich allein die Septime des Akkords erster Gattung aus, welche zuweilen in die Quinte des folgenden Akkords aufwärts geht. Einige Beispiele werden dies demnächst zeigen.)

2) Jede Septime muss vorbereitet, d. h. der Ton, welcher zur Septime wird, muss in dem zunächst vorangegangenen Akkorde schon vorhanden gewesen sein, und zwar als konsonirendes Intervall, am besten auf derselben Stufe; (wiederum die Septime des Akkords erster Gattung ausgenommen, welche ihrer Fasslichkeit und Bestimmtheit wegen — nach dem Sprachgebrauche — überall frei eintreten darf;) wenn aber das Vorhandensein jenes Tones im vorangehenden Akkorde auf derselben Stufe nicht gut möglich war, so begnügt man sich statt dieser speciellen auch wohl mit der allgemeinen Vorbereitung, und ist zufrieden, wenn er nur überhaupt am vorigen Akkorde Theil hatte, wenn auch in einer andern Stimme; endlich nimmt man auch das als eine Vorbereitung der Septime an, wenn sie (ohne Sprung) im diatonischen Herabgange einer Stimme sich bildet. — Hieraus ergeben sich für die Septime drei Momente: 1) ihre Vorbereitung; 2) ihre Erscheinung; 3) ihre Auflösung.

3) Die in mehren Septimenakkorden vorkommende verminderte Quinte muss sich (nach dem bereits im § 9 entwickelten Grundsatze) dergestalt auflösen, dass beide Töne — zur Versöhnung gleichsam — sich halbwegs entgegenkommen; der unterste (Leitton) geht eine halbe Stufe aufwärts, der oberste (Dissonanz im engern Sinne) in die nächste diatonische Stufe abwärts. Wenn der Letztere, was auch bisweilen geschehen kann, liegen bleibt, so muss er unbedingt im nächsten Akkorde zu einer Konsonanz werden.

4) In allen Septimenakkorden ist die Fortschreitung des Grundtons von zweierlei Art. Entweder er macht den Dominantschritt (geht eine Quarte aufwärts oder eine Quinte abwärts, s. § 13), was der selbständige Gebrauch des Akkords heisst, oder er geht nur eine Stufe über sich. Bei dem Septimenakkorde erster Gattung ist dies der Trugschluss, und bei den übrigen wird es der unselbständige Gebrauch des Akkords genannt, d. h. man nimmt eine Terz unterhalb noch einen andern idealen Grundton an, welcher dann den Dominantschritt (diesmal nur die Quarte nach oben) macht. (Dies sind die fünfstimmigen oder Nonenakkorde, wovon an ihrem Orte die Rede sein wird, von denen im vierstimmigen Gebrauche der Grundton wegbleibt.)

## Die Septimenakkorde des Durgeschlechts.

### § 30.

#### Der Septimenakkord erster Gattung,

bestehend aus Grundton, grosser Terz, reiner Quinte und kleiner Septime, nebst seinen Verwechslungen,

in einem gewissen Sinne der wichtigste von Allen, wird der wesentliche Septimenakkord genannt, weil es sein Wesen ist, den bündigsten und vollkommensten Ganzschluss herbeiführen zu können, was von den übrigen Septimenakkorden mit gleicher Ueberzeugungskraft keiner vermag:

(Don Juan. Nr. 13. Ursprüngl. F-dur.)

Noch mehr. Er macht nicht nur den vollkommensten Ganzschluss, — Ganzschlüsse giebt es in jedem Tonstücke eine grosse Anzahl, — sondern er ist es auch allein, welcher den gediegensten Abschluss macht. (S. § 12. Nr. 4.)

Dieser wesentliche Septimenakkord ist der in § 12 bereits angedeutete, aus den beiden dissonirenden Akkorden,

dem Dreiklange auf der Oberdominante: *g, h, d,*
und dem verminderten Dreiklange: *h, d, f,*

welche sich Beide in die Tonika *C* auflösen müssen, zusammengesetzte; dies der Grund, warum seine Auflösung die stärkste ist. Er enthält die kleine Septime, welche dem Dreiklange auf der Quinte stets hinzugefügt werden kann, sobald sie zur Oberdominante wird. Deshalb beruht er auch in jeder Tonart auf der Oberdominante, und durch ihn wird seine Tonart am unfehlbarsten verkündet, weil er nur in dieser möglich ist. Jeden Dreiklang, jeden andern Septimenakkord kann man in mehren Tonarten zugleich vorfinden, — ihn nur allein in der seinigen. Die Zusammenstellung von *g, h, d, f* ist nur in der Tonart *C* möglich und weder in einer andern Kreuz- noch in einer andern B-Tonart, denn in jenen giebt es kein *f*, und in diesen kein *h*.

Wenn sich seine Terz (Leitton) in der Oberstimme befindet, wie in Nr. 184, oder seine Quinte, vorausgesetzt dass ihr die Richtung gegeben ist, in den nächsten Ton unterhalb fortzugehn, wie hier,

so gewährt ein solcher Ganzschluss dem Ohre die meiste Befriedigung, die meiste Ruhe, weil nun der Dreiklang der Tonika in die erste Lage zu stehn kommt, d. h. die Tonika steht jetzt in den beiden äussersten Stimmen zugleich, und Terz und Quinte liegen in der Mitte. Je nachdem nämlich (dies bezieht sich auf alle Dreiklänge, wohlgemerkt: auf alle konsoni-renden) die Oberstimme die Verdoppelung des Grundtons, oder die Terz oder die Quinte aufzeigt,

a) im Durgeschlechte:

b) im Mollgeschlechte:

spricht man von des Dreiklangs ersten, zweiten und dritten Lage. Der ersten Lage misst das Ohr die grösste Geschlossenheit bei, und hört sie (in Tonwerken von ruhigem Karakter) zu Anfang und zum Schlusse am liebsten. (Man denke hierbei an den C-dur-Dreiklang, den die Hörner und Trompeten in Méhul's „Jakob und seine Söhne" zu Anfang des zweiten Akts, während des Morgengebets hinter der Scene, mehrmals intoniren.) — Die zweite Lage, wo die helle grosse Terz obenauf liegt, äussert einen hohen Grad von Unruhe, welche jedoch von der Unbestimmtheit der dritten Lage weit entfernt ist. — Im Mollgeschlechte sind ganz dieselben Wirkungen wahrzunehmen, mit Ausnahme der zweiten Lage, welche, weil die obenliegende Terz hier die kleine ist, der ersten Lage gleicht und einen viel ruhigern Eindruck hervorbringt, als die grosse Terz des Dur-geschlechts.

Die Auflösung sämmtlicher Intervalle des wesentlichen Septimen-akkords stellt sich nach dem Vorangegangenen schon von selbst dar. Der Grundton g macht seinen Dominantschritt nach c, und die übrigen Töne, welche über ihm den verminderten Dreiklang h - d - f bilden, gehorchen dem Gesetze desselben: das h muss ebenfalls nach c, und das f nach e. Das d allein hat den sogenannten freien Gang und kann sich mit glei-cher Berechtigung sowohl eine Stufe aufwärts als abwärts wenden. In Nr. 185 ging es abwärts: im nächsten Beispiele sei es einmal aufwärts geleitet:

Choral: „Allein Gott in der Höh' sei Ehr' u. s. w."

Der Hinblick auf dieses Beispiel, wie auf No. 184 und 185, lehrt zugleich, dass hinter dem wesentlichen Septimenakkorde, bei richtiger Auflösung aller seiner Töne, der folgende Dreiklang stets u n v o l l s t ä n d i g bleibt. Es fehlt ihm immer die Quinte. Dieser Mangel macht sich jedoch — der ausserordentlichen Bestimmtheit der Fortschreitung wegen — nie fühlbar, mit einziger Ausnahme der zweiten Lage, in welcher die grosse, ohnehin schon sich stark vordrängende, obenliegende Terz eine nochmalige Verdoppelung erleidet. In solchen Fällen wird es für wohlklingender befunden, lieber auf den wesentlichen Septimenakkord zu verzichten, statt seiner nur den einfachen Dreiklang auf der Oberdominante zu nehmen, dafür aber die Vollständigkeit des tonischen Dreiklangs einzutauschen:

Die B e z i f f e r u n g des wesentlichen Septimenakkords geschieht, wie die aller übrigen Septimenakkorde, durch die Zahl 7.

Was seine V e r w e c h s l u n g e n betrifft, so kann in Ansehung der Wichtigkeit der Verwechslungen im Allgemeinen auf § 7 verwiesen werden. Sie sind ebenso angenehm als nothwendig, und bei richtigem Gebrauche nicht leicht mit dem Stammakkorde zu vertauschen. Sie schreiten zwar nicht so sicher, nicht so bestimmt einher, wie jener, — sie sind dagegen behender, beweglicher, fliessender, und benehmen, indem sie sich theilweise wieder in Verwechslungen auflösen, dem Satze das Schwerfällige, unter dem er sonst erliegen würde, wenn er sich in lauter Stammakkorden fortbewegte.

Ihre Benennung ist durchweg den beiden wichtigsten Tönen, dem G r u n d t o n e und der S e p t i m e, entlehnt. Wie nach ihnen der ganze Stammakkord, ohne dessen übrige Bestandtheile noch besonders namhaft zu machen, S e p t i m e n a k k o r d genannt wird, so heisst die e r s t e V e r w e c h s l u n g, worin sie des neugesetzten Basstons Q u i n t e und S e x t e werden, nach ihnen: Q u i n t s e x t a k k o r d, bezeichnet durch die Zahlen $^6_5$; der dazwischenliegende Terz geschieht (als sich von selbst verstehend) keine weitere Erwähnung. — In der z w e i t e n V e r w e c h s l u n g sind sie des Basstons T e r z und Q u a r t e, aber der Name T e r z - q u a r t a k k o r d, den sie davon eigentlich führen sollte, ist doch nicht ganz genügend. Diese Zusammensetzung von Basston, Terz, Quarte und Sexte kommt nämlich einmal auch mit übermässiger Sexte vor. Wollte man diesen Akkord „übermässiger Terzquartakkord" nennen, so würde man vermuthen dürfen, es sei in ihm die Terz oder die Quarte das übermässige Intervall. Es ist aber keins von beiden, — es ist vielmehr die Sexte, und die würde dann nicht einmal benannt. Es ist deshalb der Folgerichtigkeit wegen nothwendig, überall die Sexte mit zu benennen und T e r z q u a r t s e x t a k k o r d zu sagen, beziffert $^6_4_3$. — In der d r i t t e n V e r w e c h s l u n g stehn jene beiden Töne im Verhältniss einer S e k u n d e, daher heisst sie Sekundakkord und wird mit der Zahl 2 beziffert; die noch dazu gehörende Quarte und Sexte sind hierunter mitbegriffen. — Alle Septimenakkordsverwechslungen führen diese drei Namen, sowie alle Dreiklangsverwechslungen Sext- und Quartsextakkord heissen.

Folgendes Beispiel führt den Gebrauch des wesentlichen Septimenakkords und seiner Verwechslungen, wie sie in No. 183 der Reihe nach aufgezeichnet stehn, vor Augen:

Der Karakter der einzelnen Töne bleibt sich in allen vier Akkorden, ihrer veränderten Stellung ungeachtet, durchaus gleich; *g* bleibt immer der Grundton, *h* der Leitton, *d* die Quinte und *f* die Septime (Dissonanz im engeren Sinne). Deshalb folgt auf den Septimenakkord stets der Dreiklang, auf den Quintsextakkord ebenfalls der Dreiklang, und auf den Sekundakkord unabänderlich der Sextakkord. Weil man bei diesen drei Akkorden die Folge stets zum Voraus weiss, so geben sie dem Ohre einen sichern Anhalt. Dagegen sieht man in dem obigen Beispiele den Terzquartsextakkord zweimal aufgeführt; einmal mit der Wendung nach oben, und das andre Mal mit der Wendung nach unten. Natürlich. Er beruht auf dem Tone *d*, welcher uns schon mehrmals mit der doppelten Neigung, nach beiden Richtungen hin fortzuschreiten, entgegengetreten ist. Es liegt auf der Hand, dass ihn diese Eigenschaft von jener Bestimmtheit des Ausdrucks, welche die drei andern Akkorde auszeichnet, ausschliesst, und dass bei seiner Anwendung viele Vorsicht nöthig ist. Was da folgen wird, kann man bei seinem Anhören nie mit Sicherheit vorausbestimmen, höchstens kann man es bei fortwährendem Steigen oder fortwährendem Fallen des Basses vermuthen. Die Haltungslosigkeit und der schwankende Eindruck manches Satzes sind seinem unangemessenen Gebrauche zuzuschreiben.

Bei dem Aufwärtsgehn des Terzquartsextakkords darf man sich eine eigenthümliche Freiheit erlauben, welche zwar aufzusuchen von den Tonlehrern keineswegs empfohlen, doch aber geduldet wird, weil sie in Tonwerken aller Art von je vorgekommen ist, in unserer heutigen Musik sich sogar äusserst breit macht. Die (in ihm zur Terz gewordene) Septime darf nämlich aufwärts fortschreiten, ganz gegen ihre sonstige Natur, sodass beispielsweise die erste Zeile des Chorals „Allein Gott in der Höh' sei Ehr' u. s. w." folgendermassen begleitet werden dürfte:

Es kann nicht geläugnet werden, dass diese Freiheit, wenn man ihr Raum giebt, im Stande ist, über viele Verlegenheiten bequem hinwegzuhelfen, — doch findet sie, wie gesagt, nur beim Aufwärtsgehn des Terz-quartsextakkords statt, und nie bei dessen Abwärtsgehn. Wenn sie sich gleichwohl in diesem Beispiele, wo die ursprüngliche Septime in der Ober-stimme liegt, etwas sonderbar ausnimmt, so ist sie dagegen in einer Mit-telstimme ganz unverfänglich, zumal wenn ohne sie der nachfolgende Akkord unvollständig bleiben müsste:

Choral: „Wie gross ist des Allmächt'gen Güte" usw.

**191.**

Diese Arten der Fortschreitung erinnern übrigens, was das Aufwärtsgehn der Dissonanz und die dadurch oft entstehenden ungleichen Quinten be-trifft, auffallend an das Aufwärtsgehn des Sextakkords vom verminderten Dreiklang, Beisp. 22, 23, 28, 40 u. A. m.

**Trugschluss. — Verdopplung der Terz. Erster Fall.**

Gleichwie der Ganzschluss, welchen der wesentliche Septimenakkord macht, viel vollkommener ist, als derjenige, welchen man von dem um einen Ton ärmeren Oberdominantdreiklange erhalten kann, — so auch der Trugschluss. (S. §. 12. 2.)

**192.**

Vom technischen Standpunkte ist hierbei zu bemerken, dass Terz und Septime des wesentlichen Septimenakkords ihrem Fortschrittsgesetze treu bleiben, der Grundton dagegen nur einen einzigen Ton aufwärts geht, der Quinte aber ihr freier Gang entzogen wird; dieselbe muss sich, um fehlerhafte Quinten zu vermeiden, nur in die nächste diatonische Stufe abwärts auflösen.

Die nächste Folge davon ist die verdoppelte Terz. Es kann zwar in einem Dreiklange jeder Ton verdoppelt werden; man vermeidet aber ohne zwingenden Grund geflissentlich jede andere Verdoppelung, als die des Grundtons; die Terz, namentlich die grosse, ihrer helltönenden, durch-dringenden Eigenschaft, und die Quinte ihrer Unbestimmtheit wegen. Beim Trugschlusse muss dagegen — die Regel ist uralt — die Terz doppelt vorhanden sein, sonst wird sich irgend ein Fehler zeigen. (Dies ist der erste Fall von der nothwendigen Verdoppelung der Terz in einem Dreiklange; zwei andere werden demnächst folgen.) Die doppelte Terz ist also das sicherste Merkzeichen eines richtig geführten Trugschlusses, und es darf nicht unterlassen werden, hierauf besonders zu achten, weil erfahrungsmässig einer der gewöhnlichsten Anfängerfehler in dem Anbringen des Trugschlusses besteht, wenn die Quinte des wesentlichen Septimenakkords aufwärts fortschreitet, etwa so:

Die Wirkung der solchergestalt entstehenden reinen Quinten in den beiden äussersten Stimmen ist aber so verletzend, dass nicht dringend genug davor gewarnt werden kann.

In No. 192 wandte sich die Modulation hinter dem Trugschlusse nach C-dur, ihrem Ausgangspunkte, zurück. Der Trugschluss war dort — und so benutzt man ihn viel — nur ein Auskunftsmittel, ein Aufhalt, um den Ganzschluss hier noch zu vermeiden, der erst zwei Takte später erfolgen sollte. Oft bleibt man aber auch in der durch ihn angeregten, gleichsam improvisirten, Tonart, und macht dieselbe durch längeres Verweilen in ihr zur neuen Tonika. Dies lässt sich durch folgendes Beispiel vielleicht anschaulich machen,

oder durch das nächste:

Mit Verwechslungen lassen sich keine Trugschlüsse bilden, es müssen vielmehr immer die Grundtöne beider Akkorde im

**Basse sein.** Hier sind sie mit allen drei Verwechslungen der Reihe nach versucht,

sie werden aber vom Gehör nicht gutgeheissen, weil sie klingen, als ob in der Stimme, in welcher der Trugschluss eben eintritt, der richtige Ton verfehlt wäre. Die Verwechslungen des wesentlichen Septimenakkords im Mollgeschlechte eignen sich besser dazu. Dort ist der zweite Akkord ein harter Dreiklang, und hieran liegt es ohne Zweifel, dass die Trugschlüsse mit ihnen dort bestimmter und weniger zweideutig sind.

### Erhöhung der Quinte.

Da der wesentliche Septimenakkord der Oberdominantdreiklang mit zugefügter kleiner Septime ist, und da aus Letzterem durch halbtönige (Erhöhung seiner Quinte der übermässige Dreiklang entstehen durfte, S. § 15. Beisp. 36.) so liegt der Versuch nahe, dieselbe Erhöhung an Jenem ebenfalls vorzunehmen. Folgende vier Akkorde sind der daraus gezogene Gewinn:

Man wird sogleich gewahr, dass die nun in den ersten drei Akkorden vorkommende verminderte Terz *dis-f*, wenn sie nicht dem Gehör als eine (keineswegs beabsichtigte) grosse Sekunde *es-f* erscheinen, wenn gleichwohl jedem von beiden Tönen seine Selbständigkeit und dem ganzen Tonverhältniss seine Fasslichkeit bewahrt bleiben soll, entweder zu einer verminderten Dezime erweitert, oder noch viel wohlklingender, wozu auch schon der Sekundakkord den Fingerzeig giebt, in eine übermässige Sexte umgekehrt werden muss. Dann nehmen sie diese Gestalt an:

und es steht nun — mit Ausnahme des Terzquartsextakkords, aus
dem die verminderte Dezime nicht zu entfernen ist — ihrem Gebrauche
kein Hinderniss mehr entgegen. Es folgt aus dieser neuen Intervallstellung
von selbst, dass sich die Erhöhung am gefälligsten in der Oberstimme ausnimmt. Hier ist sie im Septimen-,

hier im Quintsext-,

und hier im Sekund-Akkorde:

### Liegenbleiben der Septime.

Bisher hat sich die Septime in allen Beispielen abwärts aufgelöst.
Wenn sie es in No. 190 und 191 nicht that, so durfte dies nur unter der
Bedingung geduldet werden, dass der Ton, in den sie hätte eigentlich
gehen müssen, unfehlbar in einer andern Stimme eintrat. Zwei Stimmen
vertrugen sich gleichsam: da die eine nahm, was eigentlich der andern
gebührt hätte, so konnte sich diese dafür einen Ersatz wählen. Immer
aber war der nachfolgende Akkord die Tonika, den Trugschluss ausgenommen, und die Fortschreitung vom wesentlichen Septimenakkorde und
seinen Verwechslungen immer eine dominantische. Das Liegenbleiben
der Septime wird aber auch als eine giltige Art ihrer Auflösung angenommen, und dadurch entstehn zuweilen Sätze, dem folgenden ähnlich,

die aber im Grunde weiter nichts sind, als ein Aufschub der Auflösung, welche durch den zweimal dazwischentretenden Sextakkord F-dur zwar verzögert, aber nicht gänzlich aufgehoben werden konnte. In Wendungen zu entlegenen Tonarten freilich, wie die folgende z. B. zu deren Ausführung jedoch eine allseitige Kenntniss der Unterdominante erforderlich ist, bleibt sie in Wahrheit liegen und löst sich in ihre Tonart wirklich nicht auf:

**Aufwärtsgehn der Septime.**

Ehe wir von dem wesentlichen Septimenakkorde scheiden, sei noch zum Schlusse einiger Ausnahmen gedacht, die das Aufwärtsgehn seiner Septime betreffen. Es war keine Veranlassung, sie mit in die Besprechung des Terzquartsextakkords, Beisp. 190 und 191, wo wir das Aufwärtsgehn der Septime zum erstenmal sahen, hineinzuziehn, weil die beiden dort abgehandelten Fälle keine Ausnahme darstellen, sie sind vielmehr ganz und gar eingebürgert. Da gleichwohl der Terzquartsextakkord daselbst schon erledigt ist, und der Quintsextakkord nicht füglich hinzugezählt werden kann, weil man die unfehlbar entstehenden Quinten $h$-$f$ und $c$-$g$, obwohl ungleiche und in Mittelstimmen nicht verschmäht, doch in den beiden äussersten Stimmen

lieber vermeidet, so bleibt nur noch zu zeigen übrig, wie die Septime über dem Septimen- und über dem Sekundakkorde aufwärts geht.

Ueber dem Septimenakkorde:

Besonders oft zeigt es sich in den Volksliedern aller Nationen, z. B. in diesem polnischen Nationaltanze,

206.

u. s w.

wo die Septime dem Sinne nach aufwärts geht und noch obendrein in den äussersten Stimmen reine Quinten sprungweise gemacht werden müssen. (S. Nr. 99.)

Ueber dem Sekundakkorde:

207.

(Jos. Haydn. Schluss der „österreichischen Nationalhymne".)

Hier ist die Septime doppelt vorhanden, und da sie in der einen Stimme richtig abwärts geht, so wirkt es nicht störend, sie in der andern aufwärts gehn zu hören. Uebrigens ist dieser Gang im Grunde weiter nichts, als in der Melodie ein Quartensprung von *d* nach *g*, wie er schon im zweiten Takte von Nr. 189 vorkam, zwischen welchem die beiden inneliegenden Stufen ausgefüllt sind. Mit diesem verwandt, aber viel seltsamer, ist der folgende (gar nicht sehr seltene) Fall,

208.

(W. A. Mozart. „Figaro". Zweites Finale. Ursprüngl. G-dur.)

worin drei Gebote auf einmal übertreten werden: 1) Die Septime geht aufwärts; 2) Es entstehn Quinten; und 3) Es entsteht ein Querstand.

§ 31.

### Der Septimenakkord zweiter Gattung,

(Verdopplung der Terz. Zweiter Fall.)

bestehend aus Grundton, kleiner Terz, verminderter Quinte und kleiner Septime, nebst seinen Verwechslungen,

209.

beruht auf der Terz des wesentlichen Septimenakkords, auf dem Leittone, enthält ebenfalls den verminderten Dreiklang *h*, *d*, *f*, dem sich diesmal oberhalb eine Terz zugesellt, wie es bei dem Vorigen nach unten hin der Fall war, und löst sich, da er an der Verpflichtung der Oberdominante Theil nimmt, unmittelbar in die Tonika auf:

Choral: „Ach Gott und Herr" u. s. w.

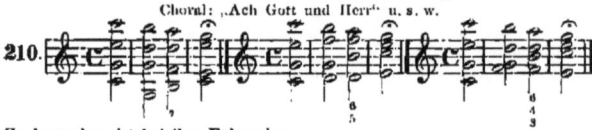

210.

Zu bemerken ist bei ihm Folgendes:

1) Die ursprüngliche Septime *h - a* muss in allen Verwechslungen beibehalten und nicht zu einer Sekunde umgekehrt werden, wenn dem Intervall seine Fasslichkeit, sein Wohlklang bewahrt bleiben soll. Aus diesem Grunde ist auch soeben der Sekundakkord gar nicht mit aufgeführt, welcher, weil in ihm die beiden Töne nur als Sekunde erscheinen können, mit der Auflösung in C-dur nie vorkommt. (Desto brauchbarer wird er sich uns später in A-moll erweisen.) Es sind nur wenige Beispiele bekannt, worin diese Sekunde angebracht wäre; unter ihnen das hervorstechendste in dem Andante von Beethoven's C-moll Sinfonie (ursprünglich Es- und As-dur:)

211.

2) Hinter ihm muss der folgende Akkord stets die Terz verdoppelt haben, sonst sind Quinten in grader Bewegung (hier *d - a* und *c - g*) die unvermeidliche Folge davon. Das *d* kann hier nicht anders als nach *e* aufwärts gehn. Dies ist der zweite Fall von der nothwendigen Verdoppelung der Terz im Dreiklange.

3) Seine Septime löst sich immer abwärts auf und kann nicht liegen bleiben. In Stellen, wie etwa folgende,

212.

ist das *a* des zweiten Takts nicht als liegenbleibende Septime zu deuten. Es ist nur ein Vorhalt vor *g*, wie aus den in den beiden folgenden Takten sich wiederholenden Vorhalten in der Oberstimme zu mehrer Deutlichkeit hervorgeht. Als Sextakkord von A-moll ist das erste Viertel des zweiten Takts nur ein Scheinakkord; der Dreiklang C-dur ist eigentlich gemeint.

4) Sein Grundton geht nur eine halbe Stufe hinauf, — der Akkord wird also unselbständig gebraucht. Um nun aber den Dominantschritt wiederherzustellen, den man bei einer direkten Ueberleitung in die Tonika nicht gern entbehren mag, so nimmt man eine Terz unter ihm den wirk-

lichen (nicht sichtbaren, nur geistig wirkenden) Grundton *g* an, welcher
den Dominantschritt nach *C* macht. Dies wäre in seiner Vollständigkeit
der fünfstimmige (wesentliche Nonenakkord) *g, h, d, f, a*, von dem im
vierstimmigen Gebrauche der Grundton weggelassen wird. (Selbständig
ist dieser Septimenakkord *h, d, f, a*, in A-moll. Dort geht er seinen
Dominantschritt nach *e*.)

### Die Oberdominanten des Durgeschlechts.

Da wir uns hier auf lange von der Oberdominante des Durgeschlechts
trennen, so ist es von Interesse, die vier uns bis jetzt bekannt gewordenen
Oberdominantakkorde nebeneinander gestellt zu überblicken,

wie sie sich auseinander entwickeln, zu immer grösserer Vollständigkeit
entfalten, und schon im Voraus zu berechnen, wie aus ihrer Vereinigung
der vollstimmigste, der wesentliche Nonenakkord zuletzt hervorgehn muss,
der aber leider an der vierstimmigen Schreibart, der Grundlage alles
musikalischen Setzens, nur verstümmelt Theil nehmen kann.

### § 32.

#### Der Septimenakkord dritter Gattung,

bestehend aus Grundton, kleiner Terz, reiner Quinte und kleiner
Septime, nebst seinen Verwechslungen,

ist unser erster vierstimmiger Unterdominantakkord. Dies wird
sogleich durch den Blick auf die erste Verwechslung einleuchtend, worin
sich die Unterdominante *f* im Basse befindet, über welcher sich die beiden
uns aus § 16 bekannten Unterdominantakkorde, der Dreiklang *f, a, c* und
der Sextakkord *f, a, d* zu dem Quintsextakkorde *f, a, c, d* vereint haben.
Da nun auf jede Unterdominante zunächst die Oberdominante *g* folgen
muss, und da sich zu gleicher Zeit die Septimenakkorde der vier Gattungen
in die Tonika C-dur auflösen, so kann über diesem *g* nur der (dissonirende)
Quartsextakkord zu stehn kommen:

Auf diese Art macht der Grundton *d* seinen Dominantschritt nach *g*; die
Septime *c* muss diesmal liegen bleiben, und wird dadurch im nächsten
Akkorde zur Quarte.

Bei dem Quintsextakkorde ist dieser Fortschritt, wie bemerkt, viel überzeugender,

**216.**

(Reichardt. Schluss des „deutschen Vaterlandsliedes".)

weil hier die Unterdominante im Basse steht und er fast einen Eindruck hervorbringt, als wäre er der Stammakkord, und der Septimenakkord eine Verwechslung von ihm.

Der Terzquartsextakkord ist, wie manche andere auf der Quinte eines Grundtons ruhende, am unbestimmtesten;

**217.**

er wird deshalb auch nur wenig gefunden. Will oder muss man ihn ja benutzen, so wird meistens das *f* zu *fis* erhöht, was wir bei seiner Wiederkehr im Kapitel über die Unterdominante erfahren werden. Dann ist er sehr wohlklingend. Am häufigsten kommt unser jetziger Terzquartsextakkord in folgender kurzen überleitenden Weise vor:

**218.**

Diese drei Akkorde gelangen sämmtlich mit bequemer und gefälliger Stimmführung zu dem Quartsextakkorde der Tonika. Mit dem nun folgenden Sekundakkorde ist es anders. Er beruht auf der ursprünglichen Septime, von der wir soeben in allen Beispielen sahen, dass sie ihren Platz nicht verlassen durfte, dass sie vielmehr unverrückt liegen bleiben musste. Dies muss sie auch hier, und es wäre unmöglich, sie auf die Oberdominante hinspringen zu lassen, ohne ihrer Natur den herbsten Zwang anzuthun. Durch ihr Liegenbleiben entsteht daher hinter diesem Sekundakkorde unmittelbar der Dreiklang der Tonika, und es findet nun kein Ganzschluss mehr statt; dagegen erzeugen die beiden so aufeinander folgenden Akkorde diese bekannte Endigung so vieler, besonders kirchlicher, Tonwerke:

**219.**

diese Endigung, womit Meyerbeer überaus effektvoll den Chor der

Knaben im vierten Akte seines „Propheten", nachdem der Ganzschluss
schon vorangegangen ist, verklingen lässt:

Im Original ist es D-dur. Der Sekundakkord heisst daselbst *d, e, g, h,*
und der Endakkord ist der D-dur-Dreiklang.

Soweit die eine Art von dem Gebrauche des Septimenakkords dritter
Gattung und seiner Verwechslungen. Als rechte Unterdominante stand
er, weil alle Melodieen es so mit sich brachten, mit Ausnahme seines
Sekundakkords immer auf dem vierten Platze vom Ende. Er muss aber
auch auf dem drittletzten Platze stehn können. Dies thut er, wenn
sich — und das ist die andere Art seines Gebrauchs — seine Septime
in die nächste diatonische Stufe abwärts auflöst, sodass auf ihn, wie auf
die beiden ersten Septimenakkorde, ein Dreiklang folgt. Dies wird in
unserer Tonart der Dreiklang G dur sein; derselbe ist aber natürlich nicht
selbsteigene Tonart, denn um in diese zu gelangen, wäre der Leitton *fis*
erforderlich, sondern er ist die Oberdominante von C-dur, welcher sich
stets gern die kleine Septime (wesentlicher Septimenakkord) zugesellt.

Der Septimenakkord:

Der Quintsextakkord:

(W. A. Mozart. „Don Juan". Erstes Finale. Chor: „Hier lebt ein freier Sinn".)

Der Terzquartsextakkord:

Hinter dem **Sekundakkorde**, da sein Basston (die ursprüngliche Septime) abwärts gehn muss, kann nur der Sext- oder Quintsextakkord folgen,

(J. Rossini. „Der Barbier". No. 5 „Die Verläumdung, sie ist ein Lüftchen".)

wenn nicht der Basston ganz und gar liegen bleibt und dadurch zum Orgelpunkte wird:

(A. Romberg. „Die Glocke". Ursprüngl. G-dur.)

Ueber den Quintsextakkord *f, a, c, d* in der **ersten** Art seines Gebrauchs sind noch zwei Bemerkungen nöthig:

1) Wenn der auf ihn folgende Quartsextakkord C-dur bestimmt ist, nicht in C-dur zu bleiben, sondern in eine andere Tonart überzuleiten, z. B. nach F-dur, so kann ihm zur Verstärkung des Uebergangs ohne Weiteres die in dieser Tonart heimische Dissonanz *b* hinzugethan werden; z. B.:

Der Grund ist: weil der Septimenakkord *d, f, a, c* (und folglich auch seine Verwechslungen) in F-dur so gut anzutreffen ist, als in C-dur.

2) Er kommt sehr oft als blosser **Scheinakkord** vor, besonders in dieser bekannten Endungsform, wo die beiden Dreiklänge der Tonika und Quarte miteinander abwechseln,

und bildet sich, vorausgesetzt dass die Melodie die hier angegebenen Sprünge macht, durch diatonisches Ausfüllen derselben, mithin so:

Noch häufiger ist dieser Fall mit verkleinerter Terz,

wodurch der ganze Akkord aus dem gleichnamigen Moll- in das Dur-geschlecht herübergezogen wird, was mit der Quarte sowohl als mit der Unterdominante viel geschieht. (S. § 63 und folgd.)

### § 33.

### Der Septimenakkord vierter Gattung,

bestehend aus Grundton, grosser Terz, reiner Quinte und grosser Septime, nebst seinen Verwechslungen,

ist seiner grossen, harten Septime wegen sehr selten, obgleich ihm eben diese eine besonders karakteristische Färbung giebt. Aber er beruht auf der Unterdominante, und die Kräftigkeit dieses Intervalls macht es möglich, ihn an geeigneter Stelle als einen von den vielen Unterdominantakkorden zu benutzen und als nothwendige Folge den (dissonirenden) Quartsextakkord hinter ihm eintreten zu lassen:

Sein Grundton geht, wie der des Septimenakkords zweiter Gattung, nur

eine Stufe aufwärts, — aber es wird bei ihm kein underer unsichtbar
wirkender Grundton unterhalb mehr angenommen, weil der Schritt von
der Unter- zur Oberdominante zu natürlich und zu fest ist, als dass er
noch einer weiteren Stütze bedürfte.

Seine Verwechslungen entziehen sich der praktischen Nützlichkeit, weil durch die Umstellung der Intervalle das karakteristische Erkennungszeichen, die grosse Septime in den beiden äussersten
Stimmen, in ihnen zu sehr verwischt wird. Den einzigen Quintsextakkord kann man wohl dann und wann einmal finden,

232.

(Spanischer Nationaltanz.)

den Terzquartsext- und Sekundakkord aber gar nicht, d. h. in der
Bedeutung als Unterdominante von C-dur, weil es. unmöglich ist, von ihnen
die Oberdominante *g* zu erreichen.

Wir müssen den Gebrauch dieses Septimenakkords vierter
Gattung in doppelter Weise beobachten, wie den Vorigen dritter Gat-
tung. In den beiden letzten Beispielen war er viertletzter Akkord.
Auf dem drittletzten Platze

Quinten.

233.

ist er ausser seiner Wirkung auch noch der hinter ihm entstehenden unvermeidlichen Quinten wegen wichtig. Dieser Fall ist schon in § 17,
Beisp. 93 vorgesehn und daselbst erwähnt, dass man zu ihrer Vermeidung
vorgeschlagen hat, die Terz *a* nach *d* hinabspringen zu lassen, wie hier:

234.

dies ist aber nur eine Ausflucht, und noch dazu eine trügerische, denn der
Ton *g*, wohin das *a* eigentlich gehn müsste, ist doch vorhanden, wenn
auch in einer andern Stimme, und die Quinten werden höchstens dem
Auge entrückt, dem Ohre nicht.

Seine Verwechslungen kommen in dieser Anwendung aus den
vorhin angegebenen Gründen nicht vor. Wir wollen nur den ersten besten
Versuch mit dem Quintsextakkorde machen,

Quinten.

235.

und Jeder wird sich überzeugen, dass an seiner Stelle leicht ein besserer, klarerer stehen könnte.

Es macht aber auch unser Septimenakkord vierter Gattung seinen Dominantschritt. Dann geräth er auf die siebente Stufe $h$, welche in unserer Tonart den verminderten Dreiklang $h$ - $d$ - $f$ zeigt. Auf demselben ist nicht zu verweilen, es wird also ein abermaliges Weitergehn nöthig, und zwar so lange, bis man an einen Punkt kommt, wo der musikalische Gedanke zum Abschlusse zu bringen ist. Dies kann natürlich nur durch den wesentlichen Septimenakkord geschehn. Dann entstehn ungefähr folgende Akkordfolgen, von denen aber gleich im Voraus bemerkt sein möge, dass sie, so beliebt sie auch einst waren, aus unserer heutigen Musik fast ganz verschwunden sind, und ihrer starren Regelmässigkeit und Steifheit wegen mit dem Spottnamen „Rosalien" verfolgt werden.

Der Septimenakkord:

236.

Der Quintsextakkord:

237.

Der Terzquartsextakkord:

238.

Der Sekundakkord:

**239.**

u. s. w.

Das Letzte, was bei unserm Septimenakkorde zu bemerken ist, betrifft die Erhöhung seiner Quinte. Um dieselbe zu motiviren, dürfen wir uns nur erinnern, dass nach § 15 in jedem harten Dreiklange, wenn er einen Dominantschritt macht und seine Quinte gezwungen ist, aufwärts zu gehn, sobald der Aufgang derselben eine ganze Stufe beträgt, diese Quinte um einen halben Ton erhöht und dadurch aus ihm ein übermässiger Dreiklang gebildet werden kann. Dasselbe ist auch in den Septimenakkorden möglich, denn diese sind ja nichts Anderes als Dreiklänge mit hinzugethaner Septime. Auch hat uns dies Beginnen bei dem wesentlichen Septimenakkorde in den Beispielen No. 199 bis 201 bereits beschäftigt. Wenn es seitdem nicht wieder vorkam, so lag das daran, dass der Septimenakkord zweiter Gattung nicht die grosse, sondern die kleine Terz und obenein die verminderte Quinte hat, welche nicht aufwärts geführt werden darf, und in dem Septimenakkorde dritter Gattung, der ebenfalls die kleine Terz hat, die Erhöhung der Quinte einestheils Undeutlichkeit, anderntheils die unerlaubte Verdoppelung des Leittons veranlassen würde, den bereits die abwärtsgehende Septime ergreift. Hier ist kein ähnliches Hinderniss vorhanden, und die übermässige Quinte, welche zu der grossen Septime in das Verhältniss einer kleinen Terz tritt, wodurch nicht einmal, wie bei dem wesentlichen Septimenakkorde, wo beide Töne eine verminderte Terz ergaben, ihre Umkehrung zu einer Sexte nöthig wird, erzeugt folgenden (nicht eben häufigen) Akkord:

**240.**

Die Verwechslungen sind mit dieser Veränderung nicht praktikabel; sie klingen zu sehr erkünstelt. Man höre nur eine, den Quintsextakkord z. B.

**241.**

u. s. w.

wenn auch die grosse Septime beibehalten wird, — sie sind und bleiben fremd.

## § 34.

### Vorbereitung auf den fünften, sechsten und siebenten Septimenakkord.

Die drei letzten Septimenakkorde, von denen schon in den die Septimenakkorde einleitenden Worten gesagt ist, dass sie keine Gattungen begründen können, weil ihre Konstruktion nichts Neues darbietet, was nicht schon in der dritten oder vierten Gattung enthalten gewesen wäre, lösen sich nicht im nächsten Schritte in die Tonika auf, sondern gelangen erst auf Umwegen dahin, auf denen sie zuletzt immer den wesentlichen Septimenakkord in ihren Gang hineinziehn. Da sie ausserdem in mehren Tonarten zugleich angetroffen werden, so erfordert ihr Gebrauch einige Vorsicht. Man beugt aber jedem Irrthum leicht dadurch vor, dass man sie ihren Dominantschritt gehn und den auf dieser Stufe befindlichen Dreiklang ergreifen lässt.

## § 35.

### Der fünfte Septimenakkord,

bestehend aus Grundton, kleiner Terz, reiner Quinte und kleiner Septime, nebst seinen Verwechslungen,

auf der Sexte einer jeden Durtonart ruhend, in seinen Merkmalen ganz dem Septimenakkorde dritter Gattung gleichend, geräth in seinem Dominantgange auf die Stufe $d$, welche in unserer Tonart den Dreiklang *D-moll* zeigt. Dieser wird nach § 16, No. 55, als Unterdominante benutzt, auch gesellt sich ihm leicht und bequem die kleine Septime zu, wodurch er sofort zum Septimenakkorde dritter Gattung wird. Beide verlangen hinter sich die Oberdominante, — und diese schliesst dann [den Gedanken ab, z. B.

oder:

7*

sodass der fünfte Septimenakkord je nach dem Vorhandensein des dissonirenden Quartsextakkords auf dem fünften, und wenn dieser fehlt, auf
dem vierten Platze vor dem Schlusse steht.

Sein Quintsextakkord:

Seinen Terzquartsextakkord übergehen wir; er ist (auf der
Quinte des Grundtons ruhend) zu unbestimmt.
Seinen Sekundakkord findet man in solchen Wendungen:

§ 36.

### Der sechste Septimenakkord,

bestehend aus Grundton, grosser Terz, reiner Quinte und grosser
Septime, nebst seinen Verwechslungen,

auf der Tonika einer jeden Durtonart ruhend, in seinen Merkmalen
ganz dem Septimenakkorde vierter Gattung gleichend, kommt mit seinem
Dominantschritte auf die wirkliche Unterdominante, von wo das Weitergehn in bekannter Weise stattfindet.

Der Septimenakkord:

Der Quintsextakkord:

Der Terzquartsextakkord:

250.

Der Sekundakkord:

251.

Diese Beispiele zeigen, dass seine Stellung der Zahl nach ganz mit dem fünften Septimenakkorde übereinstimmt.

Die Erhöhung seiner Quinte, welche diesmal wieder zulässig ist, giebt folgenden vier Akkorden das Dasein,

252.

deren Gebrauch sich ungefähr so verdeutlichen lässt:

der des Septimenakkords:

253.

der des Quintsextakkords:

254.                                                                    u. s. w.

der des Terzquartsextakkords:

255.                                                      u. s. w.

und der des Sekundakkords:

**256.** u. s. w.

Mit der Erhöhung seiner Quinte kommt dieser sechste Septimenakkord
nebst seinen Verwechslungen wohl mehr vor, als ohne dieselbe.

### § 37.

### Der siebente Septimenakkord,

bestehend aus Grundton, kleiner Terz, reiner Quinte und kleiner
Septime, nebst seinen Verwechslungen,

**257.**

auf der Terz einer jeden Durtonart ruhend, in seinen Merkmalen ganz
dem Septimenakkorde dritter Gattung gleichend, kommt mit seinem Dominantschritte erst auf die Sexte $a$, wo sich der fünfte Septimenakkord
bereits befindet, und hat folglich den weitesten Weg zurückzulegen, bis er
in die Tonika zurückkehrt, woran man erkennen kann, dass er in dieser
gebraucht wurde. Nur der Septimenakkord vierter Gattung gelangt, wenn
er nämlich seinen Dominantschritt macht, auf noch umständlicherem Wege
dahin zurück, weil erst dessen Nachfolger wieder diesen siebenten Septimenakkord erreicht. Da dieser Letztere aber aus eben diesen Gründen
dort schon vorgekommen sein muss, so wollen wir die Beispiele von dort
wiederholen, da es selbstverständlich ist, dass er hierdurch deutlicher wird,
als wenn seinetwegen wieder neue angefertigt würden:

Der Septimenakkord, (S. No. 236.)

**258.**

Der Quintsextakkord, (S No. 237.)

**259.**

Der Terzquartsextakkord, (S. No. 238.)

Der Sekundakkord:

§ 38.

Es ist schon mehrmals erwähnt, dass das Mollgeschlecht kein ursprüngliches, kein von der Natur unmittelbar dargebotenes, sondern dem Durgeschlechte durch Verkleinerung der Terz künstlich nachgebildet ist, darum sind auch

### Die Septimenakkorde des Mollgeschlechts

in Rücksicht ihrer Bedeutung und Behandlung denen des Durgeschlechts sosehr ähnlich, dass diese Aehnlichkeit uns das Geschäft ihrer Darstellung ausserordentlich erleichtert und abkürzt. Die erste Gattung lös't sich hier ebenso auf, wie die erste Gattung dort, die zweite geht hier ebenso, wie die zweite dort, u. s. w. Auch hier sind die beiden ersten Gattungen Ober-, die dritte und vierte Unterdominante; auch hier gehn die erste und dritte Gattung dominantisch, die zweite und vierte hingegen nur eine einzige Stufe aufwärts; alle vier lösen sich ebenso nach A-moll auf, wie es die dortigen nach C-dur thaten, — kurz, Alles ist so analog, dass wir, diese Bemerkung den nächsten sieben Paragraphen vorausschickend, viele Wiederholungen vermeiden und uns lediglich darauf beschränken können, das Wenige Abweichende aufzuzeichnen, besonders aber hervorzuheben, welch andere Bedeutung und welch andern Fortschritt die wiederkehrenden, aus denselben Tönen bestehenden Akkorde hier haben.

### § 39.

Der Septimenakkord erster Gattung,

bestehend aus Grundton, grosser Terz, reiner Quinte und kleiner Septime, nebst seinen Verwechslungen,

ist auch hier der wesentliche, wie die Art seiner Konstruktion deutlich kundthut. Alles wiederholt sich bei ihm und seinen Verwechslungen,

Alles, wie es bei dem wesentlichen Septimenakkorde von C-dur auseinander gesetzt und § 30 nachzulesen ist, einschliesslich des Liegenbleibens, sogar des Aufwärtsgehens seiner Septime, sodass wir sofort zu seiner ersten Abweichung übergehn dürfen, zu seinem Trugschlusse, an dem, weil der Nachfolger ein Dur-Akkord ist, diesmal auch die Verwechslungen Theil nehmen.

Der Septimenakkord:

(W. A. Mozart. „Don Juan." No. 9. Recitativ vor Donna Anna's Arie, bei den Worten: „und so wurde doch mir's möglich, todtenbleich und erbebend mich loszuwinden.")

Nach dem dreimaligen synkopischen Aufschrei der Violinen, in der über der ganzen Scene liegenden Spannung — giebt es kaum ein wirksameres und beruhigenderes Kunstmittel, als diesen Trugschluss, und man begreift sogleich Ottavio's besänftigte Worte: „Wohl mir, ich athme wieder!" —

Der Quintsextakkord:

265.

(C. M. v. Weber. „Der Freischütz." No 2. „Seht, wie düster ist sein Blick, — Agathen entsagen" u. s. w. Auch dieser Trugschluss in den Sextakkord F-dur ist an Schönheit und überraschender Wirkung unerreicht.)

Die beiden folgenden Verwechslungen gerathen auf den Quartsextakkord von F-dur, bei welchem sie aber nicht verweilen können, sondern erst den Ganzschluss nach dem Dreiklange hin machen müssen.

Der Terzquartsextakkord:

266.

Der Sekundakkord:

267.

Die zweite Abweichung ist: die Quinte kann nicht erhöht werden, weil ihr Aufwärtsgehn hier nur eine kleine Sekunde (von *h* nach *c*) ausmacht. Wird in dem wesentlichen Septimenakkorde *e-gis-h-d* die Quinte zu *his* erhöht, so ist er dem in den Beispielen 197—201 dargestellten gleich; er wird dann in A-dur gebraucht, denn die gleichnamigen Dur- und Molltonarten haben stets eine und dieselbe Oberdominante.

### § 40.

### Der Septimenakkord zweiter Gattung,

bestehend aus Grundton, kleiner Terz, verminderter Quinte und verminderter Septime, nebst seinen Verwechslungen,

106

wiederum auf der Terz des wesentlichen Septimenakkords ruhend, zeigt
uns den neuen bis jetzt noch bei keinem unserer Septimenakkorde dagewesenen **Aufbau** von **drei kleinen Terzen**, entstanden durch die
Vereinigung der beiden verminderten Dreiklänge *gis-h-d* und *h-d-f* zu
**einem Akkorde**. Es war zu erwarten, dass sich eine solche Zusammenstellung einmal zeigen würde, nachdem wir uns im Verlaufe dieses Buchs
schon mehrmals überzeugt haben und bei der Unterdominante noch ferner
überzeugen werden, dass Alles der Vereinigung denkbar Fähige, wenn die
Reihe daran kommt, die Probe bestehn muss; nur konnte sie im Durgeschlechte nicht erstehen, weil die Tonleiter daselbst nur einen verminderten Dreiklang aufzeigt, — hier im Mollgeschlechte dagegen, wo ihrer zwei
vorhanden sind, (S. § 6.) ergiebt sie sich naturgemäss.

Das neue Intervall der **verminderten Septime** giebt diesem
Akkorde den bezeichnenden Namen **verminderter Septimenakkord**,
und der Anfänger merkt ihn sich leicht mit den Worten: der verminderte
Septimenakkord ist im Mollgeschlechte der Septimenakkord **zweiter**
Gattung. (Wenn auch mitunter im Durgeschlechte verminderte Septim-
akkorde vorkommen, so sind sie entweder aus dem Mollgeschlechte herübergezogen, oder Scheinakkorde.)

1) Seine **Auflösung** ist leicht, da sich jeder der beiden verminderten Dreiklänge, aus denen er besteht, besonders auflösen muss. Hier stehn
sie Beide mit ihrer Auflösung und zuletzt mit ihrer Vereinigung:

Die Folge ist, dass der nächste Akkord immer die verdoppelte Terz haben
muss, und dies ist der **dritte** Fall von der nothwendigen Verdoppelung
der Terz im Dreiklange. Sie wird sich auch im folgenden Beispiele überall
zeigen, wo der verminderte Septimenakkord mit allen seinen Verwechslungen der Reihe nach aufgelöst ist:

2) Er stimmt mit dem Septimenakkorde zweiter Gattung des Durgeschlechts darin überein, dass sein Grundton ebenfalls nur eine Stufe aufwärts geht und das eine Terz tiefer hinzugedachte *e* als der eigentliche
den Dominantschritt bewirkende Ton angesehn wird, (der wesentliche
Nonenakkord von A-moll, *e-gis-h-d-f*, dessen Grundton im vierstimmigen

Satze wegbleibt,) dagegen weicht er darin von ihm ab, dass diesmal die Septime überall liegen bleiben kann und dadurch eine Art von Trug-schluss nach F-dur hervorbringt, der zu dem sehr interessanten Vergleiche mit dem Trugschlusse des wesentlichen Septimenakkords (Beispiel 264—267) auffordert. Eine häufig anzustellende Prüfung weiht den An-fänger in den Eindruck ein, den das unerwartet hereinbrechende F-dur dort, und den es mittelst des herübergezogenen *f* hier macht:

Der verminderte Septimenakkord:

271.

Der Quintsextakkord:

272.

Der Terzquartsextakkord:

273.

Der Sekundakkord:

274.

Die leichte Verschmelzung des verminderten Septimenakkords mit F-dur hat auch noch den zweiten Grund, dass er in dieser Tonart durch Erhöhung zweier Intervalle in dem Septimenakkorde dritter Gattung *g-b-d-f* zur Unterdominante wird. Dies wird durch den Vergleich mit § 49. Beispiel 379 bis 387 klar. Der dort dargestellte verminderte Septimenakkord *dis-fis-a-c,* aus dem Septimenakkorde dritter Gattung *d-f-a-c* durch Erhöhung zweier Intervalle entstanden, welcher sich in C-dur auflöst, ist in dieser Tonart ganz derselbe.

3) Als Unterdominante von F-dur findet er sich selbst da noch, wenn das Letztere auch nicht einmal selbsteigene Tonart, sondern durch Hinzu-

108

thun der wesentlichen Septime schon zur Oberdominante von B-dur geworden sein sollte. So hier,

(vergl. § 49. No. 395) und es ist hier der rechte Ort, die beiden (aussor
den drei obigen) noch übrigen Gebrauchsarten dieses verminderten Septimenakkords, obgleich sie uns für einen Augenblick von unserer Tonart
entfernen, ebenfalls einzuschalten, um sie alle fünf nebeneinandergestellt
überblicken zu können.

4) Der Septimenakkord dritter Gattung in F-dur *g-b-d-f* wird in
D-moll.zur vierten Gattung. Auch da wird er zu *gis-h-d-f* verändert
(S. Beisp. 629.) und als Unterdominante dieser Tonart folgender-
gestalt angewendet:

5) Zuletzt endlich erscheint er ebenfalls als Unterdominante von
D-dur, und entsteht durch Veränderung des Quintsextakkords dritter
Gattung) *g-h-d-e*. (Vergl. §. 49. Beisp. 403). Das *f* ist aber dann
nichts als eine andere Schreibart statt *eis*:

Diese fünf Auflösungsarten bilden den Hauptstützpunkt für seine
Erkenntniss, Beurtheilung und Behandlung. Wahrhaft leitereigen ist er,
wie man sieht, nur in .dem ersten Falle, bei No. 270. In dem zweiten,
No. 271 bis 274, ist er's nur zur Hälfte, zur andern Hälfte ist er Scheinakkord, denn man kann ihn ebensogut als Untordominante von F-dur
betrachten. Dieselbe Deutung passt auch für den dritten Fall bei No. 275,
wofern man nicht die leichtere Erklärung eines zufällig, durch drei
gleichzeitig angewendete Hilfstöne, die, weil unterhalb der Akkordstufen

liegend, halbtönig genommen werden müssen, entstandenen Akkordes vorzieht. In den zwei letzten Fällen, 276 und 277, ist er gleichfalls Unterdominante, die durch Erhöhung zweier leitereigenen Intervalle und enharmonische Schreibart diese Gestalt angenommen hat.

Wer sich alle zwölf verminderten Septimenakkorde unsers Tonsystems aufschreibt und diese fünf verschiedenen Auflösungen auf die betreffenden Tonarten überträgt, was durch Berechnung nicht schwer herauszubringen ist, der hat sich den Weg zur Erklärung einer Fülle frappanter und täglich vorkommender Uebergänge geebnet, welche sämmtlich Trugschlüsse oder musikalische Attrapen genannt zu werden verdienen. Unvermerkt vertauscht man die Tonarten miteinander, welche einen und denselben verminderten Septimenakkord leicht bilden können, und führt so das Ohr des Hörenden irre. Diese Möglichkeit bietet der Akkord, weil er immer in drei verschiedenen Tonarten Unterdominante sein kann und der Fortschritt in jede derselben stets folgerichtig bleibt. Wir haben schon im § 16 die ausserordentlich schmiegsame Natur der Unterdominante hervorgehoben und werden es noch öfter bestätigt finden, dass dieses Intervall dadurch zu einer wahren Sphinx wird, welche fortwährend Räthsel aufgiebt. In welchem Grade muss nicht die Spannung angeregt werden, wenn man z. B. von unserm verminderten Septimenakkorde *gis-h-d-f* oder seiner ersten Verwechslung *h-d-f-gis* nach Vorbild von 277 in einem Tonstücke, was aus D-dur geht oder soeben längere Zeit darin verweilte, den Quartsextakkord von D-dur und einen darauf folgenden Ganzschluss in dieser Tonart erwartet, und nun plötzlich den Sext- oder Quartsextakkord von F-dur eintreten hört, etwa so?

278.

Die Wirkung solcher durch die mehren Tonarten gemeinschaftliche Unterdominante vermittelten Uebergänge, welche man indirekte nennen möchte, muss von dem Schüler, der sich allseitig unterrichten will, oft und aufmerksam mit den direkten verglichen werden, welche die Oberdominante allein macht, die dann, immer plötzlich und unvorbereitet eintretend, alle bis dahin stattgehabten Beziehungen und Erinnerungen mit einem Schlage zerreisst. Diese sind natürlich viel jäher und herber, an ihrer Stelle aber ebendeshalb um so bezeichnender und bestimmter, weil die Oberdominante es nur mit ihrer Tonika zu thun hat und Alles anderweitig Dagowesene rasch beseitigt. Nur ein kurzes Beispiel sei im Gegensatz zu No. 278 aufgestellt, worin der Uebergang von D-dur nach F-dur durch den dieser Tonart angehörenden wesentlichen Septimenakkord *c-e-g-b* allein herbeigeführt wird:

Solche Fälle werden den Querständen nicht zugezählt.

Da der verminderte Septimenakkord einer der wichtigsten von allen Akkorden ist, so wollen wir von ihm nicht scheiden, bevor wir ihn zur Uebung auch noch einmal in einer andern Tonart gesehn haben. Der in D-moll leitereigene z. B. *cis-e-g-b*, kann nach Analogie des vorhin Erörterten auch in G-dur und in B-dur zur Unterdominante werden. (In G-dur entsteht er aus *c-e-g-a*, und in B-dur aus *es-g-b-c*, beiden Quintsextakkorden dritter Gattung, in ihren Tonarten dem, welcher in C-dur *f-a-c-d* heisst und woraus *fis-a-c-dis* oder *fis-a-c-es* wird, völlig gleich.) Mit ihm gewinnt L. Spohr in seiner „Jessonda‟, im ersten Finale, bei Nadori's Worten: „Fühlen, lieben, darf ich nicht‟ einen der schönsten Effekte:

Man erwartet Nichts gewisser, als diese achttaktige Periode, die sich durchgehends in G-dur hält, auch darin schliessen zu hören, um so ergreifender wirkt der unverhoffte Uebergang nach B-dur; ergreifend, weil man die dramatische Bedeutung sogleich auffasst und inne wird, dass die einem fühlenden Herzen gegen Natur und Vernunft aufgedrungene Resignation auf musikalischem Wege nicht leicht besser auszudrücken gewesen wäre.

Nicht immer aber sind die durch den verminderten Septimenakkord erzielten Wirkungen so geistreich, als diese; es steht sogar nicht zu läugnen, dass sie seiner Vieldeutigkeit wegen leicht sehr wohlfeil werden können. Alle Tonlehrer warnen deshalb vor seinem Missbrauche, indem sie ihn (den Vergleich seiner Schärfe entlehnend) ein Gewürz nennen, dem nur bei mässigem Genusse der Wohlschmack bewahrt bleibt. Auch wäre es nicht schwer, eine grosse Anzahl bekannter Stellen zu citiren, worin er weit mehr Gedankenarmuth als Reichthum verräth, und bei denen man die

Wahrheit jener Umbildung des Götheschen Spruches durch einen Kritiker einsieht: „Denn eben, wo Gedanken fehlen, da stellt zu rechter Zeit ein verminderter Septimenakkord sich ein."

Unser letztes Beispiel macht uns aber noch auf etwas Anderes aufmerksam. Es folgen nämlich im sechsten Takte zwei verminderte Septimenakkorde unmittelbar aufeinander, und diese Möglichkeit ist dem Schüler am Schlusse dieses Paragraphen noch zu wissen nützlich. Da sich alle kleinen Intervalle, wie wir in § 24 dargestellt haben, inniger miteinander verbinden und gefügiger zusammenschliessen, als die grossen, da ferner der verminderte Septimenakkord aus drei kleinen übereinander gesetzten Terzen besteht, welche bewirken, dass seine Verwechslungen ebenso klingen, wie er, denn auch die in letzteren vorkommende übermässige Sekunde klingt wie eine kleine Terz, man hört also nichts als lauter kleine Terzen, — so können sich auch zwei und mehre solcher verminderten Akkorde, ab- oder aufsteigend, mit einander verketten, wenn sie auch den widerstrebendsten Tonarten angehören, und das Ohr nimmt sie alle als verminderte Septimenakkorde auf:

**281.**

u. s. w.

Gänge dieser Art sind in den neuesten Opern, besonders französischen und italienischen Ursprungs, nicht selten; ob aber einem delikat ausgebildeten Gehör grosse Freude damit bereitet wird, möchte nicht unbedingt zu bejahen sein. Wohlklingender sind sie freilich, wenn sie auf einem guten Takttheile oder sonst hervorragend rhythmischen Punkte durch Hinweisung auf eine bestimmte Tonart oder durch einen wirklich fasslichen Uebergang unterbrochen werden. Wir wollen hiervon nur noch zwei Beispiele anfügen; das eine in A-moll beginnend und vermittelst einiger verminderter Septimenakkorde nach Es-dur hinüberführend:

**282.**

und das andere ebenfalls in A-moll beginnend, auf ähnlichem Wege nach Ges-dur leitend:

**283.**

deren Entzifferung nach Analogie der Beispiele 277, 278 und 280 wir des Schülers eigener Untersuchung anheimgeben, wobei wir jedoch nicht verhehlen, dass dieselbe nach dem Studium des Kapitels über die Unterdominante sachkundiger und kürzer von Statten gehn wird, — und bemerken nur noch, dass derartige Uebergänge, weil sie sich von der Anfangstonart ganz entfernen, weil sie ferner nicht durch wirkliche musikalische Gedanken geschehn und es bei ihnen überdies nur auf Verblendung, auf Ueberrumpelung abgesehn ist, zu den wohlfeilen Effekten gerechnet werden, gewissen Taschenspielerstückchen nicht unähnlich, welche den Unkundigen verdutzt machen, worüber der Eingeweihte aber höchstens lächelt. Um so mehr Grund, dem Schüler das Studium der verminderten Septimenakkorde angelegentlichst zu empfehlen, weil er durch sie mit vielen „neuentdeckten Modulationsgeheimnissen" vertraut wird. Hat er sich einmal die obigen fünf Gebrauchsweisen eines jeden geläufig gemacht, dann wird ihm die freilich noch immer übrigbleibende Arbeit sehr erleichtert, sie enharmonisch zu verwechseln, d. h. z. B. unser *gis - h - d - f* in *as - h - d - f* zu verwandeln, oder in *as - ces - d - f*, oder in *gis - h - d - eis* u. s. w., welche wieder Verwechslungen anderer verminderter Septimenakkorde sind, deren Uebergänge er dann aber schon kennt.

Den Missbrauch mit den verminderten Septimenakkorden vergleichen Sachkundige nicht unpassend demjenigen, welchen man heutzutage in der Wortsprache mit gewissen starken Adjektiven „scheusslich, grässlich, schauderhaft" u. s. w. so viel hört, der sich selbst durch gänzliche Effektlosigkeit bestraft; denn durch ihre immerwährende Wiederkehr bei den geringfügigsten Anlässen wird ihre ursprüngliche Bedeutung so abgeschwächt, dass man sich kaum noch etwas dabei denkt.

### Die Oberdominanten des Mollgeschlechts.

Der Abschied von der Oberdominante des Mollgeschlechts auf diesem Punkte, bis wir ihr in dem wesentlichen Nonenakkorde noch einmal begegnen, verpflichtet uns, sie ebenfalls, soweit sie uns bis hieher bekannt geworden, wie im Durgeschlechte bei No. 213 geschehn, übersichtlich nebeneinanderzustellen:

**284.**

## § 41.

### Der Septimenakkord dritter Gattung,

bestehend aus Grundton, kleiner Terz, verminderter Quinte und kleiner Septime, nebst seinen Verwechslungen,

285.

ist in seiner Wesenheit wieder der entsprechenden Gattung des Dur-geschlechts so ähnlich, dass wir vollkommen befugt sind, uns auf die dor-tigen Erklärungen zu beziehen. Er ist auch hier der erste vierstimmige Unterdominantakkord, dessen erste Verwechslung, der aus dem Dreiklange *d - f - a* und dem Sextakkorde *d - f - h*, den beiden aus No. 180 bekannten Unterdominanten, zusammengesetzte Quintsextakkord *d - f - a - h*, den geschlossensten Eindruck hervorbringt. Der Grundton macht den Dominantschritt nach der Oberdominante *e*, über welcher sich in der ersten Gebrauchsart, wo die Auflösung dieser Gattung nach der Tonika hin erfolgen muss, der dissonirende Quartsextakkord von A-moll aufbaut. Die Septime bleibt liegen und wird zur Quarte, die letzte Verwechslung ausgenommen, wo ihr Liegenbleiben unmittelbar den tonischen Dreiklang bildet, der hinter den andern erst durch die Oberdominante herbeigeholt werden muss. — In der zweiten Gebrauchsart kommt er zur Oberdomi-nante E-dur, resp. zu dem wesentlichen Septimenakkorde *e - gis - h - d*, welcher den Ganzschluss nach A-moll macht.

Wenn mithin die Bedeutung dieses Akkords der dritten Gattung im Durgeschlechte ganz und gar gleich ist, so differirt dagegen seine Gestalt durch das wichtige Intervall der verminderten Quinte. Es giebt also im Mollgeschlechte drei Septimenakkorde mit verminderter Quinte. Dies wird dadurch veranlasst, dass die Tonleiter desselben zwei vermin-derte Dreiklänge aufzeigt, und ist ein wichtiger Beitrag zu dem karak-teristischen Ausdrucke der Molltonart.

Erste Gebrauchsart:
### Der Septimenakkord:

286.

### Der Quintsextakkord:

287.

Dr. Leibrock, Akkordlehre.

8

114

### Der Terzquartsextakkord:

288.

### Der Sekundakkord:

289.

### Zweite Gebrauchsart:
#### Der Septimenakkord:

290.

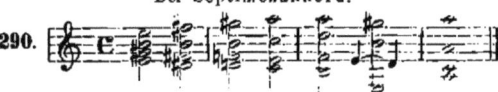

#### Der Quintsextakkord:

291.

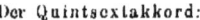

#### Der Terzquartsextakkord:

292.

(Die drei letzten Beispiele sind drei Bearbeitungen der dritten Zeile des Chorals:
„Jesus meine Zuversicht" u. s. w.)

#### Der Sekundakkord:

293.

Wer den in diesen acht Beispielen zur Anschauung gebrachten Gebrauch dieses Septimenakkords mit der zweiten Gattung in C-dur § 31 vergleicht, dem wird der grosse Unterschied zwischen Beiden, obgleich sie aus ganz denselben Tönen bestehn, nicht ferner unklar bleiben.

Der Nachsatz zu § 32, welcher den Septimenakkord dritter Gattung im Durgeschlechte behandelt, weist noch zwei eigenthümliche Verwendungen des dortigen Quintsextakkords nach. Dieselben finden ebenfalls mit unserm jetzigen *d-f-a-h* statt. Wir lassen sie hier kurz folgen, die dort gemachten Erklärungen als auch hier giltig heranziehend.

Die erste (vergl. No. 226),

und die zweite (vergl. No. 228):

## § 42.

### Der Septimenakkord vierter Gattung,

bestehend aus Grundton, kleiner Terz, reiner Quinte und kleiner Septime, nebst seinen Verwechslungen,

![296.]

ist zwar der zweite vierstimmige Unterdominantakkord, wird jedoch als solcher im Ganzen wenig genommen, weil er mit seinen lauter graden Intervallen für das Mollgeschlecht zu farblos ist. Man liebt hier mehr diejenigen Akkorde als Unterdominanten, worin ein vermindertes Intervall, namentlich die verminderte Quinte, vorkommt, deshalb ist auch der Septimenakkord dritter Gattung geschätzter. Schon von den dreistimmigen

8*

116

Unterdominanten ist der Sextakkord $d$-$f$-$h$ viel mehr vorzufinden, als der Dreiklang $d$-$f$-$a$, und auch dieser Septimenakkord vierter Gattung wird weit vorgezogen, sobald sein Grundton erhöht und dadurch ebenfalls eine verminderte Quinte geschaffen ist, wie wir das bei der Unterdominante kennen lernen werden. Die eigenthümliche Natur des Mollgeschlechts verlangt es so.

Er geht nur eine Stufe aufwärts zur Oberdominante, und hat entweder den Quartsextakkord der Tonika hinter sich, in welchem die liegengebliebene Septime zur Sexte, oder den Dreiklang auf der Oberdominante, worin die abwärtsgegangene Septime zur Quinte wird. Wenn er den Dominantschritt macht, ist er der Septimenakkord dritter Gattung in C-dur. An diesen zweierlei Fortschreitungen ist der Unterschied Beider zu erkennen.

Erste Gebrauchsart:

Der Septimenakkord:

Der Quintsextakkord:

Der Terzquartsextakkord und der Sekundakkord sind nicht brauchbar; sie kommen nur als Verwechslungen des Septimenakkords dritter Gattung in C-dur vor. Ihre Auflösung in A-moll, so lautend, ist, wenn auch in musikalische Gedanken eingekleidet, zu unbestimmt und hat zu wenig Fortschritt.

Zweite Gebrauchsart:

Der Septimenakkord:

**300.**

Wer sich des Septimenakkords vierter Gattung in C-dur erinnert, namentlich des Beispiels No. 233, der wird auch die von dieser Fortschreitung unzertrennlichen reinen Quinten noch nicht vergessen haben. Wer sie zu vermeiden wünscht, der bediene sich entweder des daselbst vorgeschlagenen Auskunftsmittels, oder drehe die beiden Quinten *f - c* und *e - h*, wie hier geschehn, zu den Quarten *c - f* und *h - e* um. Ganz unvermeidlich sind sie dagegen hinter dem folgenden Quintsextakkorde:

Quinten.

**301.**

Der Terzquartsext- und Sekundakkord werden nur etwa in folgenden Gängen gefunden,

**302.**

und auch da nur selten, weil es nicht schwer hält, sie durch bessere, schärfere, zu ersetzen.

## § 43.

### Der fünfte Septimenakkord,

bestehend aus Grundton, grosser Terz, reiner Quinte und grosser Septime, nebst seinen Verwechslungen,

**303.**

auf der Sexte einer jeden Molltonart ruhend, dieselben Töne zeigend, aus welchen der Septimenakkord vierter Gattung in C-dur besteht, macht den Dominantschritt nach *h*, auf welchem der verminderte

Dreiklang *h - d - f* befindlich ist. Derselbe ist im Mollgeschlechte eine von den Unterdominanten; es muss also auf ihn die Oberdominante folgen, und auf die Melodie kommt es dann an, ob auf diesem *e* der Quartsextakkord von A-moll oder sogleich der Dreiklang E-dur (resp. der wesentliche Septimenakkord) erscheint. Wir wollen der Vollständigkeit wegen von beiden Möglichkeiten ein Beispiel geben.

### Der Septimenakkord.

304.

oder:

305.

### Der Quintsextakkord:

306.

Der Terzquartsextakkord theilt das Schicksal aller übrigen Akkorde, welche wie er auf der Quinte eines Grundtons beruhen: er ist unbestimmt und macht einen um so schwankendern Eindruck, als gewöhnlich der Gleichmässigkeit wegen bald wieder ein anderer Akkord folgt, der ebenfalls auf der Quinte ruht:

307.

### Der Sekundakkord:

308.

Alles Uebrige, auch die Erhöhung seiner Quinte, ist in der zweiten Hälfte des § 33 nachzulesen. Der Fortschritt ist immer derselbe, nur kommt er früher zum Ziele, als der Septimenakkord vierter Gattung in Dur, weil hier die Oberdominante früher erreicht werden kann, als dort (No. 305), und hierin gleicht er wieder, was der Aufmerksamkeit des Schülers nicht entgehn möge, ganz dem dortigen fünften Septimenakkorde.

§ 44.

### Der sechste Septimenakkord,

bestehend aus Grundton, kleiner Terz, reiner Quinte und kleiner
Septime, nebst seinen Verwechslungen,

309.

auf der Tonika einer jeden Molltonart ruhend, dieselben Töne enthaltend,
aus welchen der fünfte Septimenakkord in C-dur besteht, kann uns nur
kurz beschäftigen, denn er hat ebendenselben Fortschritt und geräth in
seinem Dominantgange auf die Unterdominante *d*, hinter welcher die
Oberdominante *e* folgen muss.

Wichtig ist er hauptsächlich deshalb, weil er der erste Septimenakkord in A-moll ist, welcher die Stufe *g* zeigt. Sie darf hier nicht *gis*
werden, weil sie hier keine Pflicht des Leittons zu erfüllen hat. Sie muss
sich im Gegentheil als Septime abwärts wenden, während das *gis* aufwärts zu gehn hätte.

Der Septimenakkord:

Choral: „O Haupt voll Blut und Wunden" u. s. w.

310.

Der Quintsextakkord:

311.

Der Terzquartsextakkord:

312.

Der Sekundakkord:

313.

## § 45.

### Der siebente Septimenakkord,

bestehend aus Grundton, grosser Terz, reiner Quinte und grosser
Septime, nebst seinen Verwechslungen,

314.

auf der Terz einer jeden Molltonart ruhend, dieselben Töne enthaltend,
aus welchen der sechste Septimenakkord in C-dur besteht, könnte
eigentlich, wenn er nicht der Vollständigkeit wegen erwähnt werden
müsste, ganz übergangen werden, denn er gehört nur dem Durgeschlechte allein an. Es ist ebenso unmöglich, ihn wohlklingend vom
A-moll her zu erreichen, als auf eine die Eigenthümlichkeit des Mollgeschlechts kundgebende Weise zu verwenden. Wenn er in einem Tonstücke aus A-moll vorkommt, so muss man immer erst nach C-dur aus-
gewichen sein, ehe man seiner habhaft werden kann. Hier ist der Punkt,
wo beide Geschlechter sich nicht nur berühren, sondern ineinander auf-
gehn. Man würde, um ihn vom A-moll aus zu gewinnen, eine Terzenfortschreitung nach oben machen müssen, und dieser Verbindung steht
seine grosse Septime hindernd entgegen. Dies zu zeigen, soll der Zweck
der beiden nächsten Beispiele sein:

315.

316.

Der einzige Terzquartsextakkord hat der bequemen Tonfolge wegen
eine ziemlich gefügige Verbindung mit A-moll,

317.

er ist es deshalb auch allein, welchen man als dem Mollgeschlechte wirklich zugehörend und mit demselben in unmittelbarem Zusammenhange
stehend, zuweilen vorfindet.

Terzenfortschreitungen nach oben sind nur dann dem Ohre wahrhaft angenehm, wenn der zweite Akkord die kleine Septime hat, und wenn er ein wesentlicher Septimenakkord ist. (Der Schüler, welcher sich hiervon überzeugen will, mache aus jedem *h* der drei letzten Beispiele ein *b*; vergesse aber nicht, dass es alsdann ein durchaus anderer Akkord geworden ist.)

Unser siebenter Septimenakkord ist nach Obigem ganz im § 36 nachzulesen. Er wäre der zweite des Mollgeschlechts, der den Ton *g* enthält; und obgleich dasselbe eine halbe Stufe erhöht werden kann, obgleich ferner das dadurch erzeugte *gis* als willkürlich erhöhter Ton nach *a* aufwärts zu gehn verpflichtet ist, so darf es dennoch nicht mit der grossen Terz des Oberdominantdreiklangs oder des wesentlichen Septimenakkords von A-moll verwechselt werden, denn diese lösen sich als Leitton in die Tonika *A* auf, wohingegen jenes als Quinte in die Terz *a* des folgenden *F*-dur-Dreiklangs führt.

Er macht endlich seinen Dominantschritt nach *F*. Die Septime geht abwärts. Dass von diesem F-dur aus, seiner innigen Verwandtschaft mit D-moll (der ersten Unterdominante in A-moll) wegen, mit Leichtigkeit die Tonika oder die Oberdominante E-dur ergriffen werden kann, ist kaum zu bemerken nöthig, weil es zu natürlich ist. Doch wollen wir es zur Uebung noch in einigen Beispielen zeigen, in denen stets die Anfänge der im § 36 gegebenen Beispiele beibehalten, die Endigungen aber so umgeformt sind, dass sie der Tonart A-moll unzweideutig zugehören.

Der Septimenakkord:

**318.**

Der Quintsextakkord:

**319.**

u. s. w.

Der Terzquartsextakkord steht bereits in No. 255. Es wird mithin nicht nöthig sein; ihn hier nochmals darzustellen.

Der Sekundakkord (Vergl. No. 251 und 256):

**320.**

Zum Beschluss noch eine kurze Akkordreihe, welche darthun soll, wie der siebente Septimenakkord etwa von A-moll aus zu erreichen ist und auch gewöhnlich erreicht wird. Sie bestätigt, dass es immer nur durch Vermittlung von C-dur möglich ist, denn mit Eintritt des G-dur-Dreiklangs im dritten Takte, eigentlich schon mit Eintritt des Septimenakkords vierter Gattung im zweiten Takte, welcher unvermerkt zum Septimenakkorde dritter Gattung der Durtonart geworden ist, befindet man sich vollständig in C-dur.

## § 46.

### Vorbereitung auf die Unterdominante.

Vervollständigung von § 16.

Indem wir nunmehr das der Unterdominante nur allein gewidmete Kapitel beginnen, auf welches der Verlauf dieses Buches hinlänglich vorbereitet, auch schon verschiedentlich verwiesen hat, wiederholen wir kurz aus § 16 das Nöthigste, was zur besseren Orientirung erforderlich ist: Das Intervall der Quarte, gleichviel ob im Dur- oder Mollgeschlechte, wird, wenn es vor dem Ganzschlusse steht, zur Unterdominante. Die in diesem Namen liegende Herrschaft bezieht sich auf die Oberdominante, welche von ihr gezwungen wird, unmittelbar hinter ihr einzutreten. Diese Oberdominante übt eine intensiv gleiche Herrschaft über die Tonika aus, die derselben ebenfalls unverzüglich folgen muss, und aus dieser nothwendigen Aufeinanderfolge von Unterdominante, Oberdominante und Tonika entsteht diejenige mit logischer Ueberzeugungskraft begabte musikalische Formel, welche Ganzschluss genannt wird. Im Halbschlusse ist es ganz ebenso, mit der einzigen Abweichung, dass man darin nicht bis zur Schlusstonika hingelangt, sondern vor derselben auf dem Dreiklange der Oberdominante hängen bleibt. Ganzschlüsse ohne voraufgegangene Unterdominante sind sowohl an Zahl geringer als an intensiver Wirkung schwächer.

Je nach Beschaffenheit der Melodie steht nun die Unterdominante entweder auf dem vierten oder auf dem dritten Platze vom Schlusse. Im ersten Falle ist die Oberdominante hinter ihr zweimal vorhanden; das erstemal hat sie den dissonirenden Quartsext- oder Quartquintakkord über sich, welche beide, über demselben Basstone sich in den Oberdominantdreiklang (oder in den wesentlichen Septimenakkord) auflösend, durch diesen die Tonika herbeiziehn. Quartsext- und Quartquintakkord werden als identisch betrachtet, (S. § 14.), deshalb begründet auch das Vorhandensein Boider keine Veränderung in der Stellung der Unterdominante; sie steht dann nur scheinbar auf dem fünften, der Wesenheit der Sache nach aber dennoch auf dem viertletzten Platze. — Im zweiten Falle fällt der Quartsextakkord hinter ihr aus, und über der Oberdominante bildet sich sogleich der Dreiklang (oder der wesentliche Septimenakkord) und geht im nächsten Schritte zur Tonika.

In rein akkordischem Sinne, d. h. ohne auf Melodie und Rhythmus noch nebenbei grosses Gewicht zu legen, lässt sich dieses Gesetz durch folgende vier Beispiele praktisch-übersichtlich darstellen:

1) Die Unterdominante auf dem viertletzten Platze, und hinter ihr der Quartsextakkord:

2) Die Unterdominante auf dem viertletzten Platze, und hinter ihr der Quartquintakkord:

3) Die Unterdominante auf dem viertletzten Platze, hinter ihr der Quartsext- und Quartquintakkord:

4) Die Unterdominante auf dem drittletzten Platze, hinter ihr sogleich der Oberdominantdreiklang, resp. wesentliche Septimenakkord:

(Sollen wir diese vier Beispiele auch in A-moll übertragen? — Wir können es uns ersparen und der Privatübung des Schülers überlassen, damit er die Ueberzeugung gewinne, dass es daselbst um kein Haar anders ist.) Die sehr wenigen Abweichungen von diesem Gesetze, deren Erwähnung vorbehalten bleibt, sind nicht vermögend, dasselbe umzustossen, da sie als blosse Versuche einer Abweichung durch ihre ungenügende Wirkung vielmehr dazu dienen, es zu bekräftigen.

In dieser Wirkung als Unterdominante ist die Quarte so stark, dass sie mehrerlei Akkorde über sich verträgt, im weitesten Sinne jeden, mit dem sie nur irgend zu vereinbaren ist. Es kann über ihr errichtet werden:

1) Ein Dreiklang.
2) Ein Sextakkord.
3) Ein (aus diesen beiden zusammengesetzter) Quintsextakkord.

4) Ein Septimenakkord.

5) Ein Sekundakkord.

6) Ein Terzquartsextakkord.

Man sieht, dass eine weitere Art der Zusammensetzung nicht möglich ist. Die drei ersten dieser Akkorde sind die fasslichsten, die populärsten. Die drei letzten fallen nicht so bequem in's Gehör und erfordern (so zu sagen) eine vorsichtigere Behandlung. Der fünfte und sechste gleichen sogar Phänomenen; sie sind Verwechslungen der Oberdominante, und doch im Stande, an geeignetem Orte die Stelle der Unterdominante zu verschu und deren Wirkung zu erreichen. Von Allen aber dürfen ihre Verwechslungen, oder insofern sie selbst Verwechslungen sind, ihre Stamm- und alle diejenigen Akkorde, deren Basstöne, ohne dem Stimmengange Gewalt anzuthun, auf naturgemässem Wege die Oberdominante zu erreichen vermögen. als Unterdominantformen benutzt werden. Da ferner der Schritt von der Unter- zur Oberdominante in beiden Geschlechtern eine grosse Sekunde beträgt, so kann die Unterdominante, um diesen Schritt flüssiger zu machen, wenn die Melodie es erlaubt (und hierdurch unterscheidet sie sich wesentlich von der vierten Stufe der Tonleiter, welche nichts Anderes als der leitereigene Dreiklang [mit seinen Verwechslungen] sein kann), einen Halbton erhöht, ja mit dieser einen Erhöhung können (müssen zuweilen) noch mehre gleichzeitige Erhöhungen oder Erniederungen mit andern Akkordtönen vorgenommen werden, wodurch eine Menge Scheinakkorde entstehn, die sich ihren Abstammungstonarten weithin entfremden. Endlich wird dieser an sich schon grosse Reichthum noch dadurch künstlich verdoppelt, dass man die Unterdominanten beider Tongeschlechter miteinander vertauscht, d. h. die dem Moll- eigenthümlichen Unterdominanten in das Durgeschlecht verpflanzt, und umgekehrt. Hinter Allen aber bleibt das bekannte Verfahren mit der Oberdominante unabänderlich dasselbe, und der Schüler wolle zu seiner Belehrung darauf achten, dass hinter jedem Unterdominantakkorde, wenn er viertletzter, der Quartsext-(Quartquintakkord), und wenn er drittletzter ist, der Oberdominantdreiklang (wesentliche Septimenakkord) steht. Bei den wenigen Akkorden, wo dies der Eigenthümlichkeit gewisser Intervalle wegen absolut unmöglich ist, bei einigen Terzquartsext- oder Sekundakkorden, wo die im Basse liegenbleibende (ursprüngliche) Septime nicht zur Oberdominante hingelangen kann, wird es jedesmal bemerkt werden. Der Fortschritt der Akkorde im Ganzen bleibt zwar auch da derselbe, nur werden es dann Ganzschlüsse in Verwechslungen, denen die Kräftigkeit der Grundbässe abgeht.

Vom technischen Standpunkte ist die Bemerkung nützlich und kann dem Schüler eine Menge von Verlegenheiten und Fehlern ersparen: dass, sowie die Unterdominante stets in die Oberdominante geht, auch ihre Terz immer mit in diese Oberdominante ausmünden und deren Verdoppelung anstreben muss. (S. § 16. 3.) Wenn wir dies in unsern beiden Normaltonarten mit Buchstaben ausdrücken: In C-dur geht die Unterdominante $f$ (oder $fis$) nach $g$, und die Terz $a$ (oder $as$) muss ebenfalls nach $g$. In A-moll geht die Unterdominante $d$ (oder $dis$) nach $e$, und die Terz $f$ (oder $fis$) muss ebenfalls nach $e$. Von den beiden andern Tönen sind dann im Quartsextakkorde die Quarte und Sexte, im Dreiklango Terz und Quinto zu gewinnen. Hierdurch erklärt sich ebousowohl die Erscheinung und der Gebrauch manches leiterfremden Akkords, als auch die Möglichkeit, dass alle auf der Terz der Unterdominante liegenden Akkorde als Unterdominantformen zu gebrauchen sind. An die Verdoppelung der Oberdominante muss dann jedesmal, wenn der vorletzte Akkord im Ganzschlusse der wesentliche Septimenakkord sein soll, dessen Septime angehängt werden. Als Anleitung hierzu sind die zuletzt angeführten vier Beispiele, No. 322 bis 325, anzusehn, auch ist in den beiden Septimenakkorden dritter und vierter Gattung in Dur und Moll, § 32, 33, 41 und 42 immer nach dieser Regel verfahren. Besonders hüte man sich vor jenem leichtsinnigen Umspringen mit Septimen und Leittönen, welches leider an vielen Compositionen, sogar in gedruckten Choralbüchern nachgewiesen werden kann, und sich unter Anderem durch folgende zwei Beispiele verdeutlichen lässt:

Eine ärgere Sünde gegen diese beiden empfindlichsten Intervalle lässt sich kaum begehn. In No. 326 ist der Sprung des Tenors von *c* nach *f* unnütz, denn es wäre viel besser, dieses *c* ginge (als Quarte des dissonirenden Quartsextakkords) nach *h* abwärts, und das *g* des Alts nach *f*; und in No. 327, wo der Leitton *h* aus dem Grunde verlassen wird, um das *g* des Alts festzuhalten und den tonischen Schlussdreiklang vollzählig zu haben, ist diese Rücksicht ebensowenig ausreichend, eine solche Naturwidrigkeit zu rechtfertigen, da die Abwesenheit der Quinte in der ersten Lage eines Dreiklangs nie störend empfunden wird. Die wohlthätigen Folgen einer eingewöhnten korrekten Schreibweise verspürt man bald; am auffallendsten zuerst, wenn man anfängt, für Gesang zu komponiren, d. h. für Gesang ohne Instrumentalbegleitung, wo die soeben und manche schon früher beschriebenen Ungehörigkeiten, wenn sie auch im Instrumentalsatze vielleicht zu vertuschen sind, leicht unsangbar werden.

Bei jedem neuen Unterdominantakkorde beginnen wir mit dem Unterdominanttone selbst, also in C-dur mit *f* und in A-moll mit *d*; und wenn der auf demselben erbaute Akkord eine Verwechslung ist (Sext-, Quintsextakkord u. A. m.), so folgt sein Stammakkord als zweiter hinterher, und darauf die andern Verwechslungen nach der Reihe.

Wiewohl die zwei dreistimmigen Unterdominanten, namentlich in C-dur der Dreiklang *f - a - c* (mit seinem Sextakkorde), und der Sextakkord *f - a - d* (mit seinem Dreiklange) schon einmal in § 16 dargestellt sind, so werden wir sie jetzt doch noch einmal mit einschalten, theils um alle Unterdominantakkorde in einem Kapitel zu vereinen, theils um ihr vierstimmiges Setzen zu zeigen, welches sich durch die nothwendige Verdoppelung eines Tones dahin verändert, dass die Terz der Unterdominante jetzt nicht mehr in die Sexte des Quartsextakkords und in die Quinte des Dreiklangs hinabspringt, theils endlich um noch einige ästhetische Bemerkungen daran zu knüpfen.

### Die Unterdominante des Durgeschlechts.

§ 47.

### A.

Die Unterdominante als Dreiklang mit seinem Sextakkorde.

A. I. 328.

Der Dreiklang:

a) Viertletzter Akk.:

(L. v. Beethoven. Anfang der „Adelaide". Ursprüngl. B-dur.)

b) Drittletzter Akk.:

(A. Romberg. Die „Glocke", bei den Worten: „Denn wo das Strenge mit dem Zarten, wo Starkes sich und Mildes paarten, da giebt es einen guten Klang." Ursprüngl. B-dur.)

Der Sextakkord:

a) Viertletzter Akk.:

*Andante.*

331.

(W. A. Mozart. „Don Juan“. No. 15. „Mein Schicksal reisst mich fort“. Ursprüngl. A-dur.)

b) Drittletzter Akk.:

*Andante.*

332.

(„Don Juan“. No. 6. „Komm in mein Schloss mit mir! — Mein Herz warnt mich davor!“ Ursprüngl. A-dur.)

Dieser Sextakkord wird vorzüglich dann gern genommen, wenn der eigentliche Unterdominantton mit hervorragender Wichtigkeit in der Melodie steht. Die beiden äussersten Stimmen bilden dann eine kleine Sexte, welche das Ohr ebensosehr durch Mannigfaltigkeit als durch Wohllaut erfreut.

Er ist nicht mit dem Sextakkorde des nächstfolgenden Paragraphen zu verwechseln, welcher $f$-$a$-$d$ heissen wird. Der Jetzige heisst $a$-$c$-$f$.

## Umbildung.

Die Erhöhung des Grundtons macht diesen Akkord zu einem verminderten Dreiklange mit seinen Verwechslungen,

A. II. 333.

welcher in G-dur leitereigen ist, hier aber zu einem Scheinakkorde wird, wie sein hier folgender Uebertritt in den Quartsextakkord von C-dur beweist:

334.

128

Der Dreiklang ist übrigens selten, weil es nie schwer hält, für ihn einen volleren vierstimmigen Akkord zu gewinnen. Desto häufiger ist (besonders bei älteren Komponisten)

Der Sextakkord:

a) Viertletzter Akk.:

Andantino.

335.

(Mozart. Die „Zauberflöte". No. 8. „Die süssen Triebe mitzufühlen ist dann des Weibes erste Pflicht". Ursprüngl. Es- und B-Dur.)

b) Drittletzter Akk.:

Andante.

336.

(J. Haydn. Die „Schöpfung". No. 2. „Nun schwanden vor dem heiligen Strahle" u. s. w. Ursprüngl. A-dur.)

Sehr wohlgefällig wirkt hinter ihm als drittletztem Akkorde die über-schlagene Auflösung (S. § 21), womit zugleich eine höchst bequeme Stimmführung verbunden ist:

337.

§ 48.

B.

Die Unterdominante als Sextakkord mit seinem Dreiklange.

D. I. 338.

Der Sextakkord:

a) Viertletzter Akk.:

**339.**

(Beethoven. „Adelaide". „ — das durch wankende Blüthenzweige zittert."
Ursprüngl. B-dur.)

b) Drittletzter Akk.:

**340.**

(„Adelaide". „— O Wunder, erblühet meinem Grabe" u. s. w. Ursprüngl. B-dur.)

(Dieses Beispiel bietet nebenbei einen interessanten Fall von der aufwärts-
gehenden wesentlichen Septime. S. § 30.)

Dieser Sextakkord wird, weil er über dem Tone der Unterdominante
erbaut ist, allemal gemeint, wenn man ohne weitere spezielle Bezeichnung
von dem „Sextakkorde der Unterdominante" spricht, und nicht der des
vorigen Paragraphen $a - c - f$.

Der Dreiklang:

a) Viertletzter Akk.:

**341.**

(E. H. Méhul. „Joseph". No. 2. „Ich war Jüngling noch an Jahren, vierzehn
zählte kaum ich nur" u. s. w.)

Dr. Loibrock, Akkordlehre                                        9

b) Drittletzter Akk.:

Moderato.

342.

(C. M. v. Weber. „Preciosa". Ouvertüre.)

Dieser Dreiklang ist nicht zu verwechseln mit dem des vorigen Paragraphen $f$ - $a$ - $c$.

Sehr häufig sind in unserer Musik diejenigen Melodieen, in denen die zwei ersten unserer jetzigen Akkorde beide hintereinander genommen werden müssen, entweder zuerst der Dreiklang und dann der Sextakkord,

Marcia.

343.

mf

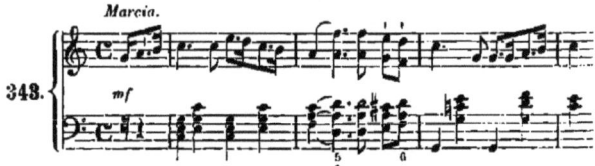

(„Volksweise". — „Im edlen Streit für Liebe, Ruhm und Pflicht erbebt dem Tod der kühne Sänger nicht.")

oder umgekehrt zuerst der Sextakkord und dann der Dreiklang:

344.

Das Aufsuchen dieser beiden auf der Unterdominante gelegenen dreistimmigen Akkorde, des Dreiklangs $f$-$a$-$c$ und des Sextakkords $f$-$a$-$d$ (die sich der Schüler schnell in allen Tonarten geläufig machen muss), führt zu dem Resultate, dass der Letztere bedeutend öfter gefunden wird, als Jener. Ja, man kann gewiss sein, in gleich- oder ähnlichlautenden melodischen Schlussphrasen, wie z. B. die folgende ist,

345.

346.

deneu mau in allen Takt- und Tonarten begegnet, den Sextakkord acht-
mal, den Dreiklang dagegen nur zweimal anzutreffen.  Der Grund davon
ist, dass sein Grundton *d* zur nachfolgenden Oberdominante *g* den Dominantschritt macht, und dominantische Fortschreitungen sind immer
gediegen.

Der Vergleich beider Akkorde macht darauf aufmerksam, dass dem
Sextakkorde eine viel grössere Weichheit des Ausdrucks zu Gebote steht,
als jenem, obgleich er zu seiner Nachfolge in keiner Verwandtschaft steht,
dass er aber dieser Weichheit ungeachtet gegen den Dreiklang eine
intensive Verstärkung des Effekts einschliesst, denn, wenn Beide in
einem und demselben Ganzschlusse nebeneinander stehn, so kann der
Sextakkord wohl auf den Dreiklang, nie aber umgekehrt der Dreiklang
auf den Sextakkord folgen.  Es ist leicht, diesen Ausspruch an Stellen
aus vorhandenen Kunstwerken nachzuweisen:

(J. Haydn. „Schöpfung". No. 5. „Hier sprosst den Wunden Heil" u. s. w.
Ursprüngl. F-dur.)

Freilich könnte man glauben, dass in diesem Beispiele der im sechsten
Achtel des vierten Takts eingewebte Leitton nach *d* zu gehn und unter
diesem *d* den Sextakkord zu nehmen zwänge, — dem ist aber nicht so,
denn auch ohne solches modulationsartige Verfahren bietet er gegen den
Dreiklang eine gesteigerte Wirkung, wie aus der ersten Hälfte des dritten
Takts, noch schlagender jedoch aus folgendem Citate hervorgeht:

9 *

132

348.

(J. Haydn. „Schöpfung". No. 3. „Und laut ertönt des Schöpfers Lob, das Lob
des zweiten Tag's!"

Man versuche es, beiden Akkordon die umgekehrte Reihefolge anzuweisen,
und man wird sich von der Unmöglichkeit überzeugen. (S. § 16. No. 61.)
Beethoven's „Adelaide" beginnt mit drei viertaktigen, jeder mit einem
Ganzschlusse abgeschlossenen, Rhythmen. Das erste und zweite Mal steht
darin die Unterdominanto als Dreiklang. (In B-dur *es - g - b.*) Das dritte
Mal, wo zum Abschlusse der Exposition ein stärkeres Kunstmittel Noth
thut, ist bei den Worten „das durch wankende Blüthenzweige zittert", die
Unterdominante als Sextakkord (*es - g - c*) gewählt.

Wir haben nun von den dreistimmigen die folgenden vier Unterdominantakkorde als die besten erkannt (wobei wir für den Augenblick
die mögliche Erhöhung der Unterdominante unberücksichtigt lassen):

349.

Es wird manchem Schüler erwünscht sein, zu sehn, wie leicht es ist, mit
ihrer Kenntniss Melodieen zum Schlusse zu führen. Stände z. B. der Ton
der Unterdominante (in C-dur also *f*) gleichzeitig in der Melodie, so
würden alle diese vier Akkorde dazu brauchbar sein. Wir wollen wieder
die schon oft bearbeitete erste Zeile des Chorals „Allein Gott in der Höh'
sei Ehr'" wählen, überzeugt, dass eine so vielseitige Beleuchtung derselben
wiederkehrenden Töne ein besseres Verständniss herbeiführt, als immerwährend er Wechsel:

Der Dreiklang
F-dur:

Dessen
Sextakkord:

Der Sextakkord
D-moll:

Dessen
Dreiklang:

und da es sehr wohlklingend ist, zu jedem dieser Akkorde auf passende
Weise hinzuleiten, so macht sich die Harmonisirung einer Choralzeile,
sobald sie nämlich mit einem Ganzschlusse endet, viel leichter, als man
ohne ihre Kenntniss denkt.

Harmonielehrer sind daran gewöhnt, dass ihnen ihre Schüler hinter
dem Sextakkorde D-moll die folgenden fehlerhaften Quinten bringen,

Quinten.

**350.**

die Quinten *d - a* und *c - g* zwischen Tenor und Alt, welche, da sie nicht
zu den erlaubten gehören, stets weggestrichen werden müssen. Es sei
also hiermit darauf aufmerksam gemacht, dass sie sich hinter ihm leicht
einfinden. S. § 16. No. 60.)

---

### Umbildung.

Die Erhöhung des Basstons macht unsern Sextakkord zu folgendem
kleinen Sextakkorde mit seinem Dreiklange,

**B. II. 351.**

welcher, in G-dur leitereigen, und die Oberdominante daselbst, als Unterdominante von C-dur natürlich nur ein Scheinakkord sein kann.

### Der Sextakkord:

a) Viertletzter Akk.:

Andante.

**352.**

134

(G. Rossini. Der „Barbier". No. 1. Ursprüngl. G-dur.)

b) Drittletzter Akk.:

*Vivace.*

**353.**

(C. M. v. Weber, Der „Freischütz", No. 9. „Leb' wohl! Lebe wohl!"
Ursprüngl. Es-dur.)

Der Dreiklang. (Selten.)

a) Viertletzter Akk:

**354.**

b) Drittletzter Akk.;

*Allegretto.*

**355.**

(E. H. Méhul. „Joseph". No. 6. Ursprüngl. A-dur.)

§ 49.

## C.

Die Unterdominante als Quintsextakkord mit seinem Septimen-,
Terzquartsext- und Sekundakkorde,

**C. I. 356.**

der erste vierstimmige Unterdominantakkord, ist aus den beiden Vorigen zusammengesetzt, (S. § 32) enthält sie Beide gleichzeitig; hierin liegt der Grund seiner Fülle, seines Wohlklangs und seiner Allgemeinheit

### Der Quintsextakkord:

a) Viertletzter Akk.:
*Adagio.*

357.

(Conr. Kreutzer. Männerquartett: „Das ist der Tag des Herrn!")

b) Drittletzter Akk.:
*Allegretto.*

358.

(W. A. Mozart. „Don Juan." No. 16.   Ursprüngl. D-dur.)

### Der Septimenakkord:

Viertletzter und drittletzter Akk.:
*Allegro.*

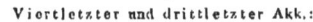

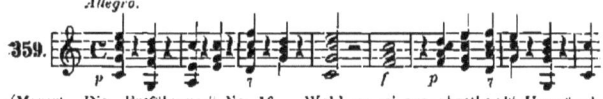

359.

(Mozart. Die „Entführung." No. 16.   „Wohl, es sei nun abgethan!" Ursprüngl. D-dur.)

### Der Terzquartsextakkord: (Selten.)

a) Viertletzter Akk.:
*Andante.*

360.

(Mozart. Die „Zauberflöte." No. 12.)

b) **Drittletzter Akk.**

*Adantino.*

361.

*p*

(Mozart. Die „Entführung." No. 16. Ursprüngl. A-dur )

Da der **Sekundakkord**, in welchem die ursprüngliche Septime im Basse liegen bleiben muss, sofort den tonischen Dreiklang hinter sich hat, der hinter den andern Akkorden erst durch die Oberdominante gewonnen werden muss, so sagen wir bei ihm in dieser Auflösung, wie bei allen folgenden Sekundakkorden, nicht mehr **vier**tletzter, sondern **vor**letzter Akkord. S. No. 219.

a) **Vorletzter Akk.:**

362.

*p*

Wenn dagegen die Septime sich abwärts auflöst, so bleibt er nach wie vor der drittletzte Akkord, nur entsteht dann ein Ganzschluss in Verwechslungen. S. No. 224.

b) **Drittletzter Akk.:**

363. u. s. w.

Technische Bemerkung: Wenn diesem Quintsextakkorde als viertletztem der dissonirende Quartsextakkord folgt, (S. No. 357) und, wie es in den Einleitungsworten pag. 124 bereits zur Nachachtung empfohlen wurde, die Unterdominante *f* nebst ihrer Terz *a* in die Oberdominante *g* fortschreiten, die Quinte *c* aber durch ihr gezwungenes Liegenbleiben zur Quarte wird, so bleibt nur noch die Sexte *d* übrig, um aufwärtszugehn und dadurch die Sexte *e* zu erreichen. Man kann ihn also nur zu Melodieen schreiben, in denen diese Sexte *d*, wenn sie vorhanden ist, aufwärtsgeht, und muss sich ganz besonders hüten, ihn da anzubringen, wenn sie abwärts nach *c* geht. Fehler mannigfacher Art sind sonst die unausbleibliche Folge. Wir wollen die gewöhnlichsten in drei Beispielen an der zweiten Zeile des Chorals „Allein Gott in der Höh' sei Ehr'", worin das beschriebene *d* nach *c* abwärts geht, zeigen. Nimmt man zu *d* den Quintsextakkord und lässt allen Tönen ihre regelrechte Auflösung,

**364.**

so wird im Quartsextakkorde die Sexte *e* fehlen. Gleichzeitig wird die Quarte *c*, welche im Tenor hat liegenbleiben müssen, zweimal vorhanden sein und sich als dissonirendes Intervall mit der Oberstimme zugleich abwärts auflösen, wodurch fehlerhafte Oktaven entstehn. Wollte man vielleicht die fehlende Sexte *e* dadurch herbeizwingen, dass man sie durch einen Sprung von *a* herab nähme,

**365.**

so würde doch der Uebelstand der verdoppelten Quarte nicht beseitigt, auch später der wesentliche Septimenakkord nicht zu bekommen sein. Nicht minder regelwidrig wäre es endlich, die Dissonanz *c* des Tenors in die Sexte *e* hinaufspringen zu lassen, wodurch ihr als ursprünglicher Septime der unnatürlichste Zwang angethan würde:

**366.**

Fehler dieser Art werden in der Kunstsprache Verstösse gegen den reinen vierstimmigen Satz genannt, unter welchem Ausdrucke man oben die naturgemässe Auflösung aller einzelnen Intervalle der Septimenakkorde und ihrer Verwechslungen und die dadurch herbeigeführte nothwendige Verdopplung gewisser Intervalle in den Dreiklängen und deren Verwechslungen versteht.

Zu der obigen Choralzeile wird (NB. dieser Anlage gemäss) der Sextakkord *f-a-d* der passendste sein:

138

**367.**

Unser Quintsextakkord ist als Unterdominante von C-dur einer
vierfachen Umbildung fähig, und diese Vielgestaltigkeit verleiht ihm
ein Interesse, wodurch er alle andern Unterdominantakkorde überragt.
Die erste Umbildung geschieht, wie immer, durch Erhöhung seines
Basstons,

C. II. **368.**

die ihn, die erste Verwechslung des wesentlichen Septimenakkords von
G-dur nebst den beiden übrigen, als Unterdominante von C-dur zu einem
Scheinakkorde macht. Bevor wir jedoch zu den Beispielen übergehn,
worin er, wie meistens immer, f r e i e i n t r i t t, wird es wohlgethan sein,
ihn auch einmal in seiner Abstammung und Vorbereitung zu zeigen:

**369.**

(C. Kreutzer. Das „Nachtlager von Granada". No. 6 — „und jeder still sich
saget, es ist die Königin". Ursprüngl. Cis-dur.)

Der Quintsextakkord:

a) Viertletzter Akk.:

**370.**

(L. v. Beethoven. Erstes Streichquartett. Op. 18. Erster Satz.)

b) Drittletzter Akk.:

**371.**

(C. M. v. Weber. „Unbefangenheit“. Lied für Sopran. „Frage nur zu, — fragest umsonst“.)

Hinter diesem Akkorde pflegt, sowie hier, meistentheils die über-schlagene Auflösung im Stimmentausche stattzufinden, ohne als Querstandsfehler angerechnet zu werden. (S. § 20. No. 130.)

Der Septimenakkord:

a) Viertletzter Akk.:

**372.**

(G. Rossini. „Tell“. No. 12. „Mag mein Blut auch fliessen, gern will ich's ver-giessen“ u. s. w. Ursprüngl. G-dur.)

b) Drittletzter Akk.

*Allegro vivace.*

**373.**

(A. Boieldieu. Die „weisse Dame". No. 10. Chor: „Seht, es glühen seine Wangen" u. s. w.

Der Terzquartsextakkord:

a) Viertletzter Akk.

*Allegretto.*

**374.**

(C. M. v. Weber. „Freischütz". No. 7. „Bald heisst's Bräutigam und Braut".)

b) Drittletzter Akk.:

375.

Der Sekundakkord kann als vorletzter nicht verwendet werden. Er enthält diese Akkordfolge,

376.

welche das Gehör nicht gutheisst.

Drittletzter Akk.

377.

Sehr gern nimmt man ihn als drittletzten Akkord, wenn sein Basston zum folgenden als Orgelpunkt liegen bleibt:

378.

u. s. w.

Dagegen wirkt es störend, wenn dieser Basston gezwungen wird, gegen seine Natur auf die Oberdominante zu springen:

*Allegretto.*

379.

142

Die zweite Umbildung unsers Quintsextakkordes geschieht, wenn neben der bereits geschehenen Erhöhung des Basstons zugleich dessen Sexte einen halben Ton erhöht und dadurch der Uebertritt zu zwei Intervallen des folgenden Akkords verschärft wird:

C. III. 380.

Er ist nun der Quintsextakkord des in E-moll leitereigenen verminderten Septimenakkords, als Unterdominante von C-dur aber zum Scheinakkorde geworden.

Der Quintsextakkord:

a) Viertletzter Akk.:
Andante.

381.

(C. Kreutzer. Das „Nachtlager", No. 6. „Und jeder still sich saget, die Maurenkönigin". Ursprüngl. Cis-dur.)

b) Drittletzter Akk.:

382.

Mit dieser Ueberleitung ist der Akkord selten, weil man in solchem Herabgange statt *dis* lieber — und auch natürlicher — *es* schreibt, wodurch er dann der nächstfolgenden dritten Umbildung zugehört.

Der (verminderte) Septimenakkord:

a) Vorletzter Akk.:

383.

(L. Spohr. Polonaise aus der Oper: „Faust".)

Wer sich der Auflösungsregel erinnert, nach welcher von den Intervallen dieses Unterdominantakkords die beiden Töne *f* (oder *fis*) nebst dessen Terz *a* nach *g*, das *c* liegen bleiben, das *d* (oder *dis*) aber nach *e* gehn muss, der wird sich in den Uebergang dieses verminderten Septimenakkords in den Sextakkord von C-dur leicht hineinfinden. Einen Ganzschluss kann er nicht herbeiführen, denn es ist ihm unmöglich, die Oberdominante *g* zu erreichen; wir haben ihn deshalb auch „vorletzten" Akkord genannt. Sein Vergleich mit dem vier Viertel später folgenden Quintsextakkorde bietet in dieser Beziehung jede gewünschte Aufklärung.

Etwas ganz Aehnliches wird sich im folgenden Beispiel zeigen:

b) Drittletzter Akk.:

384.

Der Terzquartsextakkord:

a) Viertletzter Akk.:

*Allegro.*

385.

(A. Boieldieu. Die „weisse Dame". No. 7. „Ein verirrter Pilgersmann".)

Er ist von dieser Umbildung nächst dem Quintsextakkorde der Einzige, welcher auf natürlichem Wege zur Oberdominante kommt.

b) Drittletzter Akk.:

Der Sekundakkord:

a) Vorletzter Akk.:

u. s. w.

(L. Spohr. Polonaise aus der Oper „Faust".)

b) Drittletzter Akk.

Diese zweite Umbildung fordert die ganze Aufmerksamkeit des Schülers heraus. Es wird durch sie eine grosse Anzahl von Akkorden deutlich, deren Erklärung man auf anderm Wege vergebens suchen würde. Die Erwähnung aller Möglichkeiten kann nicht die Aufgabe eines Lehrbuchs sein, gleichwohl ist es Pflicht, die hervorragendsten und am meisten vorkommenden nicht zu übergehn.

Erstens zeigt sich dieser in zwei Intervallen erhöhte Akkord gern in Ganzschlüssen über der als Orgelpunkt im Basse festliegenden Oberdominante:

*Allegretto.*

(L. Spohr. „Zemire und Azor." No. 17. „Flechtet in's irdische Leben Freuden der Seligen ein!")

Man sieht, es wäre ein Leichtes gewesen, im fünften Takte zu den vorhandenen Tönen *dis*, *fis* und *c* das noch fehlende *a* im Basse zu nehmen,

**390.**

aber nicht zum Vortheil des Effekts, welcher dort ungleich schöner ist; milde, und doch durch die Unterlage des ruhenden Basstons an Festigkeit gewinnend. Der Grund führt auf die Schönheit des Orgelpunkts (S. § 22) überhaupt zurück, der deshalb auch grösstentheils auf der Oberdominante genommen wird, welche, wenn sie einmal hinter der Unterdominante angeschlagen ist und zum Schlusse führen soll, zum Vortheil des Ganzen nicht eher wieder verlassen werden darf, als bis alle Tonfiguren erschöpft sind.

Zweitens ist er ein verminderter Septimenakkord geworden, (S. § 40) in dem man drei kleine Terzen hört, dessen Verwechslungen ebenso klingen, wie er selbst, und dem sich hinauf- oder herabsteigend andere verminderte Septimenakkorde und deren Verwechslungen auf das Innigste anschmiegen. Hierdurch geschieht es oft, dass eine seiner Verwechslungen, welche von Haus aus nicht geeignet wäre, zur Oberdominante hinzugehn, dieselbe dennoch auf dem ihr zukommenden Takttheile plötzlich ergreift, um den Ganzschluss herbeizuführen, wie hier der Sekundakkord:

*Allegro.*

**391.**

(Balfe. Die „vier Haimonskinder." No. 2. „Wo wir uns wiederfinden hier im Vaterhaus.")

Mit dem auf *dis* befindlichen verminderten Septimenakkorde macht man

es ebenso, und wenn dergleichen Schreibweisen auch als inkorrekt zu
tadeln sind, so wirken sie doch auch zuweilen nicht schlechthin störend.

Sehr erwünschte Aufklärungen bekommt man drittens durch sorg-
fältige Beobachtung des Sekundakkords, wenn derselbe aus dem Dreiklange C-dur hervorgeht und dahin zurückkehrt, weil er dann auch in der
Mitte musikalischer Gedanken steht und ein viel vorkommender, äusserst
geschätzter Zwischenakkord ist, vorzüglich geeignet, eine Länge zu verdecken:

Er ist es auch, den man am Ende aller Arten von Tonwerken, besonders
der kirchlichen, so viel antrifft:

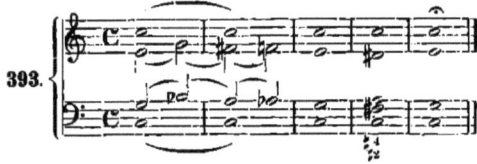

Ja, man nimmt ihn auch sprungweise und unerwartet, um manchen Melodietönen einen gefälligen Akkord unterzulegen und doch zu rechter Zeit
im Basse die Tonika c anzuschlagen:

Als Unterdominante von C-dur ist er ferner dann noch anzusehn, wenn
dieses durch Hinzuthun der kleinen Septime b schon zur Oberdominante
von F-dur geworden sein sollte;

in gleicher Eigenschaft dient auch sein Septimen-, Quintsext- und Terzquartsextakkord.

Zu einer unentbehrlichen ästhetischen Untersuchung giebt noch viertens der Quintsextakkord Veranlassung. Man muss prüfen, welchen Eindruck es macht, wenn er, der in zwei Intervallen erhöhte und dadurch ungemein verschärfte, in einem und demselben Gedanken vor seinem Ursprunge (dem milderen Quintsextakkorde ohne Erhöhung) steht, entweder unmittelbar, oder doch kurze Zeit vorher, und welche Wirkung dieser dann noch hervorzubringen vermag. Wir wollen zu diesem Zwecke zwei Beispiele aus namhaften und bekannten Tonwerken vorlegen:

(C. M. v. Weber. Der „Freischütz". Ouvertüre.)

10 *

148

*Allegro agitato.*

**398.**

(G. Spontini. Die „Vestalin“. No. 11. „Hinweg, hinweg, dieser Ton deutet Mord!“)

Im Allgemeinen verliert das Schwächere hinter dem Stärkeren an Wirkung; es kann wohl noch frappiren, aber keinen eigentlich ästhetischen Effekt mehr erzeugen. Wie es sich im Besondern gestaltet, ist nur an jedem einzelnen Falle zu ermitteln. Sehr verschieden sind übrigens Fälle dieser Art von dem folgenden,

**399.**

*dim. e rall.*

in welchem der Affekt Grad für Grad abstirbt und erlischt.

Sollen wir fünftens von dieser zweiten Umbildung noch besonders in ihrer Eigenschaft als verminderter Septimenakkord reden und dessen fünf hauptsächlichste Verwendungsarten hervorheben, durch welche, wenn unvermerkt die eine für die andre genommen, das Ohr des Hörers irregeführt wird? (S. § 49.) — Zur Orientirung des Schülers wird es sehr räthlich sein.

1) Er ist leitereigen in E-moll und lös't sich mit seinen Verwechslungen, in dem die (verminderte) Septime abwärtsgeht und in dem folgenden Akkorde stets die Verdopplung der (ursprünglichen) Terz stattfindet, anlog von No. 276, folgendermassen dahin auf:

**400.**

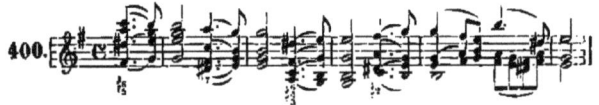

2) Seinen trugschlussähnlichen Uebergang nach C-dur, wo die Septime liegenbleibt, behandeln alle Beispiele von No. 381 bis 394.

3) Denselben Gang nach C-dur, wenn dieses durch Hinzuthun der kleinen Septime bereits Oberdominante von *F* geworden ist, zeigen die zwei Beispiele No. 395 und 396.

4) Er wird zur Unterdominante von A-moll durch Erhöhung zweier Töne in dem Septimenakkorde vierter Gattung *d-f-a-c* (S. § 58. D. III.)

*Adagio.*

**401.**

*p*

(W. A. Mozart. „Don Juan“. No. 22. „Verweg'ner, gönne Ruhe den Entschlaf'nen.“)

5) Er wird zur Unterdominante von A-dur, und entsteht aus der dritten Unterdominantform daselbst, aus dem Quintsextakkorde *d - fis - a - h*. Anstatt *c* müsste aber eigentlich *his* geschrieben sein: (Vergl. nach No. 277.)

402.

Die dritte Umbildung unsers Quintsextakkordes ist dem Klange nach durchaus der zweiten gleich und nur in der Schreibart von ihr verschieden, indem man mit veränderter Orthographie statt des Tones *dis* das dem C-moll entlehnte *es* nimmt,

C. IV. 403.

und dadurch einen andern verminderten Septimenakkord schafft, der, in G-moll leitereigen, in C-dur, wie seine Vorgänger, zum Scheinakkorde wird.

Obgleich er, wie gesagt, dem Klange nach ganz mit der zweiten Umbildung zusammenfällt, und der Hörer, der die Noten nicht sieht, bei seiner Auflösung nach C-dur nicht wissen kann, ob von dem Spieler oder Sänger *dis* oder *es* gespielt oder gesungen wird, so halten wir uns doch nicht für berechtigt, mit einem kurzen Worte auf dieselbe zu verweisen, etwa mit dem Ersuchen, die dort gegebenen Beispiele dahin abzuändern, dass das *dis* überall in *es* verwandelt wird, noch weniger diese Umschreibung selbst vorzunehmen, theils weil die dort aus Originalwerken citirten Stellen wirklich mit *dis* geschrieben sind, und nicht mit *es*, theils um zu zeigen, dass er bei allen Autoren mit beiderlei Schreibart vorkommt, theils endlich um durch Nebeneinanderstellung der nun veränderten Akkordnamen aller Verwirrung vorzubeugen.

Der (verminderte) Septimenakkord (in der zweiten Umbildung der Quintsextakkord),

n) Viertletzter Akk.:

404.

(C. M. v. Weber. Der „Freischütz". Ouvertüre.)

Wer die Mühe nicht scheut, dieses Beispiel umzuschreiben und *dis* statt *es* zu nehmen, was dem Schüler, der nach Gründlichkeit strebt, empfohlen werden muss, dem wird die dem Geiste nach in dieser Bedeutung völlige Gleichheit beider Akkorde nicht entgehn.

b) Drittletzter Akk.:

**405.**

Als drittletzter Akkord giebt er in dieser Lage und bei dieser Ueberleitung Veranlassung zu den Quinten *a - es* und *g - d*, welche aber als ungleiche und unvermeidliche zu den erlaubten gehören.

Der **Quintsextakkord** (in der zweiten Umbildung der **Torzquart-sextakkord**),

a) **Viertletzter Akk.:**
**Recit.** *Adagio.*

**406.**

*p*

(W. A. Mozart. Die „Zauberflöte". No. 9. „Bedecket ihre Häupter dann. sie müssen erst gereinigt sein.")

b) **Drittletzter Akk.:**
*Allegro.*

**407.**

*sfp*

(Weber. Der „Freischütz". No. 16.)

Auch bei ihm zeigen sich die bei No 405 bemerkten Quinten wieder.

Diese beiden ersten Akkorde der dritten Umbildung können Ganz-schlüsse herbeiziehn, weil ihre Basstöne nach Vorschrift in die Oberdomi-nante ausmünden. Die beiden folgenden Verwechslungen können es nicht; wenn sie es dennoch thun, so geschieht es durch Stimmentausch, und die Wirkung ist nur deshalb dem Ohre erträglich, weil sie Verwechslungen eines verminderten Septimenakkords sind, und ebenso klingen, wie er.

Als viertletzte oder vorletzte Akkorde sind sie selten, weil da, wo das zu *es* erhöhte *d* aufwärts nach *e* schreitet, die natürlichere Schreibart mit *dis* vorgezogen wird. Als drittletzte Akkorde dagegen, wo *es* nach *d* abwärtsgeht, sind sie häufiger als mit *dis*.

Der Terzquartsextakkord (in der zweiten Umbildung der Se-kundakkord),

a) Vorletzter Akk.:

408.

hier ist es recht augenfällig, dass der Gang des Alts viel besser *d*, *dis*, *e* geschrieben wäre, als *d, es, e*. Es wäre sonst grade so, als wenn man den Anfang von Spohr's Faust-Polonaise so schreiben wollte:

409.

u. s. w.

b) Drittletzter Akk.:

410.

Der Sekundakkord (in der zweiten Umbildung der verminderte Septimenakkord),

a) Vorletzter Akk.:

411.

hier wäre gleichfalls die Schreibart mit *dis* natürlicher und besser, sonst müsste man die andere Stelle aus Spohr's Polonaise No. 383 auch so schreiben können:

b) Drittletzter Akk.:

Wir lassen noch zwei Beispiele folgen, worin namhafte Tonsetzer von diesem Sekundakkorde auf die Oberdominante springen und dadurch Ganzschlüsse bezwecken:

a) Viertletzter Akk.:

414.

(G. Rossini. Der „Barbier von Sevilla“. No. 1. Ursprüngl. G-dur.)

b) Drittletzter Akk.:

**Recit.**

415.

(G. Meyerbeer. Die „Hugenotten". Duett No. 24. „Denn wenn Dein Auge bricht, bricht auch dies Herz, muss vergehn, derselbe Streich trifft Beide uns. bleibe. bleibe. ich liebe Dich!")

Man sieht auf den ersten Blick, dass ihm nur durch seine Eigenschaft als Verwechslung eines verminderten Septimenakkords die Möglichkeit erwachsen ist, das Ohr, wenn auch das Auge sich davon abwendet, so gefangen zu nehmen, dass es dieser Verwendung nicht mit Missfallen zuhört, besonders in der angezogenen Stelle aus den „Hugenotten", wo unablässiges Aufwärtsdrängen und Treiben der sechs vorhergehenden verminderten Septimenakkorde, welches die diese Scene auszeichnende Leidenschaft trefflich schildert und zu ihrem Höhepunkte steigert, zu ihm hingeführt hat. Noch ein Schritt, und es wäre der verminderte Septimenakkord *fis - a - c - es* geworden, dessen Grundton regelrecht nach *g* hätte gehn können, und der auch wohl eigentlich gemeint ist.

L. v. Beethoven benutzt ihn einmal in seiner Musik zu dem Ballet „Prometheus" (ursprünglich ist es Es-dur) folgendermassen:

154

*Allegro molto.*

416.

wo er ihn nach der Regel in den Sextakkord auflöst und dann doch noch
zur Oberdominante hinspringt, um den Ganzschluss möglich zu machen.

Analog mit No. 389 steht er eben so gern, wie jener, über der als
Orgelpunkt im Basse festliegenden Oberdominante:

*Andantino.*

417.

Sehr fügsam erweist sich dieser verminderte Septimenakkord mit
seinen Verwechslungen zur Verlängerung eines Ganzschlusses,
wie hier,

418.

(Mozart. Die „Zauberflöte“. No. 22. „— froh durch des Todes düst're Nacht!“
Ursprüngl. F-dur.)

wo er hinter der Oberdominante, nachdem der Ganzschluss eigentlich
schon fertig ist, noch mehrmals wiederholt wird und immer neue Ganzschlüsse veranlasst, — ein Kunstmittel, in dem die klassischen Meister
viel mässiger waren, als die heutigen, und zu dem sie sich nur durch die

äusserste künstlerische Nothwendigkeit verleiten liessen, weil sie einsahen, dass die Fälle nur selten sind, die eine massenhafte Anhäufung so starker Reizmittel gebieten.

### Die richtige Schreibart der zweiten und dritten Umbildung.

Fragen wir nach der Richtigkeit der Schreibart, so kann gar kein Zweifel darüber sein, dass diejenige mit *dis* der Abstammung nach in C-dur den Vorzug verdient, denn dieses *dis* ist ein erhöhtes *d*, bestimmt, aufwärts nach *e* zu gehn. Es nützt aber nichts, sich dafür zu verwenden oder zu ereifern, denn die andere Schreibart mit *es* ist so eingewurzelt, dass sie nicht wieder verdrängt werden kann. Auffallend bleibt es freilich immer, dass man gewisse Stellen, diese Akkordbrechungen der Virtuosen z. B.

viel öfter in der zweiten Schreibart mit *es* antrifft, als in der ersten mit *dis,* obwohl gar kein zwingender Grund dazu vorhanden ist, denn sie werden dadurch weder leserlicher noch in der Ausführung leichter; auch müssen in anderen Tonarten dieselben Griffe doch wieder genommen werden.

Durch diese zweierlei Schreibart eines und desselben Akkordes sind interessante Feder- und Zungenkriege entstanden. Einige Puristen, welche die Schreibart mit *es* in C-dur unbedingt verdammen, haben sich auf die richtige Orthographie berufen, behauptend, *fis - a - c - es* sei ein ganz anderer Akkord geworden als *fis - a - c - dis*, ein ganz leiterfremder, wie in der Schreibart, so auch in der Bedeutung verschieden, haben auch zu ihrer Unterstützung, indem sie übrigens die Gleichheit des Klanges zugeben, Vergleichungen aus der Schriftsprache herbeigeholt, worin bei völliger

156

Klanggleichheit in dem damit verbundenen Sinne „Flug" nicht blos gesprechen, sondern auch geschrieben werden müsse, und nicht „Fluch", „Haide" und nicht „Heide" u. s. w. Sie sind von den Gegnern dahin beschieden, dass sich nur die Schreibart verändert habe, die Bedeutung dagegen nicht. Mit *es* sei er nur aus C-moll, worin das *es* leitereigen, in C-dur verpflanzt, und dieses könne nicht verwehrt werden, weil es mit vielen andern Akkorden ebenfalls zulässig sei. Die Vergleichungen aus der Schriftsprache könnten nur dann zugegeben werden, wenn man Worte wähle, in denen bei veränderter Orthographie mit der Klanggleichheit auch die Bedeutung gleich bleibe. So lasse es den Hungrigen gleichgiltig, ob jenes unentbehrliche Nahrungsmittel, das ihn sättigen solle, „Brod" oder „Brot" oder „Brodt" geschrieben werde, wenn es ihm nur zu rechter Zeit und in hinreichender Quantität gegeben werde. Ebenso sei es dem musikdürstenden Ohre einerlei, ob den Akkord *fis-a-c-dis* oder *fis-a-c-es* vernehme, wenn derselbe nur ächt künstlerisch angebracht sei und rein vorgetragen werde.

Der Streit ist dadurch zu schlichten, dass man immer diejenige Schreibart wählt, welche das leichteste Verständniss und die schnellste Auffassung befördert, sodass dem Spieler oder Sänger keine Verlegenheit bereitet wird und keine Unsicherheit anzumerken ist. In folgenden beiden Sätzchen

wird das erste leichter mit *dis*, das zweite leichter mit *es* auszuführen sein, weil hier, wenn man *dis* schriebe, eine übermässige Sekunde von *dis* nach *c* abwärts zu springen wäre, welche unleserlicher und unbequemer vorzutragen ist, als die kleine Terz von *es* nach *c*.

Schliesslich lässt sich beiderlei Schreibart bei den besten Meistern nachweisen. In Mozart's „Zauberflöte" sind die beiden Stellen des Sarastro im ersten Finale: „Doch geb' ich Dir die Freiheit nicht", und: „Sie müssen erst gereinigt sein", unter No. 406, welche in der Intention, Ton- und Taktart grosse Aehnlichkeit miteinander haben, das erstemal mit *dis*, das zweitemal mit *es* geschrieben. J. Haydn bedient sich sogar in der „Schöpfung", Chor No. 14, bei den Worten: „Wir preisen Dich in Ewigkeit", in einem und demselben musikalischen Gedanken beiderlei Schreibart:

**423.**

Allegro.

das Orchester spielt *es*, der Sängerchor singt *dis*.

Da diese dritte Umbildung wieder ein verminderter Septimenakkord ist, so wollen wir, bevor wir zur vierten weitergehn, seine fünf Hauptgebrauchsarten (Täuschungsmittel) kurz nebeneinanderstellen:

1) Er ist leitereigen in G-moll und löst sich mit seinen Verwechslungen, indem die Septime abwärtsgeht und in dem folgenden Akkorde stets die Verdopplung der (ursprünglichen) Terz stattfindet, analog von No. 270 und 400, folgendermassen dahin auf:

**424.**

2) Sein trugschlussartiger Uebergang, wo sich alle Intervalle nach der Regel auflösen, bis auf die Septime, welche liegen bleibt, führt ihn nach Es-dur, dessen Unterdominante er zugleich wird, indem man den Septimenakkord dritter Gattung *f-as c es* in *fis-a-c-es* verwandeln kann. (Der Quintsextakkord *a-c-es-fis*, entstanden aus *as-c-es-f*, ist dann in Es-dur ganz dieselbe zweite Umbildung, wie in C-dur *fis a-c-dis*, entstanden aus *f-a-c-d*. S. No. 340.) Man sieht, welch weites Feld der Ausweichung ein verminderter Septimenakkord beschreitet, sobald nur ein einziger Ton von ihm enharmonisch verwechselt wird, wie hier *dis* und *es*. — Zu mehrer Ueberzeugung wollen wir die Beispiele No. 271 bis 274, wo diese Uebergänge des verminderten Septimenakkords und seiner Verwechslungen zuerst gezeigt wurden, hier in G-moll und Es-dur übertragen:

**Der verminderte Septimenakkord:**

**425.**

158

Der Quiutsextakkord:

Der Terzquartsextakkord:

Der Sekundakkord:

3) Denselben Gang nach Es-dur, wenn dieses durch Hinzuthun der kleinen Septime *des* bereits Oberdominante von As-dur geworden ist, zeigen die folgenden zwei Beispiele, Uebertrag aus No. 395 und 396:

4) Er wird zur Unterdominante in C-moll durch Erhöhung zweier Töne in dem Septimenakkorde vierter Gattung *f-as-c-es:*

Adagio.

5) Er wird zur Unterdominante in C-dur, und dies behandeln alle Beispiele von No. 404 bis 418. Das *es* steht dann für *dis.*

Unvermerkter Unterdominantenwechsel zwischen C- und Es-dur, Uebertrag aus No. 278:

432.

Die vierte Umbildung wird dadurch am anschaulichsten, dass man sie aus den drei vorhergehenden entstehen sieht. Wir werden dieselben deshalb hier, den Stamm-Quintsextakkord an der Spitze, der Reihe nach aufzählen:

Der Quintsextakkord nebst seinem Septimen-, Terzquartsext- und Sekundakkorde. (**C. I.** No. 356.)

Erste Umbildung.

Derselbe Quintsextakkord mit erhöhtem Basstone, nebst Septimen-, Terzquartsext- u. Sekundakkorde. (**C. II.** No. 368.)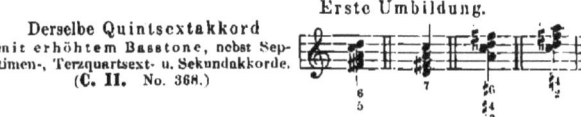

Zweite Umbildung.

Derselbe Quintsextakkord mit erhöhtem Basstone u. gleichfalls erhöhter Sexte, nebstSeptimen-, Terzquartsext- und Sekundakkorde. (**C. III.** No. 380.)

Der verminderte Septimenakkord, entstanden durch gleichzeitige Erhöhung des Basstons und der Sexte, diese erhöhte Sexte jedoch enharmonisch als verminderte Septime geschrieben, mit seinen Verwechslungen. (**C.IV.** No. 403.)

Dritte Umbildung.

Den Beweis, dass ungeachtet aller äusseren Veränderung der Akkord geistig immer derselbe bleibt, liefert der hinter Allen gleichmässig wiederkehrende Quartsextakkord C-dur.

Die bis hieher gemachten Veränderungen haben sich nur auf zwei Intervalle erstreckt, auf den Basston und die Sexte, und wenn auch alle denkbaren Veränderungen dadurch mit derselben vorgenommen sind, so haben sie sich doch eben nur auf diese zwei Intervalle beschränkt. Sie haben nur den einen Zweck, den zwischen diesen Stufen und ihren Auflösungstönen, welche einen Ganzton auseinander liegen, befindlichen Halbton auszufüllen. (Wir gehn hierbei immer von der Auflösung der Unterdominantakkorde in den tonischen Quartsextakkord aus; die andere in den Oberdominantdreiklang oder wesentlichen Septimenakkord ist weniger wichtig.) Es ist aber noch ein Ton da, welcher auch einen bestimmt vorgezeichneten Fortschritt hat, nämlich die Terz *a*. Sie muss nach *g* abwärtsgehn. Wird nun das hierzwischen liegende *as* gleichzeitig mit der dritten Umbildung auch noch genommen, so entsteht folgender Akkord mit seinen Verwechslungen,

C. V. 433.

ein abermaliger verminderter Septimenakkord mit obenein verminderter Terz, von dem (die Bemerkung wollen wir gleich voraussenden) die erste Verwechslung, der übermässige Quintsextakkord, der beliebteste und häufigste ist, weil die darin zur übermässigen Sexte verkehrte verminderte Terz beiden Tönen nebst Bewahrung ihrer Fasslichkeit und Selbstständigkeit den freiesten Spielraum gestattet. Nächst ihm ist noch der Septimenakkord nutzbar, weil sein Grundton naturgemäss zur Oberdominante führt, wofern man nur eingedenk ist, die verminderte Terz soweit als möglich, also wenigstens eine verminderte Dezime von ihm fern zu halten, damit sie nicht wie eine grosse Sekunde klingt. Die zweite und dritte Verwechslung können nicht anders als höchst selten sein, weil ihre Basstöne den Gang zur Oberdominante verbieten.

In dieser Gestalt entfernt sich der Akkord von seiner Abstammung, dem Quintsextakkorde *f-a-c-d*, am weitesten. Drei seiner Töne sind nun so verändert, dass sie den Uebertritt in ihre Auflösungstöne halbtönig nehmen; das einzige *c* bleibt liegen. Hierin ist das befremdlich Eigenthümliche seiner Wirkung zu suchen.

Es leuchtet aber zugleich ein, dass weitere Umbildungen nicht mehr möglich sind. Die Veränderungssucht müsste sich nun an das *c* wagen, — da scheitert sie aber, denn dieses *c* bleibt als Tonika liegen, es hat keinen Fortschritt; und Erhöhungen oder Erniederungen können nur an Tönen vorgenommen werden, die einen ganztönigen Fortschritt haben. Andere Veränderungen, z. B. wenn man *ges* statt *fis*, oder *dis* statt *es* schriebe und doch das *as* daneben behielte u. A. m. sind nur Augentäuschungen, höchstens enharmonische Schreibweisen, aber keine Umbildungen. Der Akkord bleibt derselbe. Doch wollen wir auch diese Versuche zeigen und durch Beispiele belegen.

Der Septimenakkord:

a) Viertletzter Akk.:

**434.**

(G. Meyerbeer. „Robert der Teufel". No. 18. „Gnade, Gnade, Gnade für mich!"
Urspüngl. F-dur.)

b) Drittletzter Akk.:

**435.**

Der (übermässige) Quintsextakkord

ist der praktikabelste. Wer kennt ihn nicht? Wen hat er in jener gewaltigen Stelle nicht schon entzückungsvoll durchschauert?

a) Viertletzter Akk.:

**436.**

(L. v. Beethoven. „C-moll-Sinfonie". Andante.)

Auf dem drittletzten Platze hat er bei richtiger Auflösung aller Töne immer und unabänderlich die reinen Quinten *as - es* und *g - d* im Gefolge,

162

b) Drittletzter Akk.:

437.

welche als unvermeidliche und durch die Natur der Töne gebotene nicht
zu den verbotenen zu zählen und von den besten Meistern stets ohne
Anstoss geschrieben sind. Ausser diesem technischen sind sie auch
noch aus dem ästhetischen Grunde unbedenklich, dass beide die übermässige Sexte bildenden Töne mit solch übermächtigem Drange ihrer Auflösung zustreben, dass das Ohr ganz davon erfüllt wird und nicht mehr
Zeit findet, auf das Missfällige zu achten, was die in der Mitte liegende
Quintenfolge etwa enthalten könnte. (S. No. 95.)

## Der Terzquartsextakkord:

a) Vorletzter Akk.:

Andantino.

438.

(G. Rossini. „Wilhelm Tell". No. 9. „Du stiller Wald, Lust umhaucht deinen
Schatten" u. s. w. Ursprüngl. As-dur. Der Akkord heisst daselbst as-ces-d-fes.)

a) Drittletzter Akk.:

439.

Der Sekundakkord:

a) **Viertletzter Akk.:**

440.

(G. Rossini. „Tell". No. 11. „Stirb, feiger Knecht, wir werden frei!" Ursprüngl.
A-dur. Der Akkord heisst daselbst *c-dis-f-a*.

Wir haben dies Beispiel hergesetzt, weil es eins der wenigen wirklich
vorhandenen ist und willkommenen Anlass giebt, den Eindruck zu prüfen,
den der weite Sprung des Basstons auf die Oberdominante macht.

b) **Drittletzter Akk.:**

441.

### Enharmonische Schreibart der vierten Umbildung.

Hiermit ist die Darstellung dieses Akkords zu Ende. Wir schulden
aber noch einige Beispiele von enharmonischer Schreibart.

1) Wenn im Septimenakkorde *ges* im Basse anstatt *fis* steht:

442.

11 *

(G. Meyerbeer, „Die Hugenotten". No. 9. „Bist du der Erde, dem Himmel entsprossen? Bist du ein schönes Traumgebild?")

Er ist hier geschrieben wie der Sekundakkord des wesentlichen Septimenakkords in Des-dur.

2) Wenn im übermässigen Quintsextakkorde *ges* in der Oberstimme anstatt *fis* steht:

Er ist hier geschrieben wie der wesentliche Septimenakkord in Des-dur.

Was für Wirkungen durch Enharmonie erreicht werden können, zeigt folgender interessante Fall:

(G. Meyerbeer. „Afrikanerin". No. 2. „Der hohe Rath tritt ein; gleich beginnt
die Sitzung".)

Der wesentliche Septimenakkord *h-dis-fis-a* ist hier unvermerkt mit dem
übermässigen Quintsextakkorde *ces-es-ges-a* (aus *Es*) vertauscht. Dieser
muss in die Oberdominante B-dur gehn; dies thut er auch, aber der Autor
nimmt davon den Quartsextakkord, wodurch der Ganzschluss in B-dur
nöthig wird.

3) Derselbe Quintsextakkord ist immer gemeint, wenn auch das,
wie man denken sollte, nothwendigste Intervall, die übermässige Sexte
*fis*, zu Gunsten einer andern Verdopplung einmal ausgelassen sein sollte;

**444.**

(Méhul. „Joseph". No. 4. „Verehrt, verehret ihn, den Retter und Freund".)

sie könnte wenigstens dasein, und jedenfalls ist der Uebergang in den
Quartsextakkord C-dur nur durch ihre hinzugedachte Vermittlung zu
erklären.

4) Wenn im übermässigen Quintsextakkorde *dis* anstatt *es* geschrieben wird:

**445.**

(Rossini. „Tell". No. 16. „Doch den Sohn rette ich vom Verderben, nicht fliesse
sein Blut!")

Offenbar liest sich in Verbindung mit *as* das *es* besser, weil beide Töne die Deutung zulassen, aus C-moll, wo sie leitereigen sind, in C-dur verpflanzt zu sein. Doch thut man wohl, das Auge auch an den Anblick von *dis* neben dem *as* zu gewöhnen, theils weil *es* ja nur eine andere Lesart für *dis* ist, theils weil der natürliche Aufgang einer Stimme, für sich allein betrachtet, dadurch sangbarer werden kann.

Mit diesem Akkorde beginnt auch F. Schubert das Lied: „Am Meere".

Eine nutzlose Verschwendung der uns bis zu diesem Punkte bekanntgewordenen Unterdominantakkorde auf kleinem Raume zeigt folgendes letzte Beispiel, dessen nationaler Ursprung sich nicht verläugnet:

Es lässt erkennen, welche Wirkung die einfacheren Akkorde hinter den verschärften noch machen können, und reift das Urtheil darüber, was mit einem so zwecklosen Konsum bedeutungsvoller Akkorde ohne alle musikalische Gedanken eigentlich geleistet wird.

§ 50.

## D.

Die Unterdominante als Septimenakkord mit seinen Verwechslungen.

Der Septimenakkord:

a) Viertletzter Akk.:

*Allegro moderato.*

449.

(F. Mendelssohn. „Paulus". No. 22. „O welch eine Tiefe des Reichthums, der Weisheit und Erkenntniss Gottes!" Ursprüngl. F-dur.)

b) Drittletzter Akk.:

450.

Er ist der Septimenakkord vierter Gattung aus § 33, und es giebt hier nichts Neues über ihn zu bemerken, was dort nicht bereits erwähnt wäre. Er ist überall sehr selten, obgleich man glauben sollte, dass er seiner grossen harten Septime wegen unter Umständen ein höchst erwünschter Akkord sein müsste.

Als drittletztem Akkorde folgen ihm stets die reinen Quinten *a - e* und *g - d*, wofern man sie nicht durch die in No. 92 dargelegte Umschreibung dem Auge verbirgt.

Seine Verwechslungen kommen (d. h. als Unterdominanten von C-dur) so wenig vor, dass sie nicht mitzählen können. Will man sie versuchsweise benutzen, so muss man wenigstens bedacht sein, die grosse Septime beizubehalten. Es würden sich folgende Akkordfolgen daraus ergeben:

Der Quintsextakkord:

a) Viertletzter Akk.,          b) Drittletzter Akk.:

451.                    und:

Der Terzquartsextakkord:

a) Vorletzter Akk.:          b) Drittletzter Akk.:

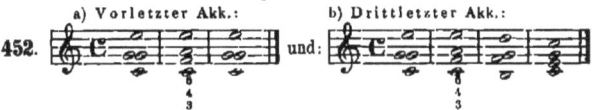

452.                    und:

Der Sekundakkord:

a) Vorletzter Akk.:          b) Drittletzter Akk.:

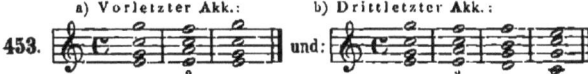

453.                    und:

Es sei übrigens zu Vermeidung alles Irrthums nochmals bemerkt, dass er nur in unsrer jetzigen Bedeutung selten ist. Als fünfter Septimenakkord in A-moll (S. § 43) ist er dagegen brauchbarer und häufiger.

Wie bei allen bis jetzt dagewesenen Unterdominantakkorden, verträgt sein Basston (diesmal sein Grundton) die halbtönige Erhöhung. Dadurch erhält er eine Umbildung, welche aus ihm folgenden Akkord mit seinen Verwechslungen macht,

**D. II. 454.**

der, leitereigen in G-dur, der Septimenakkord zweiter Gattung daselbst, als welcher er dort zur Oberdominante gehört, in der Eigenschaft als Unterdominante von C-dur ein Scheinakkord ist.

Er hat aber durch diese Erhöhung, die seine grosse Septime nun in eine kleine umgeschaffen hat, sosehr an Biegsamkeit gewonnen, dass man ihn meistentheils nur in dieser Gestalt anwendet:

Der Septimenakkord:

a) Viertletzter Akk.:

*Andantino.*

**455.**

(G. Meyerbeer. „Robert der Teufel“, No. 18. „Gnade für mich! Gnade für Dich!“ Ursprünglich F-dur.)

Dieses Beispiel gewährt dadurch eine interessante Studie, dass man beim Ueberschlag aller zu diesem *e* der Melodie stimmenden Akkorde diesen nicht nur als den einzigen erkennt, welcher nach dem kurz vorhergegangenen scharfen Quintsextakkorde *as-c-es-fis* noch Effekt machen kann, sondern auch als den einzigen, welcher überhaupt vorhanden ist.

b) Drittletzter Akk.:

456.

(F. Mendelssohn-Bartholdy. „Oedipus auf Kolonos." No. 9. „Dies Wort ist
wahrhaft, wahrhaft und heilig!" Ursprünglich D-dur.)

## Der Quintsextakkord:

a) Viertletzter Akk.:

457.

Drittletzter Akk.:

458.

(H. Litolff. Die „Braut vom Kynast". No. 14. „Die Schatten fallen vom Fir-
mament, und künden Allen des Tages End'".)

In diesem Beispiele sind die vorhin erwähnten Quinten wieder sichtbar,
welche in No. 456 durch Umkehrung in Quarten verwandelt waren.

Die zweite und dritte Verwechslung sind von den Tonsetzern noch
nicht eingeführt. Sie würden folgende Akkordumgebungen haben:

## Der Terzquartsextakkord:

a) Vorletzter Akk.:                    b) Drittletzter Akk.:

459.    und:

Der Sekundakkord:

a) **Vorletzter Akk.:**         b) **Drittletzter Akk.:**

**460.** 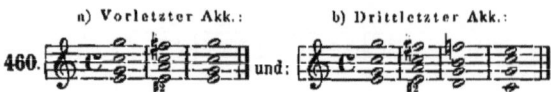 und:

Es gehört viel Vorsicht dazu, diese ganze Umbildung nicht mit dem Septimenakkorde zweiter Gattung in G-dur, hauptsächlich aber mit dem Septimenakkorde dritter Gattung in E-moll, dem ersten vierstimmigen Unterdominantakkorde daselbst, zu vertauschen.

Analog mit No. 389 und 417 steht auch diese Umbildung gern über der im Basse als Orgelpunkt festliegenden Oberdominante:

**461.**

(A. Lortzing. Der Waffenschmied". No. 17. ..Für Dich, für Dich, für Deine Liebe!"¹)

## § 31.

## E.

Die Unterdominante als Sekundakkord mit seinem Septimen-, Quintsext- und Terzquartsextakkorde:

**462.**

Nachdem wir in den vier letzten Paragraphen den Weg bezeichnet haben, auf welchem vermittelst der Umbildungen die Oberdominantakkorde anderer Tonarten (die von G-dur komplett, aber auch zum Theil die von E- und G-moll) in unserm C-dur zu Unterdominantformen werden können, (wir haben gesehen, wie die Tonarten dadurch ineinandergreifen, — ein wichtiger Hebel zur Erlernung von Ausweichungen!) kommt jetzt die Reihe an die leitereigene Oberdominante, um auch an dieser nachzuweisen, unter was für Umständen sie befähigt ist, ebenfalls als Unterdominante einzutreten. Es leuchtet ein, dass dies nur unter eigenthümlichen Verhältnissen und ganz besonders dazu ausgesuchten Kunstformen geschehn kann, — zunächst insofern der Ton $f$ im Basse steht und, obgleich er den Oberdominantdreiklang schon über sich hat, der sich bisher immer erst im nächsten oder zweiten Akkorde einstellte, vermöge der ihm einwohnenden intensiven Kräftigkeit dennoch zur Oberdominante $g$ aufwärtsschreiten kann. Giebt es Ganzschlüsse, in denen dies möglich ist, so wird ein solcher Sekundakkord zur Unterdominante und macht auch den entsprechenden Eindruck. Dies ist, wie wir alsbald sehen werden, im Recitativ der Fall.

Ausser diesem $f$ sind es noch die beiden Töne $a$ und $d$, von welchen wir (in den betreffenden Unterdominantakkorden) gesehn haben, dass sie auf wirklich naturgemässen Wege die Oberdominante erreichen. Das $a$ ist in unserm jetzigen Akkorde nicht vorhanden, (erst im nächsten § stellt es sich wieder ein,) wohl aber das $d$, worauf der Terzquartsextakkord ruht. Dieser wird sich also auch als brauchbar zeigen, besonders da von ihm auf die Oberdominante ein Dominantschritt stattfindet.

Der Sekundakkord:

(J. Haydn. Die „Schöpfung“. No. 12., „Und der Mensch wurde zur lebendigen Seele“.)

Der Sekundakkord ist in allen solchen Recitativschlüssen, die einander zum Vertauschen ähnlich sind, die Unterdominante und macht deren Eindruck. Wäre er Oberdominante, so müsste er sich in den Sextakkord C-dur auflösen, und man würde diese Auflösung erwarten. So aber steht er auf dem drittletzten Platze, und sein Basston geht zur Oberdominante.

Es ist nicht wahrscheinlich, dass die Folgezeit eine Form erfinden sollte, worin es möglich wäre, ihn im festen Tempo und als viertletzten Akkord einzuführen. Die wenigen Versuche, welche damit gemacht sind, wovon folgendes Beispiel eine Probe giebt,

(Alex. Fesca. „Ulrich von Hutten“. No. 5. Ursprüngl. A-dur.)

sind nicht ermuthigend. Er klingt in diesem Gebrauche farblos und durch
Nichts hervorstechend.

### Der (wesentliche) Septimenakkord:

(L. Spohr. „Jessonda". No. 16. „Alle rühmen den Edelmuth des Portugiesenführers, — an ihn will ich mich wenden". Ursprüngl. H-dur.)

Obgleich der Septimenakkord in dieser Weise viel vorkommt, so kann er
doch den Unterdominantakkorden nicht beigezählt werden, da die Oberdominante im Basse jeden Zweifel über seine Eigenschaft sofort beseitigt.
Die Unterdominante ist dann in einem früheren Akkorde zu suchen, wie
hier im Dreiklange D-moll.

### Der Terzquartsextakkord:

Der Quintsextakkord fällt ganz aus; denn er ruht auf dem Leittone *h*, der in den meisten Recitativschlüssen einen Hauptbestandtheil der
Melodie bildet, daher im Basse nicht verdoppelt sein darf.

§ 52.

## F.

Die Unterdominante als Terzquartsextakkord mit seinem Septimen-, Quintsext- und Sekundakkorde.

F. I. 467.

Dieser Akkord giebt anfänglich zu vielen Irrthümern Anlass, weil die drei nächstvorangegangenen Paragraphen bereits mehre Terzquartsextakkorde als Unterdominantformen aufgestellt haben. Keiner von diesen beruhte jedoch auf dem Tone der Unterdominante, — und dies ist grade das leicht zu merkende Erkennungszeichen des jetzigen Akkords, dass er leitereigen über der Unterdominante errichtet und die zweite Verwechslung des Septimenakkords zweiter Gattung (S. § 31) sein muss, der, weil er den Leitton $h$ in Verbindung mit dessen verminderter Quinte $f$ enthält, zur Oberdominante gehört. Man sieht, dass die Auflösung dieses Terzquartsext-, wie des Sekundakkords im vorigen §, dem Prinzipe nach durchaus regelrecht ist, denn hinter Beiden muss unmittelbar die Tonika folgen; das Auffallende ist nur, dass die Dissonanz $f$ im Ganzschlusse so in den Bass gelegt werden darf, dass sie aufwärts in die Oberdominante fortschreiten kann, auf der sich jetzt sogar wieder der Quartsextakkord bildet.

Der Terzquartsextakkord:

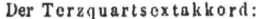

a) Viertletzter Akk.:

Der Septimenakkord dient diesem Zwecke nicht, weil er auf dem Leittone *h* ruht, der keinen Unterdominanteindruck hervorbringt.

Der Quintsextakkord:

a) Viertletzter Akk.:

b) Drittletzter Akk.:

Der Sekundakkord erweis't sich als unbrauchbar, weil die beiden Töne *a* und *h* darin als grosse Sekunde stehn, und nicht, wie es die Deutlichkeit des Akkords verlangt, zu einer kleinen Septime umgekehrt werden können.

Dieser Terzquartsextakkord hat wieder zwei Umbildungen, deren erste, mit der Erhöhung des Unterdominanttons beginnend, nur dann ein brauchbares Gebilde erzeugt, wenn die Sexte zugleich mit erhöht wird. Es entsteht dann folgender Akkord mit seinem Septimen-, Quintsext- und Sekundakkorde,

F. II. 472.

der, leitereigen in *E*, der wesentliche Septimenakkord daselbst, hier zum Scheinakkorde wird. Er ist nun seiner Bedeutung nach ganz derselbe

Akkord aus § 39 geworden. Gleichwie dort der wesentliche Septimenakkord von A-moll, *e-gis-h-d*, mit allen seinen Verwechslungen den
Trugschluss nach F-dur machen konnte, so vermag es dieser nach C-dur.
Hinter dem Terzquartsext- und Sekundakkorde, der eine auf *fis*, der
andere auf *a* ruhend, welche Beide nach *g* gehn müssen, entsteht dann
der Quartsextakkord, durch den der Ganzschluss herbeigezogen wird.

Man sieht auch hier wieder, dass die Uebertragung dieser Akkorde
in alle Tonarten das ganze weite Tonreich als ein organisches Ganzes
erscheinen lässt, dessen einzelne Theile, wie die Glieder einer Kette,
überall ineinandergreifen. Gleichzeitig wird dadurch klar, dass keiner
Tonerscheinung, sie möge lauten wie sie wolle, ihre folgerichtige und
grundvolle Erklärung fehlt.

Der Terzquartsextakkord:

Der Septimenakkord

macht den bündigsten Trugschluss,

und nur uneigentlich ist der (übrigens ziemlich häufige) Gebrauch zu
nennen, wenn er nach *g* hinabspringt, über dem nichtsdestoweniger der
Quartsextakkord steht:

Der Quintsextakkord:

**476.**

Der Sekundakkord:

**477.**

In der zweiten Umbildung wird das *a*, welches sich nach *g* abwärts wenden muss, zu *as* erniedrigt, und dadurch folgender verminderte Septimenakkord mit seinen Verwechslungen hervorgerufen,

**F. III. 478.**

der, leitereigen in C-moll, auf solch künstlichem Wege in das C-dur herübergezogen wird.

Der Terzquartsextakkord:

Adagio.

**479.**

(Weber. Der „Freischütz". No. 12. „Es waltet dort ein heil'ger Wille, nicht blindem Zufall dient die Welt." Ursprüngl. As- und Es-dur.)

Der (verminderte) Septimenakkord bleibt ausgeschlossen, weil er auf dem Leittone ruht.

### Der Quintsextakkord

kann, da er auf dem Tone *d* ruht, sehr wohlklingend die Oberdominante ergreifen:

(F. Halevy. Die „Jüdin". No. 23. „Vom Feuertod' befrei'n kann Dich der Taufe Weihe". Ursprüngl. H- und D-dur.)

### Der Sekundakkord:

(C. M. v. Weber. „Oberon". No. 14. „Doch still, seh' ich nicht Licht dort schimmern, ruhend auf der stillen Nacht?" Ursprüngl. C-moll und D-dur.)

Diese Anwendung der drei letzten Akkorde bietet stets, wenn auch etwas gekünstelte, doch ungemein überraschende Effekte.

Wir haben hier zum letzten Male im Durgeschlechte einen **verminderten Septimenakkord** vor uns, dessen fünf Hauptgebrauchsarten die folgenden sind:

1) Er ist leitereigen in C-moll und löst sich, indem die Septime abwärtsgeht und hinter ihm stets die Verdopplung der (ursprünglichen) Terz stattfindet, analog von 270, 400 und 424 folgendermassen dahin auf:

Dasselbe Beispiel in C-dur wiederholt:

**483.**

2) Sein trugschlussartiger Uebergang, wo sich alle Intervalle nach der Regel auflösen, bis auf die Septime, welche liegenbleibt, führt ihn nach As-dur, dessen **Unterdominante** er zugleich wird, indem man den Septimenakkord dritter Gattung *b-des-f-as* in *h-d-f-as* verwandeln kann. (Der Quintsextakkord *d-f-as-h*, entstanden aus *des-f-as-b*, ist dann in As-dur ganz dieselbe zweite **Umbildung**, wie in C-dur *fis-a-c-dis*, entstanden aus *f-a-c-d*, S. No. 380.)

Dr. Leibrock, Akkordlehre.     12

Der Terzquartsextakkord:

Der (verminderte) Septimenakkord:

Der Quintsextakkord:

Der Sekundakkord:

3) Derselbe Uebergang nach As-dur, wenn dieses durch Hinzufügung der kleinen Septime *ges* bereits Oberdominante von *Des* geworden ist:

4) Er wird zur Unterdominante in F-moll durch Erhöhung zweier Intervalle in dem Septimenakkorde vierter Gattung *b-des-f-as*:

In gleicher Eigenschaft geht er auch mit allen seinen Verwechslungen nach C-dur, der Oberdominante von F-moll, ohne die Absicht, durch dieselbe den Ganzschluss herbeizuzieh'n, vielmehr um darin zu verweilen:

Dieser Fall ist bereits frühe, § 15 bei *e*, vorgesehen; zugleich erhält durch ihn Beisp. No. 483 eine neue Stütze. Auch ist er in diesen ganzen Buche immer gemeint gewesen, wenn wir von dem Herüberzieh'n eines verminderten Septimenakkords in das Durgeschlecht gesprochen haben.

Alle verminderten Septimenakkorde müssen von dem Schüler in dieser Weise übertragen werden, um sich auch in diesem Gebrauche festzusetzen, da derselbe durch unsere normgebenden fünf Hauptverwendungen noch keineswegs erschöpft ist. Sie geben aber demungeachtet den ersten sichern Anhalt.

5) Er wird zur Unterdominante in F-dur, und entsteht aus dem Septimenakkorde dritter Gattung *g-b-d-f* den man durch Erhöhung zweier Töne in *as-h-d-f* verwandelt. Das *as* steht dann für *gis*. (Der verminderte Septimenakkord *h-d-f-as*, entstanden aus *b-d-f-g*, ist dann in F-dur ganz dieselbe dritte Umbildung, wie in C-dur *fis-a-c-es*, entstanden aus *f-a-c-d*. S. No. 403.

Der Terzquartsextakkord:

Der (verminderte) Septimenakkord:

*Larghetto.*

(W. A. Mozart. „Don Juan". No. 24. ., — Deiner Treuen, mein einz'ger Freund!")

Der Quintsextakkord:

*Allegretto.*

(Mozart. „Don Juan“. No. 24. „ — nach der Nacht ein Morgen scheint.“)

Der Sekundakkord:

Unvermerkter Unterdominantwechsel zwischen F- und As-dur:

Würde man einen von den Tönen dieses verminderten Septimenakkords unvermerkt enharmonisch verwechseln, statt *as* z. B. *gis* nehmen, so entstünde der verminderte Septimenakkord *gis-h-d-f* aus § 40, und man könnte plötzlich einen der dort angegebenen Uebergänge eintreten lassen, wodurch der arglose Zuhörer auf eine neue gänzlich unerwartete Bahn geleitet würde. In folgendem Beispiel

*Moderato.*

(C. M. v. Weber. „Oberon“. No. 12. „Ach umsonst, denn für mich erstehst Du nicht!“)

vertauscht der Tondichter, der eben in A-moll verweilte, *gis* mit *as*, und gelangt somit höchst überraschend auf den Quartsextakkord von F-moll u. s. w. u. s. w.

Wer vermögte aber die Wege alle zu bezeichnen, auf welche man vermittelst einiger verminderter Septimenakkorde und deren Verwechslungen gelangen kann? Ihr Wirkungskreis ist schrankenlos, wird auch fast immer vom Erfolge gekrönt, vorausgesetzt dass die dazutretenden Elemente der Melodie und des Rhythmus das Ihrige beitragen, die Fasslichkeit der harmonischen Ueberraschung zu fördern.

## § 53.

### Halbschlüsse des Durgeshlechts mit vorhergehender Unterdominante.

Von den in den vorstehenden sechs Paragraphen erläuterten Unterdominantakkorden stehn nun auch alle diejenigen, welche auf naturgemässem Wege die Oberdominante erreichen können, einschliesslich der Umbildungen, mithin alle, welche auf *f* oder *fis*, *a* oder *as* und auf *d* ruhen, vor dem Halbschlusse. Dies versteht sich insofern von selbst, als der Halbschluss ganz auf dieselbe Weise eingeleitet wird, wie der Ganzschluss, und sich nur dadurch von diesem unterscheidet, dass er vor dem Ziele, d. i. vor der Schlusstonika auf der Oberdominante abbricht und dadurch nur halb gemacht wird. (S. § 12. 3.) Die Aehnlichkeit ist so gross, dass sich auch im Halbschlusse jene bekannten zwei Arten wiederholen: die eine, wo hinter der Unterdominante erst der dissonirende Quartsextakkord, und die andere, wo die Oberdominante sogleich als Dreiklang eintritt, der diesmal durchaus nur Dreiklang sein und nie zum wesentlichen Septimenakkorde werden darf, weil er dem Ohre einen Ruhepunkt gewähren soll. Der viert- und drittletzte Platz, den die Unterdominante im Ganzschlusse einnimmt, wird nun wegen der ausfallenden Schlusstonika in den dritt- und vorletzten verwandelt, aber nicht namhaft gemacht, vielmehr mit Worten umschrieben, um viel leicht entstehende Irrthümer mit dem Ganzschlusse zu vermeiden.

Da die Bildung der Halbschlüsse so überaus einfach ist und sie sich hinter der Unterdominante noch ähnlicher sind als die Ganzschlüsse, so wollen wir bei ihnen nicht länger verweilen, als nöthig ist, um von ihnen eine Anschauung zu geben und einige unserer Unterdominantakkorde (keineswegs alle) darin zu zeigen, das Weitere dem Privatfleisse des Schülers anheimgebend, der an dem Selbstverfertigen so kleiner vier-, sechs- oder achttaktiger Gedanken, worin er die übrigen anbringen kann, viele Freude haben wird.

### Halbschlüsse mit vorhergehender Unterdominante.

Die Unterdominante als Dreiklang, (A. I.) mit dem Quartsextakkorde:

498.

Derselbe ohne den Quartsextakkord:

499.

Dessen Sextakkord, mit dem Quartsextakkorde:

**500.**

Dessen Umbildung, der verminderte Dreiklang. (A. II.) mit dem Quartsextakkorde:

**501.**

Die Unterdominante als Sextakkord, (B. I.) mit dem Quartsextakkorde:

*Marcia.*

**502.**

(„Volksweise". — „Von Lieb' entbrannt und fertig zu der Reise in's Schlacht-
feld sang mit unbewölktem Sinn" u. s. w.)

Derselbe, ohne den Quartsextakkord:

*Andante.*

**503.**

(Mozart. „Don Juan". No. 13. „Jener Bäume düstre Schatten werden mich
vor ihm verbergen" Ursprüngl. F-dur.)

Dessen Dreiklang, mit dem Quartsextakkorde:

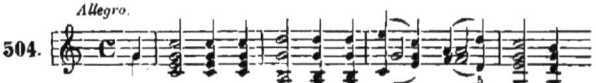

(J. Haydn. Die „Schöpfung“. No. 7. „Die Himmel erzählen die Ehre Gottes“.)

Dessen Umbildung (**B. II.**), mit dem Quartsextakkorde:

(G. Spontini. Die „Vestalin“. No. 6. „Seele der Welt, schaffendes Feuer!“)

Die Unterdominante als Quintsextakkord (**C. I.**) mit dem Quartsextakkorde:

(Spontini. Die „Vestalin“. No. 5. „— kehrt vom Siege bekränzt Rom's Befreier zurück“ u. s. w. Ursprüngl. D-dur.)

Dessen erste Umbildung (**C. II.**) mit dem Quartsextakkorde:

(F. Mendelssohn-Bartholdy. Die „Heimkehr aus der Fremde“. No. 2. „Wie ist ein Fest doch gar zu süss mit allen seinen Sorgen“. Ursprüngl. G-dur.)

Derselbe, ohne den Quartsextakkord:

184

(Mozart. „Don Juan". No. 25. „So bleib' ein Sklave all' Deiner Lüste. warlich der Strafe wirst Du nicht entgehn!" Ursprüngl. B-dur.)

Dessen Septimenakkord, mit dem Quartsextakkorde:

**509.**

(G. Meyerbeer. Die „Hugenotten". No. 19. „Auf, stellt Euch. auf. auf zur Rache!" Ursprüngl. E-dur.)

Dessen Terzquartsextakkord, mit dem Quartsextakkorde:

**510.**

(F. Mendelssohn. „Paulus". No. 13. „Doch der Herr vergisst die Seinen nicht!" Ursprüngl. G-dur.)

Die zweite Umbildung (**C. III.**), mit dem Quartsextakkorde:

**511.**

Die dritte Umbildung (**C. IV.**), mit dem Quartsextakkorde:

**512.**

Der übermässige Quintsextakkord der vierten Umbildung (**C. V.**) mit dem Quartsextakkorde:

**513.**

Die Unterdominante als Septimenakkord (**D. I.**), mit dem Quartsextakkorde:

**514.** *Allegro moderato.*

(F. Mendelssohn. „Paulus". No. 22. „O welch' eine Tiefe des Reichthums, der Weisheit und Erkenntniss Gottes!" Ursprüngl. F-dur.)

Dessen Umbildung (**D. II.**), mit dem Quartsextakkorde:

**515.** *Andante.*

(Mozart. Die „Entführung". No. 1. „Hier soll ich Dich denn sehen, Konstanze, Dich mein Glück!")

Derselbe, ohne den Quartsextakkord:

**516.** *Allegretto.*

(C. M. v. Weber. Der „Freischütz". No. 6. „Lass das Ahnenbild in Ehren". Ursprüngl. A-dur.)

Einige Abweichungen von diesen stereotypen Halbschlussformen sind, wenngleich wissenswerth, doch von geringem Belange; sie betreffen auch nicht die Unterdominante, vielmehr den ihr folgenden Quartsextakkord, und sind in den nächsten sieben Beispielen zusammenzufassen:

Erstens werden Quarte und Sexte häufig, besonders im langsamen Zeitmasse, durch ihre Hilfstöne verziert: (Vergl. § 12. 3.)

**517.** oder:

*Adagio.*

oder:
**518.**

(V. Bellini. „Norma". No. 1. Ursprüngl. G-dur und E-moll.)

Zweitens werden zwischen Quartsextakkord und Schlussdreiklang über der im Basse als Orgelpunkt festliegenden Oberdominante nochmals verschiedene Unterdominantakkorde eingeschoben; und zwar, wenn die Sexte in der Oberstimme liegt, entweder die Umbildung des Septimenakkords **D. II.** Vergl. No. 461:

**519.**

oder die dritte Umbildung des Quintsextakkords **C. IV.** Vergl. No. 417:

**520.**

und wenn die Quarte in der Oberstimme liegt, entweder dieselbe dritte Umbildung des Quintsextakkords **C. IV.** Vergl. No. 417:

**521.**

oder folgender dem Mollgeschlechte entlehnter übermässiger Sextakkord:

**522.**

Drittens vermeidet noch ein anderer Gebrauch den Quartsextakkord
ganz und gar, und setzt an seine Stelle ebenfalls einen dem gleichnamigen
Mollgeschlechte entlehnten Unterdominantakkord:

(C. M. v. Weber. „Oberon". Ouvertüre. Ursprüngl. A-dur.)

An einer frühern Stelle ist bemerkt worden, dass es auch Ganzschlüsse
ohne vorhergehende Unterdominante giebt, wenngleich an Anzahl und
an intensiver Wirkung geringer:

(Mozart. „Don Juan". No. 25. „Lüstern sieht das Glas er blinken".)

Auch hierin gleichen ihnen die Halbschlüsse; sie finden auch ohne vorhergehende Unterdominante statt. In folgendem Beispiele geht der tonische
Dreiklang vorher:

188

(G. Rossini. Der „Barbier“. No. 1. „Sieh' schon die Morgenröthe der Welt entgegen lachen“.)

und im nächsten der tonische Sextakkord:

(Mozart. „Don Juan“. No. 18. „Es schmeckt so lieblich, und hilft so plötzlich“.)

### § 54.

### Vorbereitung auf die Unterdominante des Mollgeschlechts.

Wir lassen jetzt die Unterdominantakkorde des Mollgeschlechts folgen.

Da sich im Mollgeschlechte Alles analog gestaltet, wie wir schon wiederholt zu bemerken veranlasst waren, so müssen auch dem Namen nach die Unterdominantbildungen des Durgeschlechts hier wiederkehren, und wir werden in derselben Reihenfolge die Unterdominante durchnehmen:

1) Als Dreiklang;
2) Als Sextakkord;
3) Als Quintsextakkord;
4) Als Septimenakkord;
5) Als Sekundakkord;
6) Als Terzquartsextakkord.

Vom allgemeinen Standpunkte, indem wir uns ganz auf die Erörterungen des § 46 berufen, welche auch hier giltig sind, ist nur die eine Vorbemerkung nöthig, dass die ersten vier Akkorde, in denen sich über der Unterdominante die kleine Terz befindet (in A-moll von $d$ zu $f$), eine Umbildung mehr haben. Dies kommt daher, dass in der ersten Umbildung, welche hier gleichfalls durch die halbtönige Erhöhung des Basstons bezweckt wird, jedesmal eine verminderte Terz $(dis\text{-}f)$ entsteht. Soll aus derselben das fassliche Verhältniss der kleinen Terz wiederhergestellt werden, so wird die zweite Umbildung nöthig, in der dem erhöhten Bass-

ton zu Gefallen die Terz zugleich mit erhöht wird *(dis-fis)*. (Im Durgeschlechte war dies anders. Dort, wo die leitereigene Terz gross war
*(f-a)*, schuf die Erhöhung des Basstons nur die kleine *(fis-a)*. Dagegen
fallen hier im Mollgeschlechte im zweiten, dritten und sechsten Akkorde
die Erhöhungen der Sexte ganz aus, weil deren Aufgang in die Sexte des
nachfolgenden Quartsextakkords nur eine halbe Tonstufe beträgt (von *h*
nach *c*).

### Die Unterdominante des Mollgeschlechts.

§ 55.

## A.

Die Unterdominante als Dreiklang mit seinem Sextakkorde.

Der Dreiklang:

a) **Viertletzter Akk.:**

(L. v. Beethoven. Musik zu „Egmont". No. 6. Ursprüngl. Es-dur und G-moll.)

b) **Drittletzter Akk.:**

(Mozart. „Don Juan". No. 19. „Ich bin der Rechte nicht, 's ist nur sein Kleid".
Ursprüngl. G-moll.)

**Der Sextakkord:**

a) Viertletzter Akk.:
*Andante.*

530.

(V. Bellini. Die „Nachtwandlerin". No. 13. „Mich verzehren Scham u. Reue u. s. w.)

b) Drittletzter Akk.:
*Andante.*

531.

(Mozart „Don Juan". No. 19. „Nein, nein, nein, nein!" Ursprüngl. G-moll.)

Dieser Sextakkord *f - a - d* ist nicht mit dem des folgenden Paragraphen *d - f - h* zu verwechseln.

### Erste Umbildung:

A. II. 532.

Doppeltverminderter Dreiklang mit seinem (übermässigen) Sextakkorde.

Wir wollen uns hier nur mit dem übermässigen Sextakkorde beschäftigen, weil er von diesen beiden fast nur allein in der vierstimmigen Schreibart vorkommt. Der Dreiklang ist darin so selten, dass er als Unterdominante von A-moll nicht mitzählt. Er wird mehrentheils nur in der Verbindung mit *h* (S. § 57. C. II.) oder mit *c* (S. § 58. D. II.) angetroffen.

Entstehung des übermässigen Sextakkords aus dem grossen Sextakkorde in No. 527:

(Mozart. Die „Zauberflöte". No. 2. „Ich schütz' ihn, ich, ich, ich!" Ursprüngl. G-moll.)

Sein freies Eintreten und zugleich sein Uebergang in den Dreiklang der Oberdominante, ohne Absicht, einen Ganzschluss herbeizuführen, vielmehr um darin zu verweilen:

(Mozart. Die „Zauberflöte". No. 22. Pamina: „Mutter. Mutter, durch Dich leide ich, und dein Fluch verfolget mich!" Genien: „Mädchen, willst Du mit uns gehn?" Ursprüngl. G-moll.)

Seine Stelluug als wirkliche Unterdominante vor Ganzschlüssen:
a) Viertletzter Akk.:

**535.**

(Weber. Der „Freischütz". No. 2. „Furchtbar steigt sie mir empor!")

b) Drittletzter Akk.:

**536.**

(Auber. Die „Stumme". No. 10. Chor: „Du hörest stets der Armuth banges Flehn". Ursprüngl. G-moll.)

Technische Bemerkung: Im übermässigen Sextakkorde, wie im grossen Sextakkorde, dem er entstammt, muss stets die Terz verdoppelt werden. (Die ursprüngliche Quinte, hier *a*.) Jede andere Verdopplung erzeugt Fehler. (Man wolle in den vorstehenden Beispielen auf die immerwährende Verdopplung von *a* achten.)

Zweite Umbildung:

A. III. 537.

Verminderter Dreiklang, welcher, in E-moll und E-dur leitereigen, hier zum Scheinakkorde wird. (§ 16. No. 5.)

Wir wollen ihn hier ebenfalls übergehn, weil er dreistimmig bereits im § 16 dargestellt ist, im vierstimmigen Satze fast ausschliesslich nur in der Verbindung mit *h* (C. III. § 57.) oder mit *c* (D. III. § 58.) vorkommt.

In C-moll lautet der Dreiklang dieses Paragraphen mit seinen beiden Umbildungen:

Erste Umbildung.          Zweite Umbildung.

§ 56.

# B.

Die Unterdominante als Sextakkord mit seinem Dreiklange.

**B. I. 538.**
G

Der Sextakkord:

a) Viertletzter Akk.:
*Andantino.*

**539.**

b) Drittletzter Akk.:
*Moderato.*

**540.**

(C. F. Zelter. Ballade. „Es war ein König in Thule" u. s. w.)

Dieser Sextakkord ist nicht mit dem des vorigen Paragraphen *f-a-d* zu verwechseln.

Der Dreiklang:

a) Viertletzter Akk.:

**541.**

b) Drittletzter Akk.:

**542.**

Er darf nicht mit dem Dreiklange des vorigen Paragraphen *d - f - a* verwechselt werden.

Die erste Umbildung

**B. II. 543.**

wolle man in § 16 nachlesen. Der Akkord ist bei grosser Leere auffallend unklar und zweideutig. Doch wird von ihm der **Quartsextakkord** *f - h - dis* zuweilen in solchen Stellen gefunden:

**544.**

(L. Spohr. „Jessonda". No. 7. „— nahmen meine Grüsse mit". Ursprüngl. H-moll.)

und es entsteht die Frage, ob nicht der nächstvorhergehende übermässige Quintsextakkord *f - a - c - dis* als der eigentliche Unterdominantakkord gemeint, das doppelte *h* aber nur durchgehend zu betrachten sei, bestimmt, die Sexte *c - a* in die Terz *a - c* zu verkehren?

Die zweite Umbildung:

**B. III. 545.**

schafft den Sextakkord H-dur mit seinem Dreiklange, der, leitereigen in E-moll und E-dur, die Oberdominante daselbst, als Unterdominante von A-moll ein Scheinakkord ist.

Der Sextakkord:

a) Viertletzter Akk.:

**546.**

b) Drittletzter Akk.:

547.

Der Dreiklang:

a) Viertletzter Akk.:

548.

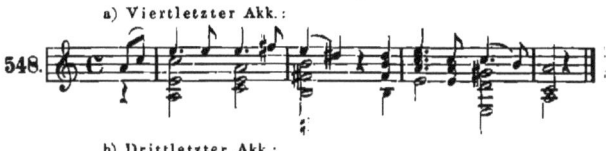

b) Drittletzter Akk.:

Allegro con fuoco.

549.

(Weber. Der „Freischütz". No. 3. „— mich fasst Verzweiflung, foltert Spott!" Urspründl. C-moll )

Die dritte Umbildung,

B. IV. 550.

welche durch Erniedrung der Sexte den Sextakkord B-dur (nebst Dreiklang) schafft, ist eine der merkwürdigsten und wohlklingendsten. Als einer der leiterfremdesten von allen Unterdominantakkorden ist es interessant, ihn, wie folgt, in seiner Abstammung zu beobachten:

551.

Meistentheils tritt er aber des grösseren Effekts wegen frei ein.

13*

Der Sextakkord:

a) Viertletzter Akk.:

*Andante.*

**552.**

(Mozart. „Don Juan“. No. 19. „— sie erquicken meine Brust!“ Ursprüngl. C-moll.)

b) Drittletzter Akk.:

*Allegro con fuoco.*

**553.**

(Weber. Der „Freischütz“. No. 3. „Mich fasst Verzweiflung, foltert Spott!“
Ursprüngl. C-moll.)

Die harte und schroffe Wirkung, welche hinter ihm, als drittletztem
Akkorde, der wesentliche Septimenakkord hervorbringt, wird zum Theil
durch den Querstand zwischen *b* und *h* erregt, der aber, als durch die
Natur dieser Tonfolge bedingt, nicht zu den fehlerhaften gehört. (S. § 20.)

Es ist schon § 16 bemerkt worden, dass er als viertletzter Akkord
einen hohen Grad von Milde, Weichheit, Schmerz und Resignation ausspricht. Da aber die Extreme sich berühren, so kann er, auf der einen
Seite so sentimental, so elegisch, auf der andern Seite auch die ergötz-
lichste Komik entfalten. Dies thut er in Papageno's letzter Scene,
„Zauberflöte“ No. 22, bei den Worten: „Weil mich nichts zurück mehr
hält, lebe wohl, du falsche Welt!“ (Ursprüngl. G-moll.)

*Andante.*

**554.**

eine musikalische Schilderung, die in Beziehung auf liebliche und edle Komik unübertroffen ist.

Der Dreiklang:

In C-moll lautet der Sextakkord dieses Paragraphen mit seinen drei Umbildungen:

Diese zweite Umbildung ist ein und derselbe Akkord mit der Umbildung des Sextakkords im Durgeschlechte, No. 351. **B. II.**

198

# C.

Die Unterdominante als Quintsextakkord mit seinem Septimen-, Terzquartsext- und Sekundakkorde,

C. I. 557.

ist auch hier der erste vierstimmige Unterdominantakkord, aus den beiden Vorigen zusammengesetzt, die er Beide gleichzeitig enthält. (S. § 41.)

Der Quintsextakkord:

a) Viertletzter Akk.:

Allegretto con moto.

558.

pp

(F. Mendelssohn. „Paulus". No. 20. „Denn der Herr hat es gesagt".)

b) Drittletzter Akk.:

Allegretto con moto.

559.

(F. Mendelssohn. „Paulus". No. 20. „Ich danke Dir, Herr, mein Gott, von ganzem Herzen ewiglich".)

Der Septimenakkord:

a) Viertletzter Akk.:

Andante.

560.

p

(Mozart, Die „Zauberflöte". No. 22. „Sie kommt, lasst uns bei Seite gehn; dann eilen wir, ihr beizustehn". Ursprüngl. C-moll.)

**b) Drittletzter Akk.:**

**561.**

## Der Terzquartsextakkord:

**a) Viertletzter Akk.:**

*Allegro moderato.*

**562.**

(F. Mendelssohn. „Paulus". No. 42. „Schone doch Deiner selbst! Das widerfahre Dir nur nicht!")

**b) Drittletzter Akk.**

*Con moto.*

**563.**

(Mendelssohn. „Paulus". No. 36. „Unser Gott ist im Himmel!")

## Der Sekundakkord:

**a) Vorletzter Akk.:**

**564.**

200

b) **Drittletzter Akk.:**

*Andante cantabile.*

565.

(V. Bellini. Die „Nachtwandlerin". No. 13. „Denn meine Liebe erstirbt nur im Grabe".)

An der analogen Stelle im Durgeschlechte (§ 49) ist hinter den sieben Beispielen, welche den dortigen Quintsext-, Septimen-, Terzquartsext- und Sekundakkord darstellten, eine technische Bemerkung eingeschaltet, vor einem der gewöhnlichsten Fehler gegen den reinen vierstimmigen Satz zu warnen, — dieselbe ist auch hier giltig.

Dieser Quintsextakkord des Mollgeschlechts hat drei Umbildungen, eine weniger als der im Durgeschlechte. Dies kommt daher, dass hier die Sexte nicht erhöht und nicht auf zweierlei Weise geschrieben werden kann.

Erste Umbildung, mit Erhöhung des Basstons.

C. H. 566.

Der Quintsextakkord:

a) **Viertletzter Akk.:**

*Allegro.*

567.

b) **Drittletzter Akk.:**

*Allegro.*

568.

(Auber. Die „Stumme“. No. 25. Ursprüngl. D-moll.)

## Der Septimenakkord:

### a) Viertletzter Akk.:

*Moderato.*

**569.**

### b) Drittletzter Akk.:

**570.**

## Der (übermässige) Terzquartsextakkord:

### a) Viertletzter Akk.:

*Agitato.*

**571.**

(J. Weigl. Die „Schweizerfamilie“. No. 4. „— dann wirft sie sich voll Heftigkeit mir schluchzend in den Arm“. Ursprüngl. H-moll.)

b) Drittletzter Akk.:

572.

Der Sekundakkord:

a) Vorletzter Akk.:
Moderato.

573.

b) Drittletzter Akk.:

574.

Die vorstehenden acht Beispiele zeigen, dass von dieser Umbildung der Terzquartsextakkord, in dem die ursprüngliche verminderte Terz zur übermässigen Sexte geworden, der klarste und praktikabelste ist. Er kommt deshalb auch am häufigsten vor. — Besonders liebt man ihn statt des übermässigen Sextakkords $f$-$a$-$dis$ (S. No. 63 und 534), wenn man eines Akkords mit übermässiger Sexte bedarf, um in den Oberdominantdreiklang zu gelangen, nicht um einen Ganzschluss zu machen, sondern in demselben zu verweilen, statt jenes drei- aber einen vierstimmigen Akkord zu nehmen wünscht:

Allegro.

575.

Auf ihn folgt dann zunächst der Quintsextakkord.

Die Brauchbarkeit des Septimen- und Sekundakkords wird von den Tonsetzern in Zweifel gezogen, — wenigstens kann man aus der Scheu, womit sie um ihn weggreifen, so schliessen. Bei dem Septimenakkorde hat dies seinen Grund in der unregelmässigen Zusammenstellung einer grossen Terz, verminderten Quinte und kleinen Septime. H. Litolff benutzt ihn in seinem Liede: „Herz, o Herz, lass ab zu klagen", auf folgende Art:

und erreicht damit eine gelungene Wirkung.

Das nächstfolgende Beispiel versucht, den Quintsext-, Septimen- und Sekundakkord dieser Umbildung in einem musikalischen Gedanken nebeneinanderzustellen:

Es ist nicht zu läugnen: sie klingen fremd und hart. Doch können sie vielleicht, wenn man nicht versäumt, die beiden empfindlichen Intervalle eine übermässige Sexte weit auseinanderzulegen, für den Ausdruck einer Trauer, die sich mit Heftigkeit äussert, verwendbar sein.

Die zweite Umbildung, die neben dem erhöhten Basstone dessen Terz ebenfalls erhöht und dadurch das Verhältniss der kleinen Terz wiederherstellt, schafft folgenden Quintsextakkord nebst seinem Septimen-, Terzquartsext- und Sekundakkorde,

der, leitereigen in E-moll oder E-dur, der wesentliche Septimenakkord daselbst, hier zum Scheinakkorde wird, mit dem sich aber erst die ganze und allseitige Nutzbarkeit dieser Umbildungen entfaltet.

Der Quintsextakkord:

a) Viertletzter Akk.:

(Anber. Die „Sirene". No. 4. Chor: „Der letzten Flasche, die wir haben, sei eine Thräne nachgeweint!" Ursprüngl. C-moll.)

b) Drittletzter Akk.:

(Méhul. „Joseph und seine Brüder". No. 3. „Ach, dieses zerreisst uns das Herz!" Ursprüngl. As-moll.)

Der Septimenakkord:

a) Viertletzter Akk.:

(H. Litolff. Die „Braut vom Kynast". No. 20. „ — durch seinen starren Eigensinn, — weh', wehe mir!" Ursprüngl. F-moll.)

b) Drittletzter Akk.:

(Weber. Der „Freischütz". No. 16. „Kaum will es das Auge wagen, wer das Opfer sei, zu seh'n!" Ursprüngl. C-moll.)

Der Terzquartsextakkord.

a) Viertletzter Akk.:
Andante.

**583.**

(Mozart. Die „Zauberflöte". No. 18. „So wird Ruh' im Tode sein!"
Ursprüngl. G-moll.)

b) Drittletzter Akk.:
Allegretto moderato.

**584.**

(G. Meyerbeer, Die „Hugenotten". No. 24. „Nein, nein, o hör' mein warnend
Wort!" Ursprüngl. F-moll.)

206

Der Sekundakkord:

a) Vorletzter Akk.: (Selten.)

585.

b) Drittletzter Akk.:

*Allegro.*

586.

Den Quintsextakkord von dieser und den Teizquartakkord von der vorigen Umbildung hat Mozart im zweiten Finale seines „Don Juan" folgendermassen gegeneinandergestellt:

587.

Die dritte Umbildung erniedrigt die Sexte um einen Halbton, und es entsteht folgender Quintsextakkord mit seinem Septimen-, Terzquartsext- und Sekundakkorde,

C. IV. 588.

der, leitereigen in F-dur, der Septimenakkord vierter Gattung daselbst, oder in D-moll, wo er der fünfte Septimenakkord ist, mit welchen beiden er bei unterlassener Vorsicht immerwährender Vertauschung ausgesetzt ist, hier zum Scheinakkorde wird.

Dieser Quintsextakkord besitzt, zumal wenn die kleine Sekunde *a-b* dicht nebeneinander steht, eine so schneidende Schärfe, dass sein Gebrauch nur da gerechtfertigt werden kann, wo die stärksten Kunstmittel Noth thun. So wirkt er mit ungeheurer Macht in Beethoven's „Helden-Sinfonie", wo er im zweiten Theile des ersten Satzes jenem kolossalen Durchbruche nach A-moll vorhergeht,

*Allegro con brio.*

589.

(Im Original ist es E-moll; der Quintsextakkord heisst dort *a - c - e - f*,
und der auf ihn folgende wesentliche Nonenakkord *h - dis - fis - a - c*.)
einer Stelle, welcher an Grossartigkeit, Gewaltigkeit der Konzeption wie
der Wirkung (eine einzige geistesverwandte im ersten Satze der neunten
Sinfonie etwa abgerechnet) unsre ganze Musikliteratur keine zweite an die
Seite zu setzen hat. Man kann sich, da man weiss, dass Napoleon's Hel-
dengestalt aus den italienischen Schlachten das Ideal dieser Sinfonie
gewesen, denn sie hiess ursprünglich „Napoleon-Sinfonie", des Gedankens
nicht erwehren, dass Beethoven bei dieser Stelle die französische Revolu-
tion in ihrer entsetzenvollen Verirrung vorgeschwebt habe, die zu
erdrücken es einer harten Napoleonshand bedurfte, und dass er zwar nicht
eine Revolutionsscene zu schildern versucht, in der mit dem Zusammen-
stürzen der Paläste das Geschrei der unter den Trümmern Zermalmten
sich vermischt, wie die Anhänger der descriptiven Musik uns glauben
machen wollen, — wohl aber dass seine Fantasie, von Revolutionsan-
schauungen ergriffen und erfüllt, nicht eher Ruhe gefunden, bis sie im
Erschaffen eines analogen Musikgebildes sich gesättigt, worin (nach dem
Sprachgebrauche) Alles drüber und drunter geht.

Als viertletzter Akkord nimmt man ihn nicht; der dissonirende
Quartsextakkord würde hinter ihm zu unbedeutend klingen. Er kommt
überhaupt in Ganzschlüssen wenig vor; am meisten wird er in der Mitte
musikalischer Phrasen gefunden, wo ihn dann andere gefälligere und
geschmeidigere Akkorde ablösen. So stand er schon einmal in No. 579,

590.

so benutzt ihn auch Mozart im zweiten Finale seines „Don Juan":

591.

592.

Von den übrigen Akkorden dieser Umbildung wird noch der Septimen-akkord gefunden, und zwar immer als drittletzter Akkord:

Der Terzquartsext- und Sekundakkord sind nicht im Gebrauch. Sie würden folgende Akkordumgebungen haben:

Man sieht hier wieder, wie es schon an mehren Stellen unsers Buches zu bemerken war, welch eine grosse Anzahl systematisch begründeter und vollkommen folgerichtiger Akkorde noch des Augenblicks harren, in einer für sie günstigen Form in den allgemeinen Gebrauch eingeführt zu werden.

In C-moll lautet der Quintsextakkord dieses Paragraphen mit seinen drei Umbildungen:

Diese zweite Umbildung ist ein und derselbe Akkord mit der ersten Umbildung des Quintsextakkords im Durgeschlechte, No. 368. **C. II.**

§ 58.

# D.

Die Unterdominante als Septimenakkord mit seinen Verwechslungen.

**D. 1. 596.**

Er ist der Septimenakkord vierter Gattung aus § 42, welcher deshalb nachzulesen ist. Um mehrmaliger Wiederholungen überhoben zu sein, wollen wir jedoch die eine Bemerkung von dort citiren und als Regel diesem Paragraph voranstellen: dass dem Septimen- und Quintsextakkorde auf dem drittletzten Platze die unvermeidlichen Quinten $f$-$c$ und $e$-$h$ folgen, welche dem Ohre nicht verheimlicht werden können. Um sie dem Auge zu entziehn, giebt es die zwei Mittel: sie entweder durch Intervallsprünge zu beseitigen, oder durch Umkehrung der Stimmen zu Quarten zu machen. Diese Regel erstreckt sich natürlich auch auf die beiden Umbildungen dieses Septimenakkords.

## Der Septimenakkord.

a) **Viertletzter Akk.:**

b) **Drittletzter Akk.:**

(Rossini. „Wilhelm Tell“. No. 4. „Tag der Wonne, Maiensonne uns erstrahlt.“)

### Der Quintsextakkord:

**a) Viertletzter Akk.:**

(F. A. Kummer. „Orchesterstück“. Ursprüngl. B-dur und D-moll.)

**b) Drittletzter Akk.:**

Der Terzquartsext- und Sekundakkord kommen nicht vor; als viert-
oder vorletzte gar nicht, und als drittletzte sehr selten. Sie hätten folgende
Akkordumgebungen:

**a) Vorletzter Akk.:**    **b) Drittletzter Akk.:**

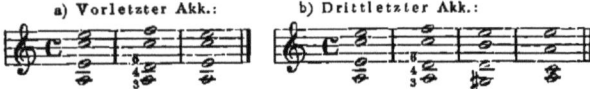

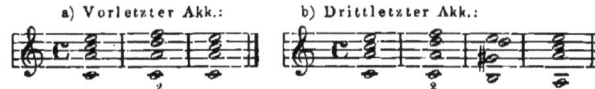

a) Vorletzter Akk.:  b) Drittletzter Akk.:

Sie werden leicht mit den Verwechslungen des Septimenakkords dritter Gattung in C-dur verwechselt.

Durch die erste Umbildung mit Erhöhung des Grundtons entsteht folgender doppeltverminderter Septimenakkord mit seinen Verwechslungen,

D. II. 601.

von dem wieder, wie wir bei allen Akkorden wahrnehmen konnten, in denen die ursprüngliche verminderte Terz zur übermässigen Sexte umgekehrt war, die erste Verwechslung, der übermässige Quintsextakkord, der deutlichste und praktikabelste ist.

Der (doppeltverminderte) Septimenakkord:

a) Viertletzter Akk.:

602.

b) Drittletzter Akk.:

603.

Der (übermässige) Quintsextakkord:

a) Viertletzter Akk.:

Allegro.

604.

(C. Kreutzer. „Das Nachtlager in Granada". No. 6. „Was ihre Brust erfreut, nur meinen Schmerz erneut". Ursprüngl G-moll.)

14 *

b) Drittletzter Akk.:

*Allegro moderato.*

**605.**

(Weber. „Der Freischütz." No. 2. „Wer sich höh'rer Kraft bewusst, trotzt dem Wechsel und Verlust".)

## Der Terzquartsextakkord.

a) Vorletzter Akk. :

**606.**

b) Drittletzter Akk.:

**607.**

## Der Sekundakkord:

a) Vorletzter Akk.:

**608.**

b) Drittletzter Akk.:

**609.**

Diese erste Umbildung unsers Septimenakkords und seiner Verwechslungen macht ausser seiner Darstellung in den obigen acht Beispielen noch eine dreifache Besprechung nöthig, deren erste den hinter dem Septimen- und Quintsextakkorde folgenden Quinten, die zweite derselben Akkorde enharmonischer Schreibart, und die dritte dem abweichenden Gebrauche des Quintsext- und des Terzquartsextakkords gewidmet werden muss.

1) Die hinter dem (doppeltverminderten) Septimen- und hinter dem (übermässigen) Quintsextakkorde, wenn ihnen der Dreiklang der Oberdominante folgt, unvermeidlichen Quinten.

Hierbei fassen wir jedoch vornehmlich nur den übermässigen Quintsextakkord in's Auge, weil sie hinter ihm gar nicht zu verbergen sind, da die Töne $f$ und $c$ darin als Quinte stehn und im folgenden Dreiklange wieder zur Quinte $e$-$h$ werden müssen:

**610.**

wohingegen dieselben Töne im Septimenakkorde, wie Beisp. 603 zeigt, wenn es die Melodie erlaubt, durch Andersstellung zu Quarten, oder die Quinten durch einen Sprung dem Auge entzogen werden können.

Wir haben schon bei Erläuterung des Quintenverbots in § 17 erwähnt, dass die besten Meister hinter dem übermässigen Quintsextakkorde die Quinten ungescheut geschrieben haben:

Allegro.

**611.**

(Mozart. „Don Juan". No. 23 „Ich will fragen: Willst Du mein Gast sein?"
Ursprüngl. E-moll. Der übermässige Quintsextakkord heisst daselbst c-e-g-ais.)

Wer sich vor den Quinten fürchtet, der pflegt einen von den beiden
andern Akkorden mit übermässiger Sexte zu wählen, und zwar, wenn es
ein vierstimmiger sein soll, den übermässigen Terzquartsextakkord aus No. 575,

**612.**

und wenn ein dreistimmiger genügt, den übermässigen Sextakkord
aus No. 532 oder aus No. 63:

**613.**

Ein Beispiel, worin der übermässige Quintsextakkord, um die Quinten zu
vermeiden, im Augenblicke des Uebergangs rasch mit dem übermässigen
Terzquartsextakkorde vertauscht wird, ist folgendes:

**614.**

(L. Spohr. „Jessonda". No. 20. „Ihr zu nahen wage nicht, wer da liebt des
Lebens Licht!" Ursprüngl. C-moll.)

Den ebenso plötzlichen Tausch des übermässigen Quintsextakkords
mit dem (nur dreistimmigen) übermässigen Sextakkorde (und dies
geschieht am häufigsten,) zeigt das nächste Beispiel:

**615.**

(Mozart „Don Juan". No. 25. „Was war, was war der Thörin?" Ursprüngl.
C-moll.)

Das Missverständniss des Verbots und die Scheu vor den Quinten sind bei vielen Tonsetzern so weit gegangen, dass man nicht immer annehmen kann, sie hätten den soeben beschriebenen Akkordwechsel der Mannigfaltigkeit wegen angebracht, vielmehr vermuthen muss, es sei geschehn, um den Quinten auszuweichen. In dieser Beziehung ist es unnütz, denn das Ohr vernimmt sie doch. Das Ohr vernimmt die Quinten, sobald der Zusammenklang des Basstons *(f)*, dessen Quinte *(c)* und übermässige Sexte *(dis)* dagewesen ist und in den Oberdominantdreiklang *(e-gis-h)* übergeht.

In neuerer Zeit ist der Gebrauch aufgekommen, diesen übermässigen Quintsextakkord, anstatt in seine Moll-, in seine Paralleldurtonart übergehn zu lassen,

**616.**

*Andantino.*

(Auber. Die „Stumme" No. 8. „Gott, Gott, was werd' ich entdecken!")

ein Effekt, der, selten und an rechter Stelle angebracht, in hohe Spannung versetzt.

2) Die enharmonische Schreibart dieser Umbildung.

Die verminderte Terz *dis-f* klingt wie die grosse Sekunde *es-f*, und die übermässige Sexte *f-dis* klingt (in der Verbindung mit der grossen Terz und reinen Quinte) wie die kleine Septime *f-es*. Werden nun die Akkorde dieser Umbildung, statt mit *dis*, mit *es* geschrieben, wie sie klingen,

**617.**

so bieten sie dem Auge den Anblick des wesentlichen Septimenakkords von B-dur und seiner Verwechslungen. Beide Schreibarten werden — ähnlich wie bei dem verminderten Septimenakkorde — dazu benutzt, das Ohr des Hörenden in seinen natürlichen Erwartungen irre zu führen, indem man bald einen von diesen Akkorden aus A-moll hervorgehn lässt und die Vermuthung anregt, es sei einer mit *dis*, welcher dahin zurückführen werde, bis die unerwartete Ueberleitung nach B-dur darüber belehrt, dass er mit *es* gemeint gewesen sei, und umgekehrt, indem man ihn aus B-dur hervorgehn lässt, dass *es* aber unvermerkt mit *dis* vertauscht, was man dann an seiner plötzlichen Auflösung nach A-moll gewahr wird. Der auf solche Weise herbeigeführte öftere Wechsel von A-moll und B-dur ist aber durchaus nicht störend, so entfernt sich auch beide Tonarten auf den ersten Anblick zu stehn scheinen, da, wie wir aus § 56. B. VI. wissen, der Dreiklang B-dur mit seinem Sextakkorde Unterdominantakkorde von A-moll sein können, also folgerichtige Ausweichungspunkte darbieten.

Wieder sind es hier die beiden ersten Akkorde, welche diesem Zwecke am fügsamsten dienen; unsre Beispiele sollen sich deshalb auch nur auf sie beschränken.

Wer in diesem Beispiele die Noten nicht sieht, der glaubt im vierten Takte, weil bis dahin nichts als A-moll vorherging, den doppeltverminderten Septimenakkord *dis-f-a-c* zu vernehmen; erst die Folge thut kund, dass es der Sekundakkord *es-f-a-c* gewesen. Nichts destoweniger kann man durch denselben Akkord nach A-moll zurückgelangen:

Etwas Aehnliches zeigt folgende Stelle,

mit dem Unterschiede jedoch, dass man, weil noch gar kein A-moll dawar,
der Akkord vielmehr ganz aus B-dur hervorgeht, im vierten Viertel des
sechsten Taktes den Sekundakkord mit *es* zu hören glaubt, und erst durch
den folgenden Quartsextakkord von A-moll inne wird, es sei der Septimenakkord mit *dis* gewesen.

Noch willführiger ist aber der zweite, der übermässige Quintsext-
oder wesentliche Septimenakkord:

621.

Hier ist für den Spieler allerdings kein Zweifel möglich, weil der Komponist sichtbar *dis* mit *es* vertauscht hat; der Hörer glaubt dagegen
fortwährend *dis* zu vernehmen, bis ihn das folgende B-dur anders belehrt.

Andante.

622.

218

(Mozart. „Don Juan“. No. 25. „Heilige Labung versag' mir nicht“.)

Hier werden Spieler und Hörer in gleichem Grade durch den Quartsextakkord A-moll überrascht.

Diese Mehrdeutigkeit eines und desselben Intervalls macht folgende Gänge möglich, die sich den bei Gelegenheit mehrer verminderter Septimenakkorde angebahnten Täuschungsmitteln würdig anreihen:

Man sieht, dass es auf diese Weise ein Leichtes ist, innerhalb einer Oktave alle Tonarten zu berühren, welche das Gehör auch alle mit Deutlichkeit auffasst, weil sie durch die Unterdominante vorbereitet und durch den dissonirenden Quartsextakkord eingeführt werden.

Das letzte Beispiel nimmt, wenn statt der enharmonischen wesentlichen Septimenakkorde überall der wirkliche übermässige Quintsextakkord geschrieben wird, folgende Gestalt an:

Wir können noch einen Schritt weiter gehn. Dieser selbe doppelt-verminderte Septimenakkord mit seinen Verwechslungen ist uns im Dur-geschlechte, § 49 bei **C. V.** schon einmal begegnet. Der dortige hiess *fis-as-c-es*, und war die vierte Umbildung des Quintsextakkords *f-a-c-d*. Er ist nach Analogie unsers Jetzigen auch in C-moll zu Hause, sogar eigentlich daselbst leitereigen als die erste Umbildung des Septimenakkords *f-as-c-es*, sowie umgekehrt unser Jetziger sich auch in A-dur findet als die vierte Umbildung des Quintsextakkords *d-fis-a-h*. (In C-dur steht enharmonisch *es* statt *dis*; in A-dur steht enharmonisch *c* statt *his*.) Um an der erforderlichen Deutlichkeit nichts fehlen zu lassen, stehn sie hier Beide in ihrem Dur und Moll:

In C-dur.               In C-moll.

Hierdurch erklärt es sich, dass jeder von den Quartsextakkorden in den beiden Beispielen No. 623 und 624 (und dies ist der Weiterschritt) auch der Durtonart angehören kann, mithin so:

625.

u. s. w.

Die statt der überleitenden wesentlichen Septimenakkorde eigentlich gemeinten übermässigen Quintsextakkorde sind in No. 624 nachzulesen.

Die enharmonische Schreibweise des *es* für *dis* ist in der A-Tonart ganz dasselbe, wie *ges* für *fis* in der C-Tonart; s. die Beispiele No. 442 und 443.

Die Erfahrung lehrt, dass die mit dem Gebrauche dieser ganzen Umbildung anfänglich verbundenen Schwierigkeiten bald und leicht überwunden werden, weil die damit möglichen trügerischen Uebergänge in solchem Grade das Interesse des Schülers auf sich ziehn, dass er sich von selbst beeilt, die betreffenden Akkorde durch Uebertragung in andere Tonarten sich zum Ueberblick zu bringen. Der Weg hierzu ist durch die drei Beisp. 623, 624 und 625 bereits geebnet.

Noch ein anderer Gebrauch unserer Umbildung ist folgender;

**626.**

der die Tonart, in welcher wir uns befinden, ob A-moll oder G-dur oder G-moll oder Fis-dur oder Fis-moll u. s. w. bis zu diesem Punkte wenigstens sehr unentschieden lässt. Erst die Folge muss darüber entscheiden. Man versuche aber und lasse den Dreiklang G-dur oder G-moll folgen, oder man mache einen Trugschluss nach E-moll oder nach Es-dur, oder man nehme jetzt den Quartsextakkord Fis-dur oder Fis-moll, oder man vertausche dieses enharmonisch mit Ges-dur oder Ges-moll, oder man nehme jetzt den verminderten Septimenakkord *cis-e-g-b* oder den Quintsextakkord *cis-e-g-ais* u. s. w. u. s. w. — man wird finden, dass sich alle diese Möglichkeiten durchaus folgerichtig anhören und erklären lassen.

3)  Der abweichende Gebrauch dieses Terzquartsextakkords.

Den abweichenden Gebrauch des übermässigen Quintsextakkords zeigt bereits Beisp. No. 616. Die folgende Stelle enthält ihn zweimal in einem Gedanken; das erstemal unregelmässig wie dort, das zweitemal mit regelmässiger Auflösung in seine Tonart:

**627.**

(F. Halevy. Die „Jüdin". No. 19. — „und nun stürz' ich selber Dich hinab!" Urspringl. F-moll. Er heisst daselbst *des-f-as h.*)

Mit ähnlicher Willkür wird vielfältig der Terzquartsextakkord verwendet, um seinerseits gleichfalls einen Quartensprung abwärts zu machen,

**628.**

(F. v. Flotow. Die „Matrosen". Ouvertüre. Ursprüngl. C-moll.)

wodurch er, da er nun den dissonirenden Quartsextakkord herbeizwingt, dem übermässigen Quintsextakkorde ins Handwerk greift.

Wir kommen jetzt zur **zweiten**, **letzten**, und nicht nur zur letzten **Umbildung** unsers gegenwärtigen Septimenakkords, sondern überhaupt zur **letzten Umbildung** in unserm ganzen Buche, denn die beiden noch folgenden Unterdominantakkorde lassen keine mehr zu.

Es wird darin neben dem in der ersten Umbildung bereits erhöhten Grundton dessen Terz, um das Verhältniss der kleinen Terz wiederzugewinnen, ebenfalls erhöht, und dadurch folgender **verminderter Septimenakkord** mit seinen Verwechslungen geschaffen,

**D. III. 629.**

der, leitereigen in E-moll, hier ein Scheinakkord ist.

Er ist derjenige verminderte **Unterdominantseptimenakkord**, der die verminderte Septime leitereigen besitzt, wie der Akkord *gis - h - d - f* in § 40 der verminderte **Oberdominantseptimenakkord** ist, der die verminderte Septime gleichfalls leitereigen hat. An jeder andern Stelle wird sie enharmonisch durch veränderte Orthographie erzeugt, oder ist **keine Stammseptime**, wie z. B. in der zweiten Umbildung des Quintsextakkords im Durgeschlechte, § 49, **C. III.** u. A. m., wo sie nur in einer Verwechslung zur verminderten Septime wird.

Dieser Akkord erklärt ferner das bei mehren Veranlassungen ausgesprochene Wort: es werde der dem Mollgeschlechte zugehörige verminderte Septimenakkord in das Durgeschlecht verpflanzt. Als eine gleich wichtige Wahrnehmung möge dem Schüler nicht entgehn, dass C-dur und A-moll diesen in zwei Intervallen verschärften, und aus ganz denselben Tönen bestehenden Akkord, als eine von ihren Unterdominantformen gemeinschaftlich haben, C-dur und A-moll, diese beiden Paralleltonarten, die sich, mit Ausnahme der drei Akkorde, welche den Ton *gis* enthalten, auf jedem Punkte berühren, durchkreuzen und ergänzen. Das gleiche Verhältniss findet natürlich statt zwischen G-dur und E-moll, D-dur und H-moll, F-dur und D-moll, B-dur und G-moll, Es-dur und C-moll etc. etc.

222

Der (verminderte) Septimenakkord:

a) Viertletzter Akk.:

Adagio.

**630.**

(Mozart, „Don Juan". No. 22. „Verwegner, gönne Ruhe den Entschlaf'nen!")

b) Drittletzter Akk.:

Recit.

**631.**

(Chr. v. Gluck. „Iphigenie in Aulis". No. 15. „Ach, nur Dir zu verzeih'n, dass Du von mir dies glaubtest, muss die Liebe wandellos sein". Ursprüngl. E-moll. Der verminderte Septimenakkord heisst daselbst *ais-cis-e-g.*)

Der Quintsextakkord:

a) Viertletzter Akk.:

Allegro con fuoco.

**632.**

(Weber. Der „Freischütz". No. .4 „Lebt kein Gott?" Ursprüngl. C-moll.)

b) Drittletzter Akk.:

Allegro.

**633.**

(Weber. Der „Freischütz". Ouvertüre. Ursprüngl. C-moll.)

Man wolle auf die ungleichen Quinten *fis-c* und *e-h* achten.

Der Terzquartsextakkord:

a) Vorletzter Akk.:

(Weber, Der „Freischütz". No.16. „Kaum will es das Auge wagen". Ursprüngl. C-moll.)

b) Drittletzter Akk.:

(Auber, Der „Maurer und der Schlosser". No. 6½. Instrumentalstück. Ursprüngl. D-moll.)

Der Sekundakkord:

a) Vorletzter Akk.:

b) Drittletzter Akk.:

Da alle auf dem Umbildungswege gewonnenen verminderten Unter-dominantseptimenakkorde über der im Basse als Orgelpunkt festliegenden Oberdominante stehn können (S. No. 389, 417 und 461), so auch dieser:

(L. Spohr. „Jessonda". No. 7. Ursprüngl. E-moll.)

Wenn mehre Gestaltungen der Unterdominante auf kleinem Raume sich häufen, so pflegt er gemeiniglich den Reihen zu beschliessen, weil er einer der intensiv stärksten Akkorde und bis zu ihm fortwährende Steigerung vorhanden ist:

(J. Haydn. Die „Schöpfung". Chaos. Ursprüngl. C-moll.)

oder:

**640.**

(Mozart. „Don Juan". No. 24. „Bis die Zeit Ruhe giebt, lass still mich weinen!" Ursprüngl. D-moll.)

Höchst gefährlich ist es, von ihm zu einfacheren (nicht erhöhten) Unterdominantformen anders zurückzukehren, es müsste denn umgekehrt der Affekt sich legen oder die Heftigkeit im Ausbruche desselben sich mildern, wie hier:

**641.**

(Rossini. „Wilhelm Tell". No. 11. „O Herz, brich! — Entsetzen! — O Gott! — O Gott! — Ha, Rache!" Ursprüngl. E-moll.)

Mehr als von irgend einem andern, erlaubt man sich von der zweiten Verwechslung dieses verminderten Septimenakkords, von dem Terz-quartsextakkorde auf die Oberdominante hinabzuspringen; ein Effekt, der des Schülers volle Aufmerksamkeit in Anspruch nimmt. Hier steht er als viertletzter Akkord vor dem Ganzschlusse:

**642.**

(Auber. „Der Maurer und der Schlosser", No, 6½. Ursprüngl. D-moll.)

und **hier** dient er als Vermittlung, die Oberdominante zu erreichen, zu welcher er den Leitton *dis* enthält:

643.

Die Erklärung dieser Möglichkeiten ist im § 49, hinter No. 390, versucht. Sie sind in **rein grammatischem Sinne** als **Unkorrektheiten** zu tadeln, denn das *a* darf als (ursprüngliche) verminderte Quinte nicht nach *e* hinabspringen, — können dagegen als **Effektmittel** (im ästhetischen Sinne) ausserordentlich schön werden. Wir sagten soeben, dass sie des Schülers volle Aufmerksamkeit herausfordern. Man vergleiche das letzte Beispiel mit dem nächsten,

644.

in welchem sich das *a* regelmässig nach *gis* abwärts auflöst, das zu dem *fis* der Melodie am natürlichsten passende *dis* genommen, kurz in jeder Beziehung streng schulmässig verfahren ist, — man wird aber finden, dass es keineswegs Dasselbe ist, wie No. 643, und an Effekt weit hinter Jenem zurücksteht.

Dies ist eine von den grössten Schwierigkeiten — um nicht zu sagen: die grösste — in unserer Kunst, weil in diesen und zahllosen ähnlichen Fällen der Gebrauch des Besten und Wirkungsreichsten nur von höheren Intentionen und vom Geschmacke diktirt werden kann und ein schnelles Eingehn in diese innere Nothwendigkeit und deren Billigung bei dem Hörer voraussetzt.

---

Da uns jetzt der **letzte** verminderte Septimenakkord vorliegt (d. h. der letzte in unsern beiden Tonarten C-dur und A-moll, der durch Umbildung geschaffen wird, denn der in § 60 demnächst noch folgende ist leitereigen), so wollen wir noch seine fünf Hauptgebrauchsarten anfügen:

1) Er ist leitereigen in E-moll, und seine Auflösung dahin, indem die (verminderte) Septime abwärtsgeht und im folgenden Akkorde stets die Verdopplung der (ursprünglichen) Terz stattfindet, steht § 49, No. 400.

2) Seinen trugschlussartigen Uebergang nach C-dur, dessen Unterdominante er zugleich wird, indem man den Septimenakkord dritter Gattung *d - f - a - c* in *dis - fis - c - a* verwandelt, behandeln die Beispiele von No. 381 bis 394.

3) Denselben Gang nach C-dur, wenn dieses durch Hinzuthun der kleinen Septime *b* bereits Oberdominante von *F* geworden ist, zeigen die zwei Beispiele No. 395 und 396.

4) Er wird zur **Unterdominante von A-moll**, und dies war soeben Gegenstand unserer Betrachtung in den Beispielen No. 630 bis 637.

5) Er wird zur **Unterdominante von A-dur**, und entsteht aus der dritten Unterdominantform daselbst, aus dem Quintsextakkorde *d - fis - a - h*, dessen dritte Umbildung er dann ist. Das *c* müsste eigentlich *his* heissen.

#### Der (verminderte) Septimenakkord:

(S. auch No. 402.)

#### Der Quintsextakkord:

#### Der Terzquartsextakkord:

#### Der Sekundakkord:

Endlich ist noch ein Gebrauch dieses Akkords zu notiren, welcher den fünf obigen Hauptgebrauchsarten nicht einverleibt werden kann, weil er sehr selten ist und mehr einer Künstelei als einem natürlichen Kunstmittel gleicht, — gleichwohl nicht unerwähnt bleiben darf.

Als verminderter Septimenakkord ist er leitereigen in E-moll. Er wird aber auch — wie alle Dominanten — in das Durgeschlecht verpflanzt, und seine Verwechslungen werden zuweilen als Unterdominanten von E-dur verwerthet, weil sie ohne Zwang dessen Oberdominante *h* erreichen können:

15*

Der Quintsextakkord:

**649.**

Der Terzquartsextakkord:

**650.**

(F. Herold. „Zampa". No. 10. „Ach welcher Schmerz bestürmet dies Herz!")

Der Sekundakkord:

**651.**

(Auber. Die „Falschmünzer". No. 6. „Zum letzten Mal, zum letzten Mal nun vor Dir steht" u. s. w. Ursprüngl. C-dur)

Er umspannt somit theils als Ober-, wie als Unterdominante die Tonarten E-moll, E-dur, A-moll, A-dur und C-dur, welche sowohl durch den allen gemeinschaftlichen Ton *e*, als auch durch ihn innig verwandt werden, weil er auf dem Tone *dis* ruht, der immer zu diesem *e* hinführt.

In C-moll lautet der Septimenakkord dieses Paragraphen mit seinen beiden Umbildungen:

Erste Umbildung.

Zweite Umbildung.

Die erste Umbildung ist ein und derselbe Akkord mit der vierten Umbildung des Quintsextakkords im Durgeschlechte, § 49, No. 433, C. V. und die zweite Umbildung ebenfalls ein und derselbe Akkord mit der dritten Umbildung desselben Quintsextakkords, No. 403, C. IV. *Es* steht dort für *dis*; und weil der Grundton, ob C-dur oder C-moll, in beiden Geschlechtern immer *C* bleibt, so kann es geschehn, dass sie bei beiden verwendet werden.

§ 59.

## E.

Die Unterdominante als Sekundakkord mit seinem Septimen-, Quintsext- und Terzquartsextakkorde.

Da die Sekundakkorde beider Geschlechter ganz gleich lauten, so können wir füglich auf die Bemerkungen des § 51 verweisen, der diesen Akkord in C-dur erörtert, und uns begnügen, vom Sekund- und Terzquartsextakkorde ein Beispiel zu geben.

Der Sekundakkord:

(J. Haydn. Die „Schöpfung". No. 10. „Und die Engel rührten ihre unsterblichen Harfen, und sangen die Wunder des fünften Tags".)

Der Terzquartsoxtakkord:

**654.**

§ 60.

**F.**

Die Unterdominante als Terzquartsextakkord mit seinem Septimen-, Quintsext und Sekundakkorde:

**655.**

Sein· vorzüglichstes Unterscheidungszeichen von den in den letzten drei Paragraphen dagewesenen acht Terzquartsextakkorden ist, wie im Durgeschlechte, sein leitereigener Aufbau über dem Unterdominanttone.

Der Terzquartsextakkord:

a) Viertletzter Akk.:
*Allegro moderato.*

**656.**

(Weber. Der „Freischütz". No. 2. „Nur ein keckes Wagen, nur ein keckes Wagen ist's, was Glück erringt!")

b) Drittletzter Akk.:
**Recit.**

**657.**

(C. Kreutzer. Das „Nachtlager in Granada". No. 10. „Wer glaubte mich
wohl hier in wald'ger Ferne, als Gast der Hirten, weit von Hof und Tross, ganz
nur ein Mensch im wüsten Maurenschloss?" Ursprüngl. Fis-moll.)

Den (verminderten) Septimenakkord müssen wir überschlagen,
weil er, auf dem Leittone *gis* ruhend, die Oberdominante *e* nicht erreichen kann.

### Der Quintsextakkord:

a) Viertletzter Akk.:

b) Drittletzter Akk.:

### Der Sekundakkord:

a) Viertletzter Akk.:

232

b) **Drittletzter Akk.:**

*Molto vivace.*

**661.**

(Weber. Der „Freischütz. Ouvertüre. Urspringl. C-moll.)

Die fünf Hauptgebrauchsarten dieses letzten unsrer verminderten Septimenakkorde sind folgende:

1) Er ist leitereigen in A-moll, und löst sich, indem die Septime abwärtsgeht und in dem Akkorde hinter ihm stets die Verdopplung der (ursprünglichen) Terz stattfindet, folgendermassen dahin auf:

**662.**

Dasselbe Beispiel in A-dur wiederholt, was weiter unten durch die bei der angefügten sechsten Gebrauchsweise vorkommenden Beispiele 680 bis 682 noch deutlicher wird: (S. auch No. 491.)

**663.**

2) Sein trugschlussartiger Uebergang, wo sich alle Intervalle nach der Regel auflösen, bis auf die Septime, welche liegen bleibt, führt ihn nach F-dur, dessen Unterdominante er zugleich wird, indem man den Septimenakkord dritter Gattung *g-b-d-f* in *gis-h-d-f* verwandeln kann. Der Quintsextakkord *h-d-f-gis*, entstanden aus *b-d-f-g*, ist dann in F-dur ganz dieselbe zweite Umbildung, wie in C-dur *fis-a-c-dis*, entstanden aus *f-a-c-d*. S. No. 380.)

Der Terzquartsextakkord:

664.

Der (verminderte) Septimenakkord:

665.

Der Quintsextakkord:

666.

Der Sekundakkord:

667.

3) Denselben Uebergang nach F-dur, wenn dieses durch Hinzuthun der kleinen Septime es bereits Oberdominante von B-dur geworden sein sollte, zeigen die folgenden zwei Beispiele:

668.

**669.**

4) Der Septimenakkord dritter Gattung in F-dur wird in dem parallelen D-moll der Septimenakkord vierter Gattung. Auch hier wird er aus *g-b-d-f* in *gis-h-d-f* verwandelt, und ist dann ganz dieselbe zweite Umbildung, wie *dis-fis-a-c*, entstanden aus *d-f-a-c*, (S. § 58, No. 629, D. III.) in A-moll.

Der Terzquartsextakkord:

**670.**

Der (verminderte) Septimenakkord:

**671.**

Der Quintsextakkord:

**672.**

Der Sekundakkord:

**673.**

5) Er wird zur Unterdominante in D-dur durch Verwandlung des Quintsextakkords *g-h-d-e* in den verminderten Septimenakkord *gis-h-d-f*, welcher dann ganz dieselbe dritte Umbildung ist, wie *fis-a-c-es*, entstanden aus *f-a-c-d*, in C-dur. (S. § 49. No. 403. C. IV.) Das *f* steht dann für *eis*, wie in C-dur es für *dis*.

Der Terzquartsextakkord:

**674.**

Der (verminderte) Septimenakkord:

Der Quintsextakkord:

Der Sekundakkord:

Obgleich es nicht der Zweck dieses Buches ist, melodische Belehrungen darzubieten, so wollen wir doch die gelegentliche Bemerkung nicht zurückhalten, dass die letzten Beispiele von No. 664 an ausser ihrer akkordischen Bedeutung auch dadurch die Aufmerksamkeit des Schülers auf sich zu lenken geeignet sind, dass sie zeigen, wie zuweilen eine geringe Abweichung der Melodie, durch welche das Wesen und der Inhalt derselben durchaus nicht beeinträchtigt wird, hinreicht, die verschiedenen Verwechslungen eines Akkords anbringen zu können, und umgekehrt, wie man sich oft, von dem Wunsche beseelt, einen gewissen Akkord nehmen zu dürfen, durch eine kleine Veränderung der Melodie in die Lage versetzen kann, denselben zu befriedigen. Natürlich gilt dies nur von unwesentlichen Veränderungen, und von Melodieen, welche dieselben zulassen, — nach der Regel muss eine Melodie nach ihrer Erfindung und inneren Gutheissung unantastbar sein und die Begleitung sich ihr fügen.

Da das *f* in unserm Akkorde enharmonisch statt *eis* geschrieben wird, so muss man sich nicht irren lassen, sollte man folgende Stelle auch vielleicht einmal so zu Gesicht bekommen:

Unvermerkter Unterdominantwechsel zwischen D-dur, D-moll und F-dur:

679.

Wenn man es unternimmt, diesen Akkord aus A-moll nach A-dur zu verpflanzen, so ahmt man das § 58 in den Beispielen 649—651 dargestellte Verfahren nach. Wie dort der verminderte Septimenakkord *dis-fis-a-c* aus E-moll
nach E-dur übertragen wurde, so können auch von diesem, der ja auch von
einem solchen (*gis-h-d-f*) abstammt, diejenigen Verwechslungen, welche sich dazu
eignen, d. h. welche zwanglos die Oberdominante zu gewinnen vermögen, nämlich
der Terzquartsext-, Quintsext- und Sekundakkord, als Unterdominanten von
A-dur gebraucht werden:

Der Terzquartsextakkord:

*Adagio.*

680.

(Weber. Der „Freischütz". No. 12. „Es waltet dort ein heil'ger Wille" u. s. w.
Ursprüngl. As- und Es-dur.)

Der Quintsextakkord:

*Andante.*

681.

*Andante.*

Der Sekundakkord:

**682.**

Die Tonarten, welche er theils als Ober-, theils als Unterdominante umspannt, sind A-moll, A-dur, D-moll, D-dur und F-dur. Sie alle sind durch den gemeinschaftlichen Ton *a* nahe verwandt, und er enthält den Leitton *gis*, der immer zu diesem *a* hinführen muss.

Der erste leitereigene verminderte Septimenakkord, welchen man im Akkordsysteme kennen lernt, ist *gis-h-d-f*. (S. § 40.) Der Zufall will, dass er auch der letzte ist. Im Durgeschlechte schliesst die Reihe der Unterdominanten ebenfalls mit einem verminderten Septimenakkorde ab; (*h-d-f-as*, § 52. **F. III.**) dort wurde er aber durch eine Umbildung gewonnen, weil es im Durgeschlechte keinen leitereigenen verminderten Septimenakkord giebt.

### § 61.

### Halbschlüsse des Mollgeschlechts mit vorhergehender Unterdominante.

Dem im Durgeschlechte eingeschlagenen Wege (§ 53) folgend, zeigen wir jetzt zunächst einige von den in den letzten sechs Paragraphen entwickelten Unterdominantakkorden des Mollgeschlechts vor dem Halbschlusse. Wiederum sind es vorzugsweise diejenigen, welche auf naturgemässem Wege die Oberdominante zu erreichen vermögen, mithin alle, welche auf *d* oder *dis*, *f* oder *fis* oder auf *h* ruhen.

Die Unterdominante als Dreiklang: (A. I. No. 527.)

*Allegretto.*

**683.**

Dessen Sextakkord:

*Andante.*

**684.**

(Mozart. „Don Juan". No. 25. „Nun, Don Juan, Du hast gebeten; ich versprach es, und bin erschienen". Ursprüngl. D-moll.)

Dessen erste Umbildung, (A. II. No. 532.) der übermässige Sextakkord:

685.

Dessen zweite Umbildung, (A. III. No. 537.) der verminderte Dreiklang:

*Presto.*

686.

(G. Spontini. Die „Vestalin". Ouvertüre. Ursprüngl. D-moll.)

Die Unterdominante als Sextakkord. (B. I. No. 538.)

*Andante.*

687.

(Mozart. Die „Zauberflöte". No. 5. „Zum Leiden bin ich auserkoren, denn meine Tochter fehlet mir!" Ursprüngl. G-moll.)

Dessen zweite Umbildung: (B. III. No. 545.)

688.

Dessen dritte Umbildung: (D. IV. No. 550.)

689.

(G. Rossini. „Othello". No. 13. „Im Schatten einer Weide sass einst im tiefsten
Leide Isaur', aus deren Blicken der Liebe Wahnsinn sprach". Ursprüngl. G-moll.)

Die Unterdominante als Quintsextakkord: (C. I. No. 557.)

690.

Dessen Terzquartsextakkord:

**691.**

(H. Berlioz. Ouvertüre zu König Lear".)

oder:

**692.**

(Weber. Der „Freischütz". No. 16.)

Dieser Terzquartsextakkord ist der bei No. 523 aus dem Moll- in das Durgeschlecht übertragene.

Dessen erste Umbildung, (C. II. No. 566.) der übermässige Terzquartsextakkord:

**693.**

(Mozart. „G-moll-Sinfonie".) Ursprüngl. G-moll.)

Dessen zweite Umbildung: (C. III. No. 578.)

**694.**

Dessen Terzquartsextakkord:

Die Unterdominante als Septimenakkord: (D. I. No. 596.)

Dessen erste Umbildung (D. II. No. 601.) der übermässige Quintsextakkord:

(Mozart. „Don Juan“. No. 19. „Schändlicher Bösewicht! Seht ihr ihn beben?“
Ursprüngl. C-moll.)

Dessen zweite Umbildung. (D. III. No. 629.) der verminderte Septimenakkord:

698.

242

(Mozart. „Don Juan". No. 19. „Himmel! Leporello? Ein neu Verbrechen!"
Ursprüngl. B-moll und C-moll.)

Diese sechzehn Beispiele wären leicht um die doppelte Anzahl zu vermehren. Sie werden aber genügen, den vorgesetzten Zweck dieses Paragraphen zu erreichen.

Als eine höchst auffallende Erscheinung muss es bezeichnet werden, dass man in beiden Geschlechtern die Unterdominante als Dreiklang vor dem Halbschlusse (S. No. 498 und 683), so ungezwungen, so selbstverständlich sich derselbe auch darbietet, nie findet, sondern statt seiner immer den Sextakkord; in C-dur also nie den Dreiklang *f-a-c*, sondern stets den Sextakkord *f-a-d*; und in A-moll nie den Dreiklang *d-f-a*, sondern stets den Sextakkord *d-f-h*. Man wolle zur Prüfung dieses Unterschiedes Beisp. No. 498 mit dem folgenden vergleichen,

*Allegretto.*

**699.**

und No. 683 mit dem nächsten:

*Allegretto.*

**700.**

Der Grund ist § 48, bei den Beispielen 346 und 347, angegeben. Der Sextakkord auf der Unterdominante ist intensiv, einen Grad stärker, als der Dreiklang, und man findet, dass er darum dem Halbschlusse grössere Fülle und Kraft verleiht.

### § 62.

**Gang der Unterdominante des Mollgeschlechts in die Oberdominante, ohne Absicht, einen Schluss zu machen.**

Alle Unterdominantakkorde des Mollgeschlechts gehen auch nach dem Dreiklange der Oberdominante, ohne Absicht, einen Schluss zu machen, weder einen Ganz- noch Halbschluss, vielmehr um darin zu halten oder zu verweilen.

Dieser Gegenstand, auf den bereits früh (§ 16, 8,) die Aufmerksamkeit gelenkt ist, verdient mit vieler Aufmerksamkeit beobachtet zu werden,
um keine Verwirrung zu veranlassen, besonders in den Fällen, wenn ein
Tonstück — oder auch nur eine Periode — aus Dur geht und in rascher
Modulation beide Dominanten der parallelen Molltonart, Letztere selbst
aber nicht mit, berührt. Um dies durch ein Beispiel zu verdeutlichen:
Unter vielen andern Akkorden ist auch der Sextakkord D-moll *(f-a-d)*
sowohl in C-dur als in A-moll gleichberechtigter, folgerichtiger Unterdominantakkord, hinter dem mit gleichem Wohlklange die Oberdominanten
beider Tonarten genommen werden können, mithin ebensowohl die Quartsextakkorde *g-c-e* als *e-a-c*, oder was gegenwärtig unser Hauptaugenmerk
ist, ebensowohl die Dreiklänge *g-h-d* als *e-gis-h*. Mit dieser Kenntniss
ist es leicht, beide Tonarten durch den Sextakkord *f-a-d* dergestalt zu
vertauschen, dass man ihn von C-dur aus ergreift und mit Uebergehung
von A-moll unmittelbar dessen Oberdominante E-dur anschlägt, und umgekehrt, dass man ihn von A-moll aus ergreift und durch unerwartetes
Eintreten der Oberdominante von C-dur das Gehör irreleitet. Die Akkordfolgen der nächsten Beispiele werden dadurch deutlich.

**701.**

Hier ist der erste Sextakkord D-moll die Unterdominante von A-moll,
obgleich er von C-dur aus ergriffen und A-moll noch nicht dagewesen ist;
der zweite ist Unterdominante von C-dur, obgleich er von A-moll aus
ergriffen und das nur im Anfange einmal flüchtig erklungene C-dur bereits
dem Gedächtnisse entschwunden ist. Das folgende Sätzchen enthält das
direkte Gegentheil:

**702.**

Die Akkordverbindung der nächsten Choralzeile „Allmächt'ger Vater, Gott
der Huld" u. s. w. wird ebenfalls dadurch erklärt:

**703.**

Noch überraschender im Vergleich mit den letzten drei Beispielen ist
dieser Uebergang im folgenden Citat aus Spohr's „Jessonda", No. 18.
„Freundschaft heilt des Unglücks Wunden, Lieb' verkläret selbst den
Schmerz",

16 *

wo der (dissonirende) Quartsextakkord von C-dur im zweiten Viertel des dritten Taktes den Ganzschluss in dieser Tonart, dagegen den Sextakkord D-moll und folgenden Dreiklang E-dur gar nicht erwarten lässt. — Im Original ist es As-dur und lautet so:

Es folgen nun einige von den Unterdominantakkorden des Mollgeschlechts mit ihrem Uebergange in den Dreiklang der Oberdominante, um darin zu verweilen.

Die Unterdominante als Dreiklang:

Choral: „O Gott, Du frommer Gott" u. s. w.

Dessen Sextakkord:

Choral: „Auf meinen lieben Gott" u. s. w.

In diesem Sextakkorde muss stets die Terz *(a)* verdoppelt sein.

Der übermässige Sextakkord:

Choral: „Aus diesem tiefen Grunde" u. s. w.

Im übermässigen Sextakkorde muss ebenfalls immer die Terz *(a)* verdoppelt sein.

Die Unterdominante als Sextakkord:

Choral: „Du o schnödes Weltgebäude" u. s. w.

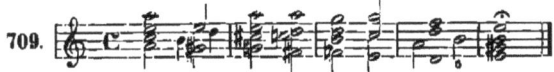

Dieser Sextakkord *d-f-h* muss nicht mit dem Sextakkorde *f-a-d* in No. 707 verwechselt werden.

Dessen Dreiklang:

Choral: „Du o schnödes Weltgebäude" u. s. w.

Dieser Dreiklang *h-d-f* muss nicht mit dem Dreiklange *d-f-a* in No. 706 verwechselt werden.

Die Unterdominante als Quintsextakkord:

Choral: „O Traurigkeit, o Herzeleid!" u. s. w.

Dessen Septimenakkord:

Choral: „An Wasserflüssen Babylon“ u. s. w.

**712.**

Dessen Terzquartsextakkord:

Choral: „Herzlich thut mich verlangen“ u. s. w.

**713.**

Der übermässige Terzquartsextakkord:

Choral: „Wer nur den lieben Gott lässt walten“ u. s. w.

**714.**

Der Quintsextakkord der zweiten Umbildung:

Choral: „Ich hab' mein' Sach' Gott heimgestellt“ u. s. w.

**715.**

Dessen Septimenakkord:

Choral: „Warum soll ich mich denn grämen“ u. s. w.

**716.**

Dessen Terzquartsextakkord:

Choral: „Ich hab' mein' Sach' Gott heimgestellt“ u. s. w.

**717.**

Die Unterdominante als Septimenakkord:

Choral: „Ich ruf' zu Dir, Herr Jesu Christ" u. s. w.

**718.**

Dessen Quintsextakkord: (mit den Quinten *f - c* und *e - h*:)

Choral: „Nun sich der Tag geendet hat" n. s. w.

**719.**

Wer die Quinten fürchtet, der wählt an der Stelle dieses Quintsextakkords lieber den Terzquartsextakkord aus No. 713 oder den Sextakkord aus No. 707. Uebrigens ist er nicht mit dem Quintsextakkorde *d - f - a - h* in No. 711 zu verwechseln.

Der verminderte Septimenakkord der ersten Umbildung, (doppeltverminderter Septimenakkord):

Choral: „Du, o schnödes Weltgebäude" u. s. w.

**720.**

Der übermässige Quintsextakkord, mit den (unvermeidlichen) Quinten *f - c* und *e - h*:

Choral: „Wend' ab Dein'n Zorn" u. s. w.

**721.**

Wer die Quinten scheut, der nimmt statt dieses übermässigen Quintsextakkords den übermässigen Terzquartsextakkord aus No. 714 oder (was die Meisten thun) den übermässigen Sextakkord aus No. 708.

Der verminderte Septimenakkord der zweiten Umbildung:

Choral: „Allein auf Gott setz' Dein Vertraun" u. s. w.

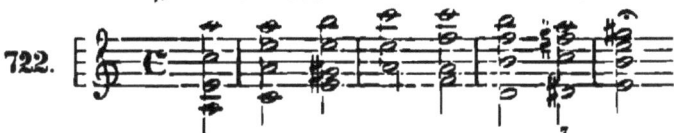

**722.**

Diese Lage des verminderten Septimenakkords muss von dem Schüler deswegen mit besonders scharfem Auge beobachtet werden, weil hinter ihr in dem Oberdominantdreiklange die Verdopplung der Terz *(gis)* nicht nöthig ist.

Dessen Terzquartsextakkord, mit seinem Sprunge auf die Oberdominante: (S. No. 643.)

Choral: „Christus, der uns selig macht" u. s. w.

**723.**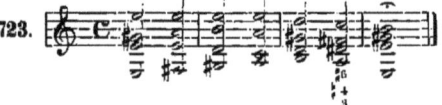

Diese Uebergänge führen in den Kirchentonarten die Namen von Schlüssen, weil man einen Halt auch wohl einen Schluss nennt, manche in den Kirchentonarten geschriebene Tonstücke, die keinen Ganzschluss zulassen, manche Choräle z. B. auch in der That so geschlossen werden müssen. Die Namen sind dann den Tonarten entlehnt, worin sie zur Anwendung kommen: phrygischer, äolischer, plagalischer u. s. w. Schluss. Der Schüler, welcher die Kirchentonarten studirt, lernt sie da kennen.

Der Reichthum von Akkorden, welche — ähnlich und doch immer anders — zu einem und demselben Ziele führen, flösst Erstaunen ein.

Wir haben es nicht für nothwendig erachtet, das in diesem Paragraphen zur Sprache gebrachte Verfahren auch im Durgeschlechte zu zeigen, weil dort, wo sich Alles in Dur bewegt, die grosse Terz der Oberdominante überdies in der Vorzeichnung mitbegriffen ist, der Uebergang der betreffenden Unterdominantakkorde in den Dreiklang der Oberdominante zu natürlich, zu selbstverständlich ist, als dass irgend ein Zweifel darüber aufkommen könnte. Hier im Mollgeschlechte war es dagegen der Eigenthümlichkeit der Aufeinanderfolge weicher und harter Dreiklänge, der drei Akkorde mit übermässiger Sexte, und des Unterschieds zwischen dem Dreiklange auf der Quinte (mit kleiner Terz) und dem Dreiklange auf der Oberdominante (mit grosser Terz) wegen, unumgänglich.

## § 63.

### Vermischung der Unterdominanten beider Geschlechter.

So gross nun auch die Anzahl der Unterdominantakkorde ist, und so willfährig sie sich in ihrer erstaunlichen Mannigfaltigkeit jedem nur irgend zu wünschenden Ausdrucke neigen, so sucht man sie dennoch auf künstlichem Wege dadurch zu vermehren, ja zu verdoppeln, dass man die dem Durgeschlecht eigene Unterdominante in das Moll-, und die dem Mollgeschlecht zugehörige in das Durgeschlecht herüberzieht.

Hierdurch wird den musikalischen Gedanken ein höchst eigenthümliches, fremdartiges Gepräge aufgedrückt. Die Willkür, welche darin zu liegen scheint, wird theils durch einige Unterdominantakkorde, welche beiden Geschlechtern gleichberechtigt angehören, selbst herbeigeführt, theils dadurch entschuldigt, dass die Tonkunst hierin Nichts vor den übrigen Künsten voraus hat, in denen wir ganz dieselbe Vermischung, sowohl der verschiedenen Stylarten im Grossen als der einzelnen Kunstmittel im Besondern, antreffen. Man denke nur in der Dichtkunst z. B. an die Vermischung des Lyrischen mit dem Dramatischen und der durch Beides bedingten Ausdrucksweisen; an die Vermischung des Komischen mit dem Erhabenen, wodurch eine ganze eigene Gattung — das Humoristische — entsteht; — oder in der Baukunst an die Einmischung fremdartiger Schnörkel in einen gewissen Styl u. s. w., u. s. w.

Sicher hätten wir in unserer Kunst ohne diese Vermischung, sofern sie die Unterdominante betrifft, manchen überraschenden, auch wohl manchen schönen Effekt weniger, — manche Stelle hingegen und mit ihr manches Tonstück würde an Natürlichkeit und Einheit der Tonart bedeutend gewinnen.

Um diese Vermischung rechten Orts zu motiviren, müssen wir zuvörderst eingedenk sein, dass sie eigentlich eine Abweichung von dem natürlichen, den Tönen innewohnenden Gesetze ist, demzufolge die beiden Dreiklänge der Tonika und der Unterdominante in beiden Geschlechtern gleiche Terzen haben, während die der Oberdominante immer gross ist. In C-dur sind die Dreiklänge C und F hart,

in A-moll sind die Dreiklänge A und D weich:

Es ist gleich, ob wir statt des Dreiklangs auf der Unterdominante den Sext-, Quintsextakkord u. s. w. wählen, — die Terzen sind immer dieselben.

Wenn nun die Terzen beider Unterdominanten, wie folgt, verändert werden,

so sehn wir durch den Dreiklang F-moll innerhalb der Tonart C-dur und durch den Dreiklang D-dur innerhalb der Tonart A-moll ein Missverhältniss herbeigeführt, dessen Ausgleichung angestrebt werden muss, um den Vortheil daraus zu ziehen, den sie möglicherweise bieten können.

Der erste |Fall — die Moll-Unterdominante im Durgeschlechte — ist, obwohl in hohem Grade befremdend, dem Gehör nicht missfällig. Wir werden ihn im § 65 zu motiviren versuchen, und die Ausbeute, die er verspricht, daselbst sammeln.

Der zweite Fall — die Dur-Dominante im Mollgeschlechte — verheisst keinen grossen Gewinn; in der That ist er auch unsern Tonverhältnissen, wie sie im Laufe der Zeiten herausgebildet sind und sich unser Ohr an sie gewöhnt hat, widerstrebend. Doch wollen wir mit Aufzeichnung dessen, was davon benutzt wird, beginnen.

### § 64.

### Dur-Unterdominante im Mollgeschlechte.

Dieser Gegenstand hat uns (unter anderem Namen) im § 19 schon einmal beschäftigt.

Die Dur-Unterdominante hat die grosse Terz, und dies Intervall, in das gleichnamige Moll verpflanzt, wird die sechste Tonstufe, welche beim Aufwärtsgehn der Scala aus Rücksicht für die nachfolgende siebente um einen halben Ton erhöht wird. (In A-moll also *fis*.) In den Umbildungen ist dieses *fis* das zweite der zur Erhöhung gekommenen Intervalle; die Erhöhung des *d* zu *dis* muss erst vorangegangen sein, oder sie muss wenigstens zu gleicher Zeit erfolgen. Dies ist der Grund, weshalb es nicht angeht, zu jenem *fis*, wenn es mit einem Unterdominantakkorde versehen werden soll, das leitereigene *d* zu nehmen; und es würde daher ein vergebliches Bemühen sein, die folgende Choralzeile, wo das zweite Tetrachord der Molltonleiter in der Oberstimme steht, so wie bei a) harmonisiren zu wollen:

vielmehr muss man nicht versäumen, zu dem *fis* gleich das *dis* zu nehmen, wie es bei b) geschehen ist.

Besser vertragen sich schon die Töne *d* und *fis* miteinander, (d. h. in diesem Sinne,) wenn sie umgekehrt stehn und sich das Tetrachord in der Mittelstimme befindet:

(Mozart. „Zauberflöte“. No. 26. „Sie kommt, lasst uns bei Seite gehn“.<br>Ursprüngl. C-moll. — S. § 19. No. 116.)

Den gefälligsten Eindruck gewähren die Töne dem Ohre, wenn das Tetrachord im Basse steht,

Choral: „Herr Jesus Christ, mein Lebenslicht“ u. s. w.

weil hier die Bestimmtheit des Ganges an Deutlichkeit nichts zu wünschen übrig lässt.

Der Ton *fis* hat — wenn er jenem Tetrachorde nicht zugehört — in A-moll gar keine Berechtigung. Man hat sich darum nicht zu wundern, wenn sein Effekt hinter der Erwartung zurückbleibt. Dass es dennoch ab und zu vorkommt, zeigt folgender Fall:

(F. Herold. „Zampa“. No. 10½. Ursprüngl. G-moll.)

In den zweiten Umbildungen, wo neben dem *fis* gleichzeitig das *dis* zu wirken hat, kann man nicht mit *fis* anfangen; es muss — wie schon oben bemerkt — das *dis* schon vorangegangen sein, oder doch zu gleicher Zeit mit dem *fis* einsetzen. Folgender Satz würde also fehlerhaft sein,

*Allegro moderato.*

**732.**

fehlerhaft deshalb, weil durch den D-dur-Dreiklang das Ohr auf eine falsche Bahn gelenkt und von der richtigen Tonart abgezogen wird. So ist er aber richtig:

**733.**

## § 65.

### Moll-Unterdominante im Durgeschlechte.

Der Gewinn der Unterdominantenvertauschung im vorigen Paragraphen war nicht sehr beträchtlich, — desto ergiebiger wird sich uns jetzt die umgekehrte Seite dieses Verfahrens erweisen.

Es kann der Gebrauch, die dem Mollgeschlecht eigentlich zugehörige Unterdominante in das Durgeschlecht zu verpflanzen, auf ächt künstlerischen, poesievollen Grund gestützt, ungemein schöne Wirkungen hervorbringen, — doch gleichen sie einem Räthsel, dessen Lösung uns zur Zeit noch nicht gegeben ist. Ob vielleicht die Wissenschaft der Akustik den Schlüssel dazu besitzt und uns die gewünschten Aufschlüsse geben kann, sobald sie einmal ihre Forschungen auf diesen Gegenstand ausgedehnt haben wird? Wer vermag das vorherzubestimmen? So lange es nicht geschehen, ist wenigstens jede Behauptung darüber zu gewagt, und es muss uns genügen, die Erklärung dieses Kunstobjekts vom allgemeinen psychologischen Standpunkte zu versuchen. Wenn nämlich, was unläugbare Wahrheit einschliesst, das Durgeschlecht Aussprache männlicher Festigkeit, aber auch des Frohsinns und der Heiterkeit ist, das Mollgeschlecht hingegen in Trauer und Schwermuth klagt, so vermag ein leiser auf die Freude eindringender Wehmuthshauch (Moll-Unterdominante im Durgeschlechte)

*Andante.*

**734.**

die Freude allerdings zu trüben, aber auch zu veredeln; jedenfalls wird der Kontrast nicht leicht so unschön wirken, als die Möglichkeit nahe liegt, wenn im umgekehrten Falle die Stimmung der Trauer durch plötzlichen, unzeitigen Frohsinn verletzt wird (Dur-Unterdominante im Mollgeschlechte.)

Andante.

735.

Bei Aufzählung der einzelnen in das Durgeschlecht herübergezogenen Moll-Unterdominantakkorde, die uns überzeugen wird, dass ihm keiner den Dienst versagt, gerathen wir in das Dilemma, welche Durtonart wir wählen sollen, ob C-dur oder ob A-dur? Zwar ist im ganzen Buche C unsre Normaldurtonart gewesen, aber die Unterdominantakkorde des Mollgeschlechts haben wir in A-moll entwickelt, sie sind daher dem Leser in dieser Tonart am geläufigsten geworden. Doch halten wir dafür, dass es besser ist, C-dur beizubehalten, theils weil wir damit von Anfang bis zu Ende einer und derselben Durtonart treu bleiben, theils weil es keine Schwierigkeit bietet, sogar instruktiv ist, die Unterdominantakkorde aus A-moll in C-moll zu übertragen, zu welchem Behuf sie auch am Ende jedes Paragraphen angefügt worden sind.

Die Unterdominante als Dreiklang mit seinem Sextakkorde.

A. I. 736.

Der Dreiklang.

a) Viertletzter Akk.:

Allegro.

737.

(Auber. Die „Stumme". No. 1. — „büss' ich die That zu schwer!")

b) Drittletzter Akk.:

b) Drittletzter Akk.:

Allegro.

738.

(Mozart „Don Juan", No. 13. „Bebe, schwarzer Missethäter!")

Der Sextakkord:

a) Viertletzter Akk.:

Allegretto.

739.

(Auber. Die „Stumme". No. 10. — „der Fürst des Meer's entgeht Dir nicht!" Ursprüngl. G-dur.)

b) Drittletzter Akk.

Allegro assai.

740.

Erste Umbildung:

A. II. 741.

Der (doppeltverminderte) Dreiklang:

742.

Der (übermässige) Sextakkord:

a) Viertletzter Akk.:

743.

(J. Haydn. Die „Schöpfung". No. 4. — „der Berge Gipfel steigt empor".
Ursprüngl. F-dur.)

b) Drittletzter Akk.:

744.

Zweite Umbildung:

A. III. 745.

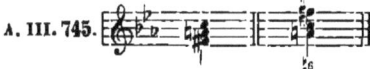

Sie gehört beiden Geschlechtern au. Im Durgeschlechte ist sie
des Unterdominant-Dreiklangs einzige Umbildung, und steht § 47.
No. 333, **A. II.** Beispiele 334 bis 337.

Die Unterdominante als Sextakkord mit seinem Dreiklange.

Der Sextakkord:

a) Viertletzter Akk.:

(Auber. Die „Stumme", No. 10, Ursprüngl. G-dur.)

b) Drittletzter Akk.

Der Dreiklang:

a) Viertletzter Akk.

749.

(Auber. Die „Falschmünzer“. No. 6. „In. glaube mir, die Liebesfädchen sind
in der Ferne stets stark und neu“. Ursprüngl. Des- und As-dur.)

b) Drittletzter Akk.

750.

Erste Umbildung:

B. II. 751.

Sie ist wenig praktikabel (S. § 56, No. 543.) und kommt meistens in der
Verbindung mit *c* vor, wo sie dann des Unterdominant-Quintsextakkords
erste Umbildung wird.

Zweite Umbildung:

B. III. 752.

Sie gehört beiden Geschlechtern an. Im Durgeschlechte ist sie des Unterdominant-Sextakkords einzige Umbildung, und steht § 43, No. 351, **II. II**. Beispiele 352 bis 355.

**Dritte Umbildung:**

**B. IV. 753.**

**Der Sextakkord:**

a) **Viertletzter Akk.:**

*Andante.*

**754.**

(Méhul. „Joseph". No. 11. „Ich bin versöhnt, da sie bereuen, ihr Unglück rührt, erweicht mein Herz!" Ursprüngl. D-dur.")

b) **Drittletzter Akk.:**

*Allegro.*

**755.**

(A. Adam. Der „Postillon von Longjumeau". No. 9. Darf zur Hochzeit man gratuliren?" u. s. w. Ursprüngl. D-dur.)

**Der Dreiklang:**

*Allegro.*

**756.**

A. Adam. Der „Postillon". No. 6. Auf, auf zur Tafel, auf zur Tafel!"
Ursprüngl. G-dur.)

Die Unterdominante als Quintsextakkord mit seinem Septimen-,
Terzquartsext- und Sekundakkorde.

C. 1. 757.

### Der Quintsextakkord:

a) Viertletzter Akk.:

*Andante.*

(Auber. Die „Stumme". No. 18. — „ihre Thränen, und seine Kraft verliert
der Schmerz!" Ursprüngl. G-dur.)

b) Drittletzter Akk.:

*Allegro.*

759.

(Weber. Der „Freischütz". No. 9. „Eile, eile nicht, mir ist so bang'!"
Ursprüngl. Es-dur.)

17*

260

Der Septimenakkord:

a) Viertletzter Akk.:

760.

b) Drittletzter Akk.:

761.

(Auber. Die „Stumme". No. 23. „Doch ach, mein Herz bleibt hier zurück!"
Ursprüngl. B-dur.)

Der Terzquartsextakkord:

a) Viertletzter Akk.:

762.

(Mozart. „Don Juan." No. 10½. Arie des Oktavio: — „bricht mir das Herz,
bei Deinem Leide bricht mir das Herz!" Ursprüngl. G-dur.)

b) Drittletzter Akk.:

763.

(L. Spohr. Die „Kreuzfahrer". No. 9. „Ja, ich will, ich kann sie lieben, trösten sie mit Christensinn." Ursprüngl. B-dur.)

Der Sekundakkord:

764.

(L. Spohr. „Jessonda." No. 9. „Ja, das, das ist Frauenschöne, die nie geseh'ne!"

Erste Umbildung:

C. II. 765.

Von ihr wird, weil er der deutlichste ist, nur der übermässige Terzquartsextakkord benutzt:

a) Viertletzter Akk.:

*Andante.*

**766.**

(F. v. Flotow. Die „Matrosen". No. 4. „Drum nehmt mich auf zum Sohne, zum Sohne".)

b) Drittletzter Akk.:

*Boleros.*

**767.**

(Auber. Die „Stumme". No. 31/₂ Ballet)

### Zweite Umbildung:

**C. III. 768.**

Sie gehört beiden Geschlechtern an. Im Durgeschlechte ist sie des Unterdominant-Quintsextakkord's erste Umbildung, und steht § 49, No. 368, C. II. Beispiele 369 bis 379.

### Dritte Umbildung:

**C. IV. 769.**

### Der Quintsextakkord:

*Veloce.*

**770.**

(Rossini. „W. Tell." No. 7. „Ja wir trotzen der Wuth, Schweizer trotzen
Tyrannenwuth!" Ursprüngl. E-dur.)

### Der Septimenakkord:

**Die Unterdominante als Septimenakkord mit seinen Verwechslungen**

Von diesen vier Akkorden ist — in dem hier damit verbundenen
Sinne — nur die erste Verwechslung, der Quintsextakkord, gangbar,

die drei andern können sich deutlich und wohlklingend nur dann nach
C-dur auflösen, wenn das *f* zu *fis* erhöht wird.

Erste Umbildung:

**D. II. 774.**

Sie gehört beiden Geschlechtern an. Im Durgeschlechte ist sie des Unterdominant-Quintsextakkord's vierte Umbildung, und steht § 49, No. 433, C. V. Beispiele 434 bis 441. Das *es* steht dann für *dis*.

Zweite Umbildung:

**D. III. 775.**

Sie gehört gleichfalls beiden Geschlechtern an. Im Durgeschlechte ist sie des Unterdominant- Quintsextakkord's dritte Umbildung, und steht § 49, No. 403, C. IV. Beispiele 404 bis 418. Das *es* steht dann für *dis*.

Die Unterdominante als Sekundakkord mit seinem Septimen-Quintsext- und Terzquartsextakkorde:

**E. 776.**

Er gehört beiden Geschlechtern gemeinschaftlich zu. Im Durgeschlechte steht er § 51, No. 462, Beispiele 463 bis 466.

Die Unterdominante als Terzquartsextakkord mit seinem (verminderten) Septimen-, Quintsext- und Sekundakkorde.

**F. 777.**

Er gehört beiden Geschlechtern zu. Im Durgeschlechte ist er des Unterdominant-Terzquartsextakkord's zweite Umbildung, und steht § 52, No. 478, F. III. Beispiele 479 bis 481. (Auch § 58, No. 649 bis 651. Ebenso § 60, No. 680 bis 682.)

§ 66.

### Moll-Unterdominante vor Halbschlüssen des Durgeschlechts.

Der vorige Paragraph zeigte die Unterdominantakkorde des Mollgeschlechts vor Ganzschlüssen des Durgeschlechts. Kaum bedürfte es noch, wenn es nicht der Vollständigkeit wegen geschähe, der Erwähnung, dass sie mit gleichem Glück auch vor Halbschlüssen des Durgeschlechts anzubringen sind. Wir wollen einige anführen, um eine Anschauung von dem pikanten Effekte zu geben, den auch hier die plötzlich mitten in das Durgeschlecht hereinbrechende kleine Terz der Moll-Unterdominante hervorbringt.

Die Unterdominante als Dreiklang:

778.

Die Unterdominante als Sextakkord:

Recit.

779.

Moderato.

(L. Cherubini. Der „Wasserträger". No. 13. „Misshandeln wollten die Verweg'nen hier meine — diese Unglückscl'ge!")

Die Unterdominante als Quintsextakkord:

780.

Dessen Septimenakkord:

Dessen Terzquartsextakkord:

*Allegro assai.*

(H. Berlioz Ouvertüre zu „König Lear".)

Derselbe Terzquartsextakkord: (S. No. 523.)

*Allegro.*

(Weber. „Oberon". Ouvertäre. Ursprüngl. A-dur.)

Die übrigen Akkorde sind mit Leichtigkeit nachzubilden. Einige, welche beiden Geschlechtern angehören, stehn auch schon § 53, No. 512 und 513.

§ 67.

### Die drei Unterdominantakkorde des Mollgeschlechts mit übermässiger Sexte im Durgeschlechte.

Zuletzt endlich, da man nun einmal die Unterdominantakkorde des Mollgeschlechts vollständig in das Durgeschlecht herüberzieht, sie ganz darin einbürgert, dienen sie auch dazu, den Uebergang in dessen Oberdominante zu vermitteln, ohne Absicht, irgend welchen Schluss zu machen, vielmehr um darin zu verweilen oder zu halten. Besonders beliebt sind zu diesem Zwecke die drei Akkorde mit übermässiger Sexte, welche wir deshalb auch noch in drei Beispielen darstellen wollen.

Der übermässige Sextakkord:

Der übermässige Terzquartsextakkord:

Der übermässige Quintsextakkord, mit den (unvermeidlichen) Quinten *as-es* und *g-d*:

Es ist schon mehrmals darauf aufmerksam gemacht, dass, wer die Quinten zu vermeiden wünscht, obwohl sie von dem Gehör vollkommen gutgeheissen werden, statt dieses übermässigen Quintsextakkords einen der beiden andern wählen muss. Es wird dann freilich den Quinten einer der vollsten, kräftigsten und schönsten Akkorde geopfert.

268

## § 68.

### Die Oberdominante als Orgelpunkt über der Unterdominante.

Eines höchst wirkungsreichen Gebrauchs müssen wir jetzt gedenken, den man zuweilen mit der Unterdominante zu machen pflegt, und der vielleicht noch weiter, als bis jetzt geschehen, ausgebeutet werden kann.

Wir haben einige **Unterdominantakkorde** beobachtet, wie sie **über der im Basse als Orgelpunkt festliegenden Oberdominante** genommen werden; s. No. 389, 417 u. m. a. Dasselbe Verfahren kann auch umgekehrt stattfinden und der Ton der **Oberdominante** in der **Oberstimme** als Orgelpunkt verharren, während unter ihr, unbekümmert um sie und von ihr unabhängig, der Unterdominantakkord (meistens der **Sextakkord, B. I.**) selbständig für sich fortschreitet.

787.

(Mozart. Die „Entführung“. No. 16. Ursprüngl. A-dur.)

788.

(L. v. Beethoven. „C-moll-Sinfonie.“. Andante. Ursprüngl. As-dur.)

Diese zwei Beispiele sprechen für diesen Gebrauch im **Durgeschlechte.** Im **Mollgeschlechte** klingt er härter, ohne jedoch einen Zweifel an der Möglichkeit grösserer Allgemeinheit zu erwecken:

## § 69.

### Der Uebergang.

Die Darstellung der Unterdominante, dieses interessantesten, merkwürdigsten, durch seine ausserordentliche Bildsamkeit vielseitig- und vieldeutigsten aller Intervalle, welche uns zweiundzwanzig Paragraphen hindurch ausschliesslich beschäftigte, ist hiermit zu Ende. Das nächste Augenmerk des Schülers muss sein, sich alle Unterdominant-akkorde in allen Tonarten geläufig zu machen. Der Aufforderung dazu bedarf es nicht, denn ihr Studium ist so ansprechend, dass die Freude über die Aufschlüsse, welche man nur in einer Tonart durch sie erhält, schon von selbst dazu drängt. Die Erscheinung der meisten leiterfremden oder Scheinakkorde wird durch sie erklärt, die geistreichsten Uebergänge werden durch ihre Vermittlung herbeigeführt und zum Bewusstsein gebracht. Wer nur die in instruktiver Meinung grossentheils absichtlich aus andern Tonarten in C-dur und A-moll übersetzten Citate (darüber, dass sie in diesen Tonarten nicht ebenfalls aufzufinden gewesen wären, wird sich wohl kein Zweifel erheben) in den betreffenden Partituren oder Clavierauszügen nachschlägt, der kann nicht umhin, dem Unterdominantakkorde in seiner Originaltonart nachzudenken, ihn, wenn er eine Verwechslung oder eine Umbildung ist, auf seinen Stamm- oder Herleitungsakkord zurückzuführen, — auch hierdurch schon wird, wenn auch nicht sogleich die ganze Summe der Erkenntniss, deren Erwerb das Ziel bei Beginn der theoretischen Studien war, doch schnell ein Theil derselben gewonnen. Das Aufsuchen solcher Citate verdient sehr empfohlen zu werden; die Lektüre vorhandener Kunstwerke erhält dadurch jene feste Richtung, dass man weiss, was man zu suchen und wie man das Gefundene zu deuten hat. Auch bleibt es nie aus, dass man zur Rechten und Linken des angezogenen Beispiels andere Unterdominantakkorde gewahr wird, welche die Aufmerksamkeit fesseln, — mancher willkommenen Anregung in rhythmischer und melodischer Hinsicht nicht einmal zu gedenken.

Die gediegensten Uebergänge werden durch Vermittlung der Unterdominante gemacht, weil s i e am unverkennbarsten auf die neue Tonart vorbereitet. E i n Beweis hierfür (mehre verbietet uns leider der Raum) sei mit einem konkreten Falle in Verbindung gesetzt, der jeden Musiker nahe berührt, weil ihn Jeder selbst erlebt. Der Theoretiker hat, sei es bei Bewerbung um eine Stelle, sei es im Ideenaustausch unter Freunden u. s. w. irgend einmal ein Examen zu bestehn. Nehmen wir an, es gälte die Bewerbung um eine Stelle. Unter den bei solcher Gelegenheit geforderten s c h r i f t l i c h e n Arbeiten pflegt ausser dem unvorbereiteten Harmonisiren eines Chorals oder dem ebenso unvorbereiteton Arrangement eines Tonstücks für vorher nicht genannte Instrumente u. s. w. gewöhnlich die Aufgabe gestellt zu werden, einige Uebergänge zu machen. Um dem Aspiranten auf den Zahn zu fühlen, ist es üblich, dazu die entferntesten, die unvereinbarsten Dreiklänge auszuwählen, z. B. von C-dur nach Gis-moll und umgekehrt, von Fis-moll oder dur nach C-moll oder dur und umgekehrt, von D-moll nach As-dur u. s. w.

Bleiben wir bei der e r s t e n Aufgabe stehn, einen Uebergang zu machen von C-dur nach Gis-moll. (U e b e r g a n g wird in der Kunstsprache diejenige Ueberleitung eines Tonstücks in eine neue Tonart genannt, welche diese Letztere befähigt, T o n i k a eines folgenden Tonstücks längerer oder kürzerer Dauer — zu werden. Hiermit ist zugleich die Anforderung an seine Einrichtung ausgesprochen: er muss so beschaffen sein, dass er von der zuletzt dagewesenen Tonart Schritt für Schritt eine Erinnerung nach der andern dem Gedächtnisse entrückt und das Ohr auf die neue Tonart vorbereitet, aber in so entschiedener Weise, dass es durchaus keine andere Tonart erwartet. — Wenn im entgegengesetzten Falle eine neue Tonart nur gelegentlich einmal b e r ü h r t wird, so heisst dies eine A u s w e i c h u n g.)

Dass es einiger Kunst bedürfen wird, den C-dur-Dreiklang in Vergessenheit zu bringen, sehn wir auf den ersten Blick,

denn der Gis-moll-Dreiklang nimmt von ihm keinen Ton auf, er ist mit ihm nicht verwandt, sein Grundton steht sogar mit der vorigen Quinte *(g)* in einem querständigen Verhältniss.

Wir versuchen zuerst den d i r e k t e n, durch den w e s e n t l i c h e n S e p t i m e n a k k o r d von Gis-moll a l l e i n zu bewirkenden Uebergang:

Diese Akkordfolge ist dadurch m ö g l i c h, dass Gis-moll enharmonisch als As-moll gedacht wird,

792.

und es immer freisteht, von jedem Dreiklange ungehindert in dessen Oberterz — gleichviel ob gross oder klein — hinüberzugehn, am schönsten
freilich, wenn der zweite Akkord ein wesentlicher Septimenakkord ist.
Dieser Terzenschritt führt hier nach *Es*, der Oberdominante von As-moll.
(Wir nehmen hier As-moll insofern gleichbedeutend mit Gis-moll, als beide
Tonarten auf vielen Instrumenten mit denselben Fingern gegriffen, auch
auf dem Pianoforte auf denselben Tasten gespielt werden müssen. Den
feineren ästhetischen Unterschied können wir hier natürlich nicht
berücksichtigen.)

Worin liegt nun das Ungenügende jenes Uebergangs? Er ist doch
mit dem wesentlichen Septimenakkorde gemacht, dem sichersten Verkün-
der seiner Tonart?

Hier kommen wir zu einer der wichtigsten Erörterungen in Beziehung
auf alle Modulation. Allerdings verkündet die Oberdominante
ihre Tonart ganz unverkennbar, aber sie bezeichnet nur deren
Namen, nicht das Geschlecht. Diese Sendung ist im Gegentheil der Unterdominante gegeben. Der wesentliche Septimenakkord auf *dis* thut uns wohl kund, dass wir nun *Gis* zu erwarten haben,
ob aber Gis-dur oder Gis-moll, diese Gewissheit kann nur durch die
Unterdominante verliehen werden. An und für sich regt der wesentliche
Septimenakkord auf *dis* die Erwartung von Gis-moll weniger an, als vielmehr von Gis-dur, dessen grosse Terz *his* (enharmonisch *c*) mit dem C-
dur-Dreiklange, den man noch nicht vergessen hat, in Verwandtschaft
steht. Um also die Ueberzeugung zu gewinnen, dass das Ziel wirklich
Gis-moll sein wird, müssen wir von dem Vorhaben, den Uebergang auf
direktem Wege zu bewirken, gänzlich ablassen und uns sofort dem
indirekten Uebergange vermittelst eines Unterdominantakkords
zuwenden. Unser Verfahren ist uns dadurch, wie folgt, halb und halb
vorgeschrieben:

Zuerst respektiren wir das in der Identität der Töne *c* und *his*
existirende verwandtschaftliche Band, wodurch wir ohne anderweitige
Vermittlung (besonders ohne die der Oberdominante, deren Thätigkeit erst
später — hinter der Unterdominante — beginnen muss) sogleich des
Gis-dur-Dreiklangs habhaft werden können,

793.    enharmonisch:

dessen grosse Terz *his*, da hier von einem Leittone oder dergleichen keine
Rede ist, jeden Augenblick in die kleine Terz *h* verwandelt werden kann,
wodurch wir uns dem Ziele schon bedeutend nähern;

794.  enharmonisch:

der Wunsch und das Streben nach möglichster Gleichmässigkeit in beiden Akkorden bestimmt uns sodann, neben der rhythmischen Bewegung auch die Verkleinerung der Terz im ersten Dreiklange eintreten zu lassen, —

795.  enharmonisch:

und jetzt ist der Augenblick zur Wahl eines Unterdominantakkords gekommen, der, weil wir den Uebergang in eine Molltonart beabsichtigen, einer aus dem Mollgeschlecht, d. h. mit kleiner Terz, sein muss. Welchen nehmen wir? — Darüber hat allein die Melodie zu entscheiden, denn jeder Uebergang wirkt um so folgerichtiger, je mehr man sich bis in die kleinsten Details hinein von allen Mitteln der Kunst selbst Rath holt, und je weniger Eigenwillen man dabei durchblicken lässt. Wenn die bisherigen Töne der Oberstimme beibehalten werden sollen, so führt ihre abwärtsgehende Richtung naturgemäss auf den Sextakkord *cis-e-ais*.
B. I.

796.

Auf diesem Wege sind alle Erinnerungen an C-dur in der That schrittweise ausgelöscht, und das Gehör empfängt nun die neue Tonart Gis-moll mit der vollkommensten Befriedigung, — es erwartet keine andere. Wir sehn, dass der Hauptfaktor dabei der Unterdominantakkord war, der sie zwar nicht unmittelbar herbeiführen konnte, dazu war die Oberdominante erforderlich, aber desto wirksamer mittelbar darauf vorbereitet hat. Dies ist die durch die Natur der Töne gebotene wahrhafte Stellung beider Dominanten. Das Studium der Werke tüchtiger Modulationskünstler kann den Schüler belehren, dass sie immer nach diesem Grundsatze verfahren sind.

Es könnte der Glaube aufkommen: noch sicherer, als die Unterdominante, habe der ihr nachfolgende dissonirende Quartsextakkord die neue Tonart eingeführt; — man mache sogleich die Probe und lasse ihn weg,

es bewährt sich, dass die Wirkung des Uebergangs dadurch nur melodisch verändert, harmonisch aber sich durchaus gleichgeblieben ist, denn der dissonirende Quartsextakkord wird im Ganzschlusse nur melodisch nothwendig.

Was bei einem solchen Uebergange dem Unterdominantakkorde vorhergeht, ist gleichgiltig und kommt nur insofern in Betracht, als man die Schuld einer Ungebühr gegen den gesunden Menschenverstand auf sich laden würde, wollte man die zwischen zwei Dreiklängen bestehenden verwandtschaftlichen Beziehungen ganz ausser Acht lassen, das Harmoniegewebe unklar machen, oder durch zu grosse Ausdehnung und durch Hereinziehn zu vieler fremder Elemente das Gehör auf falsche Bahnen lenken.

Ein Uebergang von C-dur nach Gis-moll, wie dieser,

verdient, obwohl er nirgend einen Missklang enthält, keine Empfehlung, weil er einestheils zu lang ist, anderntheils durch Einflechten von G-dur und A-moll das Ohr zu lange in der Irre herumführt, auf zu vielen Umwegen — und nur endlich — zum Ziele kommt.

Besser dagegen, weil kürzer und präziser, ist der nächste,

274

in welchem der Quartsextakkord Des-dur im zweiten Takte, durch einen seiner besten Unterdominantakkorde **C. III.** erreicht, für Cis-dur genommen werden muss, womit Gis-moll durch Cismoll und Gis-dur eng verwandt ist. (Der diesmalige Unterdominautakkord von Gis-moll ist die dritte Umbildung des Sextakkords, **B. IV.**)

Wir geben die Versicherung, dass der Uebergang noch auf mehrfache ebenfalls gute Weise möglich ist, können sie aber des Raumes wegen nicht alle herschreiben, müssen vielmehr dazu übergehn, vor denjenigen zu warnen, welche zu vermeiden sind.

Hierzu gehört zuerst der direkte, den die Oberdominante allein macht. Wir haben ihn schon oben für unzureichend befunden, weil er das Geschlecht des Uebergangsakkords nicht zu bezeichnen im Stande ist. Aber er schliesst noch einen schlimmeren Uebelstand ein: er wirkt, vom höheren Kunststandpunkte betrachtet, trivial, und es ist in ihm nichts von einer Kunst, einem **Können**, zu spüren; er ist nur eine That, die jedem Kopisten zugemuthet werden kann und von demselben auch geleistet wird. Man mögte ihn eher einen Ueberfall, als einen Uebergang, nennen, denn er gleicht mehr einem unbewussten Hinfallen auf das Ziel mit verbundenen, als einem bewusst- und planvollen Hingehen mit offenen Augen.

Mit Sorgfalt sind jedoch hiervon diejenigen Fälle zu unterscheiden, in denen die Oberdominante mehre solcher Fortschritte ausweichungsweise macht, wie im nächsten Beispiele;

**800.**

sie sind nicht schlechthin zu verwerfen, weil man am Schlusse der Akkordfolge eine Absicht, einen bestimmten Plan unterschiebt, selbst wenn ein solcher nicht stattgefunden hätte. Der geringe Wohlklang, den sie enthalten, ist aber nicht den Tonarten beizumessen, sondern der ebenmässigen Wiederkehr des Gleichartigen. Oft sind sie schwer als blosse Ausweichungen zu erkennen, weil die darin vorkommenden Dreiklänge durch mehrtaktiges Verweilen manchmal den Schein von Toniken annehmen.

An diese erste Warnung schliesst sich die zweite: einen Uebergang mit mehren verminderten Septimenakkorden zu machen. Sie sind zu vieldeutig und verleihen dem Ohre zu wenig bestimmten Halt. Den nächsten Uebergang (wenn er diesen Namen verdient)

801.

wird Jeder für folgerichtig erkennen, — schön wird ihn aber Niemand finden. Der verminderte Unterdominant-Septimenakkord **D. III.** wirkt dagegen, wenn schon ein anderer Unterdominantakkord vorangegangen ist, ungemein verschärfend:

802.

In hohem Grade unklar ist drittens der doppeltverminderte Septimenakkord, **D. II.**

803.

18*

seine erste Verwechslung, der übermässige Quiutsextakkord, ist ihm weit vorzuziehn. Grössere Vorsicht verlangen wieder diejenigen Umbildungen, welche beiden Geschlechtern gleichberechtigt angehören; sie dürfen erst dann genommen werden, wenn sich das Ohr mit der Uebergangstonart bereits befreundet hat, oder wenn diese selbst dem Anfangspunkte näher liegt, d. h. eng mit ihm verwandt ist.

---

Das in dem Vorstehenden empfohlene allmählige Gewöhnen des Ohrs an die neue Tonart bewährt sich bei allen Uebergängen, deren Ziel ein ferner Moll-Dreiklang ist. Der geringere Grad von Bestimmtheit des Mollgeschlechts fordert eine zartere Behandlung. Ist das Ziel dagegen ein Dur-Dreiklang, den das Gehör, wenn auch noch so entfernt, stets rascher auffasst, so kann man schon kecker auftreten. Wir wollen unsere beiden Tonarten beibehalten und einige Uebergänge von Gis-moll nach C-dur machen. Die verwandtschaftlichen Verhältnisse derjenigen Akkorde, die auf diesem Wege ausweichungsweise berührt werden, lassen wir diesmal unerörtert, — sie machen sich in den nächsten zwei Beispielen durch die liegenbleibenden Töne schon von selbst bemerklich. Der die neue Tonart anmeldende Unterdominantakkord muss nun einer aus dem Durgeschlecht — mit grosser Terz — sein.

Erster Uebergang.

804.

Zweiter Uebergang.

805.

Es ist auch nicht unmöglich, diesen Uebergang auf noch kürzerem Wege herauszubringen und doch den Anforderungen des Ohrs an Deutlichkeit und Folgerichtigkeit Genüge zu leisten. Wir haben vorhin mehrmals den harten Dreiklang Gis-dur in den weichen Dreiklang Gis-moll verwandelt. Das umgekehrte Beginnen wird uns jetzt ebenfalls frei stehn. Durch die grosse Terz *his*, die enharmonisch *c* ist, erhalten wir sogleich dieses *c*, wohin wir ja wollen. Die beiden andern Töne des Dreiklangs, *gis* und *dis*, müssen wir uns nur auch enharmonisch als *as* und *es* denken, so haben wir den Dreiklang As-dur, dem sich überaus willig die übermässige Sexte *fis* (die kleine Septime *ges*) zugesellen wird, sodass der Uebergang mit dem übermässigen Quintsext-, also mit einem einzigen Akkorde, zu Stande kommt:

806.

Schreibt man diesen übermässigen Quintsextakkord *as-c-es-fis* als wesentlichen Septimenakkord *gis-his-dis-fis* oder *as-c-es-ges*, so giebt man dem Auge ein Räthsel auf, — dem Ohre ist es einerlei.

Solche Uebergänge, wie dieser letzte, finden ihrer Schärfe wegen stets viele Freunde. Wir selbst haben ihn oben deutlich und folgerichtig genannt, sind auch nicht Willens, die Worte zurückzunehmen. Aber so bestimmt, wie einer der beiden Vorigen, ist er doch nicht, weil der Unterdominantakkord, der ihn herbeiführt, beiden Geschlechtern angehört, und man bei seinem Ertönen noch keine Ueberzeugung gewinnt, was nun folgen wird, ob C-dur oder C-moll, der Möglichkeit, nach Cis-dur oder moll (Des-dur oder moll) gehn zu können, nicht einmal zu gedenken. Diese Unsicherheit kann dort bei dem Dreiklange *f-a-c* oder dem Sextakkorde *f-a-d* gar nicht Platz greifen. Ja, es entsteht selbst die sehr zu beherzigende Frage, ob nicht das Ohr hinter dem übermässigen Quintsextakkorde die Tonart C-moll williger hinnimmt als C-dur?

807.

Solche und ungezählte ähnliche Fälle sind eine fortwährende Mahnung zur Vorsicht beim Gebrauche der Unterdominantumbildungen, welche beiden Geschlechtern angehören.

Der **direkte** Uebergang ist zwischen diesen beiden Tonarten nicht möglich. Man höre selber:

Mit welcher Schnelligkeit aber das Gehör jeden Dur-Akkord auffasst, geht aus folgender Nebeneinanderstellung des Dreiklangs Gis-moll und des Quartsextakkords C-dur hervor, natürlich ohne sie für einen Uebergang auszugeben:

Zu welchem staunenswürdigen Ueberblicke das Hineinleben in nur einige solcher Uebergänge verhilft, kann man an dem Durchgange durch die chromatische Tonleiter ermessen. Der Uebergang von C-dur nach Gis-moll und umgekehrt ist derselbe, wie von II-(Ces-) dur nach G-moll und umgekehrt, wie von B-dur nach Fis-moll und umgekehrt, wie von A-dur nach F-moll und umgekehrt, wie von As-dur nach E-moll und umgekehrt, wie von G-dur nach Es-moll und umgekehrt u. s. w. u. s. w.

§ 70.

#### Nachtrag zur Stellung der Unterdominante.

Es ist noch ein kurzer Nachtrag über die **Stellung** der Unterdominante im Ganzschlusse nothwendig. Derselbe konnte weder dem § 16 noch dem § 46 eingeschaltet werden. Dort wäre er verfrüht gewesen; theils hätte er Verwirrung hervorgerufen, theils waren die Unterdominantakkorde noch nicht bekannt.

Die vielmals erörterte, durch die jedesmalige Melodie bedingte Stellung der betreffenden Akkorde im Ganzschlusse theilt sich in diese **vier** Fälle:

| | 4. | | 3. | | 2. | | 1. |
|---|---|---|---|---|---|---|---|
| **I.** | Unterdominante. | — | Quartsextakkord. | — | Wesentlicher Septimenakkord. | — | Tonika. — |
| **II.** | Unterdominante. | — | Quartquintakkord. | — | Wesentlicher Septimenakkord. | — | Tonika. — |
| **III.** | Unterdominante. | — | {Quartsextakkord. {Quartquintakkord. | — | Wesentlicher Septimenakkord. | — | Tonika. — |
| **IV.** | | 3. | Unterdominante. — | — — | 2. Wesentlicher Septimenakkord. | — | 1. Tonika. — |

Die Spekulation kann nun aber noch den einen Fall ersinnen: Wenn der Unterdominante der dissonirende Quartsextakkord folgte und sie (statt viertletzter) nichtsdestoweniger drittletzter Akkord würde? — Solche Versuche giebt es wirklich, denn was wäre nicht schon versucht? Wir wollen einen hersetzen:

(L. v. Beethoven. „Neunte Sinfonie". Erster Satz. Takt 27 bis 35.)

Wird hierdurch nicht die Lehre von dem regelmässig viert- oder drittletzten Platze der Unterdominante umgestossen, und wird nicht noch ein dritter Fall angenommen werden müssen? — Gewiss nicht; denn auf den ersten Blick erkennt man, dass Beethoven seiner Melodie und des eigenthümlichen, fremdartigen Effekts wegen hinter dem Quartsextden wesentlichen Septimenakkord ausnahmsweise nur einmal weggelassen hat.

(Die unerreichte Grösse Beethoven's und die Pflicht, seinen stets tiefgehenden Intentionen nachzudenken, lassen es zu, dass man in diese Stelle einen bedeutsamen Sinn hineinlegt: den des Versuchs der Eman-

zipation von der Oberdominante (von Bettina's kleiner Sept). Man wird
dazu veranlasst, wenn man sich viele Stellen seiner Werke vergegenwär-
tigt, in denen er entweder mit dem Gewaltigsten tändelnd spielt, oder ein
für unmöglich Gehaltenes dennoch versucht. Wir denken hierbei an das
zweimal vorkommende gleichzeitige Uebereinanderthürmen von Tonika
und Oberdominante im ersten Satze seiner „Heldensinfonie“, an das in
mehren Werken wiederkehrende verfrühte, scheinbar unrhythmische, Einsetzen mancher Instrumente, wobei Beethoven den Frager, ob sich der
Spieler nicht beim Pausiren um einen Takt verzählt habe? derb aus-
zulachen pflegte, und an andere Belege mehr. Einem solchen Geiste
konnte wohl auch einmal der Gedanke kommen, durch die besondere Anlage eines Ganzschlusses beweisen zu wollen, dass selbst die Oberdominante
entbehrlich zu machen sei. In diesem Sinne wäre die Stelle, deren Wirkung auf das Gemüth Worte nicht beschreiben können, klein zwar nach
ihrem äussern Umfange, doch eine der grössten, welche er je geschaffen,
belehrend überdies durch die Betrachtung, dass selbst Er nicht vollständig
über diesen Versuch triumphirt hat, denn der Leitton cis hat sich zwar
nicht als Terz von a, mithin nicht als harmonische, doch aber als erste
Taktnote, folglich als rhythmische Wichtigkeit, seine Geltung zu bewahren
gewusst; unwillkürlich vielleicht ist es in den Vordergrund getreten.)

## § 71.

### Der Vorhalt.

Nicht immer stellen sich die Akkorde in unmittelbarer und leichter
Ueberschaulichkeit dem Auge dar. Oft sind sie durch einen, manchmal
sogar durch mehre harmoniefremde Töne so verdunkelt, dass man das
Auge schärfen muss, wenn man sie zwischen denselben heraus erkennen
will. Aehnliches haben wir bereits früher beobachtet; so die durchgehenden und die Hilfstöne § 25, den Orgelpunkt § 22, auch einige
Unterdominantakkorde gehören dazu, die sich über oder unter der als
Orgelpunkt festliegenden Oberdominante selbstständig gerirеn, wo dann der
Zusammenklang aller Töne keinen Akkord, d. h. kein auf einen ursprünglichen Terzenbau zurückzuführendes und durch die herkömmlichen Zahlen
auszudrückendes Verhältniss ergiebt. Ungern entsagen wir dem Vergnügen, die in § 24 und 25 dreistimmig abgehandelten Gegenstände hier
nochmals zu wiederholen, wo sie durch die Zuthat einer vierten Stimme
ebenso an Reichthum der Stimmenverwebung gewinnen, als freilich anderseits auch den Ueberblick erschweren würden. Doch die Wesenheit der
Sache ist dort erörtert und damit die Pflicht eines Lehrbuchs erfüllt, welches bei der ausgedehntesten Ausführlichkeit doch nicht mehr kann, als
Anleitungen geben, da die ewig sich aus und durch sich selbst verjüngende
Kunst keine einseitige Abgrenzung gestattet.

Es sind jenen Gegenständen in diesem und dem nächsten Paragraphen noch zwei verwandte zuzufügen, die dort keinen Platz erhalten
konnten, weil ihre allseitige Begründung die Kenntniss der Septimenakkorde voraussetzt.

Der erste, eng mit den Hilfstönen zusammenhängende, ist: wenn sich ein fremder Ton, gleichviel ob aus dem vorhergehenden Akkorde herübergezogen oder frei eintretend, an die Stelle des eigentlich gemeinten Akkordtons drängt, sodass er diesem seinen gebührenden Platz (gleichsam) vorenthält. Ein solcher Vorenthalter heisst (mit einer gefälligeren Zusammenziehung des Worts) Vorhalt, und kann in jeder Stimme, in jedem Akkorde, in jeder Richtung, sowohl von oben nach unten als von unten nach oben, den akkordeigenen Ton am sofortigen Eintreten verhindern. Aus dieser Vielseitigkeit geht von selbst hervor, dass sein Erscheinen unter Umständen von gewissen Schwierigkeiten begleitet sein kann.

Wir wollen ein Beispiel mit einem Vorhalt hersetzen, und dann die weiteren Betrachtungen daran knüpfen.

*Andante sostenuto.*

811.

*ff*   *p*

(L. Cherubini. Der „Wasserträger". Anfang der Ouvertüre. Ursprüngl. E-dur.)

Das *c* der Oberstimme in der ersten Hälfte des dritten Takts vorenthält dem zum wesentlichen Septimenakkorde gehörenden *h* zwei Viertel hindurch seinen Platz, — es ist ein Vorhalt. Durch ihn wird zunächst zweierlei klar:

1) Er muss (vom ästhetischen Standpunkte) in der Stimme, wo er auftritt, nicht eine gleichgiltige Spielerei, — er muss eine Nothwendigkeit sein, er muss eine Melodie bilden, ja diese Melodie muss ohne ihn gar nicht existiren können. Diese Bedingung ist in unserm Beispiel erfüllt; denn wollte man jenes *c* entfernen und gleich von vorn herein durch *h* substituiren, so würde man nicht nur den einen Takt, sondern den Sinn der ganzen Stelle verunzieren.

2) Der Vorhalt ist (vom technischen Standpunkte) als Fremdling eine der stärksten Dissonanzen, und verfällt als solche den Gesetzen der Vorbereitung und Auflösung. (S. § 14.)

Die beste Vorbereitung ist auch hier die spezielle, d. h. wenn eine Konsonanz des letzten durch ihr Liegenbleiben in dem folgenden Akkorde und in derselben Stimme zum Vorhalte wird, weil sich dadurch das Ohr mit ihm als einem fremden, die Klarheit der Tonverbindung eigentlich trübenden, Tone am willigsten versöhnt. (Auch dieser Forderung leistet No. 811 Genüge.) Ist aber die spezielle Vorbereitung nicht möglich, so wird auch die allgemeine für zulässig erachtet, d. h. wenn der Vorhaltston in dem vorangegangenen Akkorde auch in einer andern Stimme, wenn er nur überhaupt vorhanden war. Dies zeigt die nächste Stelle,

**812.**

Adagio.

(Weber. Der „Freischütz". No. 8. „Schwing' dich auf zum Sternenkreise".
Ursprüngl. H-dur.)

wo das *d* im ersten Achtel des zweiten Takts von der zweiten Stimme
frei eingesetzt wird, vorher jedoch als Konsonanz in der Oberstimme war.

Im weitesten Sinne ist der Begriff dieser allgemeinen Vorbereitung so
ausgedehnt worden, dass man sogar einen Ton als Vorhalt hinnimmt, der
im vorigen Akkorde gar nicht vorhanden war, der aber als integrirender
konsonirender Bestandtheil desselben hinzugedacht werden konnte

Die Auflösung der Vorhalte findet — wie die aller Dissonanzen —
der Regel nach eine diatonische Stufe abwärts statt. Diese werden
Vorhalte von oben genannt. Doch giebt es auch einige Vorhalte von
unten, welche in die nächste diatonische Stufe aufwärts resolviren.
(Von ihnen wird später die Rede sein; vorerst betrachten wir die Vorhalte
von oben.)

Alle im Vorigen beschriebenen Merkmale haben die Vorhalte mit
den Hilfstönen überein. Worin besteht nun beider Unterschied? — Darin,
dass die Vorhalte unter dem harmonischen Gesichtspunkte aufgefasst
werden, und diejenigen Töne, deren Plätze sie vorenthalten, in keiner
andern Stimme gleichzeitig vorhanden sein dürfen, (den einzigen Vorhalt
der None vor der Oktave ausgenommen, No 814.) weil sonst jeder Grund
und Zweck des Vorhalts wegfallen würde; — die Hilfstöne sind dagegen
verzierende Melodietöne, deren Verdopplung stets ungehindert stattfinden kann und höchstens dann zu unterlassen ist, wenn absoluter Missklang die Folge sein würde.

Wir unterlassen es, Beispiele über die Verdoppelung von Akkordtönen
anzuführen, die in einer andern Stimme einen Vorhalt haben; man könnte
die üble Wirkung schon mit dem Auge wahrnehmen, wenn man gleichzeitig mit jenem *c* in No. 811 das *h* hinschriebe, gleichviel in welcher
Stimme.

Obgleich vor jedem Akkordtone ein Vorhalt angebracht werden
kann, so zeichnen sich doch aus der dadurch möglichen grossen Anzahl
einige durch besondere Klarheit, durch besondern Reiz vor den übrigen
aus. Wir werden nur die wohlklingendsten namhaft machen, woraus denn
von selbst hervorgeht, dass der Gebrauch der andern eingeschränkter ist.
Es sind folgende drei:

1) Der Vorhalt der Quarte vor der Terz:

Moderato.

**813.**

Er ist der häufigste von Allen, sowohl im Dur- als im Mollgeschlechte. In diesem Beispiele steht er in einer Mittelstimme und über der Tonika; in No. 811 stand er in der Oberstimme und über der Oberdominante; ebenfalls über der Oberdominante, aber in einer Mittelstimme, steht er im dritten Achtel des ersten Takts von No. 812.

2)  Der Vorhalt der None vor der Oktav:

(L. Cherubini. Der „Wasserträger". Ouvertüre.)

Er zeichnet sich durch zweierlei aus: einmal dass sich hier der Ton, dem er den Platz vorzuenthalten strebt, durch ihn in der untern Oktav nicht verdrängen lässt, denn ohne das gleichzeitige Auftreten Beider würde es gar keinen Vorhalt der None vor der Oktav geben, und zweitens, dass in diesem Falle Grundton und dessen Oktav als zwei gesonderte Töne gedacht werden, während sie sonst immer harmonisch nur für einen gelten.

3)  Der Vorhalt der Sexte vor der Quinte:

Er erfordert sehr viele Rücksicht. Hier als Vorhalt der Sexte vor der Quinte im wesentlichen Septimenakkorde begleitet ihn stets nicht nur unzweifelhafter Wohlklang, sondern auch vollkommene Bestimmtheit. In den Dreiklängen dagegen, wo er die zur Vorvollständigung der Akkorde unentbehrliche Quinte zurückhält, entstehen oft unbeabsichtigte Sextakkorde, welche das Ohr in Ungewissheit lassen. Namentlich ist dies der Fall bei Trugschlüssen;

will man also diese Ungewissheit vermeiden, so muss eine solche Melodie anders harmonisirt werden.

Am gefährlichsten — obwohl keineswegs unbrauchbar — sind alle Vorhalte im Basse,

817.

weil sie da ein unausbleibliches Schwanken erzeugen, was man in der untersten Stimme, der Trägerin des ganzen Harmoniegebäudes, von der man die meiste Festigkeit erwartet, am wenigsten gern hört.

Wenn zwei oder mehre Vorhalte zu gleicher Zeit erscheinen, wie hier,

818.

so fallen sie ganz mit einer andern Kunstform, mit der Vorausnahme des Basses, zusammen, welche im nächsten Paragraphen zur Sprache kommt.

Von den Vorhalten von unten, die sich in die nächste diatonische Stufe aufwärts auflösen müssen, führen wir als die wohlklingendsten und üblichsten nur zwei an: den der Septime vor der Oktav, und den der Sekunde vor der Terz.

1) Der Vorhalt der Septime vor der Oktav:

819.

(Auber. Das „eherne Pferd". No. 10. Ursprüngl. A-dur.)

Dieser Vorhalt des Leittons erregt stets eine ungewöhnliche Spannung. In dieser angezogenen Stelle drückt er das Traumwachen, jenen Zustand, der dem wirklichen Einschlafen vorhergeht, trefflich aus.

2) Der Vorhalt der Sekunde vor der Terz:

Es ist dies dasselbe *d*, welches uns als Bestandtheil der vier Oberdominantakkorde (S. § 9.) mit seinem doppelten Gange aufwärts und abwärts so oft vorgekommen ist.

Diese beiden Vorhalte sind häufig gleichzeitig vorzufinden:

Die herkömmliche Bezifferung der Vorhalte ist so, wie wir sie in obigen Beispielen notirt haben: man bemerkt zuerst die Zahl des Vorhaltstons, und lässt darauf, durch einen kleinen Strich mit ihr verbunden, (oder von ihr getrennt, wie man es nennen will,) die des Auflösungstones folgen. Beziffert man neben dem Vorhalte gleichzeitig noch ein oder mehre andere Intervalle, so richtet man leicht Verwirrung an; es wird daher besser gemieden.

Doch diese Bezifferung ist nur für die bis hieher erklärten Vorhaltsfälle (die zwei letzten Takte von No. 817, wovon später, ausgenommen) und für alle diejenigen deutlich und ausreichend, bei denen sich der Grundton des Akkords im Basse befindet, d. h. bei Dreiklängen und Septimenakkorden. Für die grosse Anzahl der übrigen muss entweder eine unzweideutige und klare Bezeichnungsart erst erfunden werden, oder sie müssen ganz unbezeichnet bleiben. Zur Erleichterung des Ueberblicks theilen sie sich in folgende drei Klassen:

a) in Vorhalte, unter denen sich zwar auch die Grundtöne der Akkorde im Basse befinden, bei deren Auflösung sich aber der Akkord bereits geändert hat;

b) in Vorhalte in Verwechslungen, bei denen man eingedenk sein muss, welche Ziffer sie im Stammakkorde führen und welche Wirkung sie daselbst hervorbringen. Diese Wirkung bleibt auch in den Verwechslungen intensiv unverändert.

c) in Vorhalte im Basse. —

Wir kehren zu den Vorhalten von oben zurück.

Bisher lösten sie sich immer in denselben Akkorden auf. Dies hat keine andere Schwierigkeit, als dass man, wenn vielleicht die Bezifferung nicht beigefügt ist, einen Augenblick hindurch über die Tonverbindung, die keinen im engeren Sinne sogenannten Akkord erblicken lässt, stutzig wird, an dem späteren Eintreten des akkordeigenen Tones indess bald erkennt, dass ein Vorhalt, und welcher, im Spiele war. Schärfer muss das Auge auf diejenigen gerichtet werden, welche zwar auch nach der Regel eine diatonische Stufe abwärtsgehn, bei deren Auflösung sich aber der Akkord bereits geändert hat. Hier zeichnen sich durch ihre beste Brauchbarkeit uusre zwei ersten ans, die Vorhalte der Quarte vor der Terz und der None vor der Oktav, sowohl in Dur als in Moll.

1) Der Vorhalt der Quarte vor der Terz:

**822.**

Der Wohlklang dieses Vorhalts (*g* in der Oberstimme auf dem vierten und fünften Achtel des zweiten Takts) ist unter allen Umständen gleich schön. Seine Herbigkeit wird dadurch, dass er den symmetrischen Fortgang der Melodie über dieser Akkordfolge befördert, so sehr gemildert, dass man sie im eigentlichsten Sinne des Worts gar nicht empfindet. — Wie soll nun dieser Vorhalt beziffert werden? — Offenbar ist es die Quarte vor der Terz (4—3), aber wir dürften höchstens die 4, die 3 können wir nicht hinschreiben, weil sich bei dem Auftreten der Auflösung *f* bereits der wesentliche Septimenakkord eingestellt hat, worin dieses *f* zur Septime wird. Die Bezifferung durch die Zahl 4 allein enthält keinen Sinn; ebenso unmöglich ist die Bezifferung 4—7, weil dies aussähe, als wäre es ein Vorhalt der Quarte vor der Septime, den es gar nicht giebt. Es ist also am gerathensten, ihn gar nicht zu beziffern. (Man wolle diesen Satz Note für Note eine kleine Terz tiefer schreiben oder spielen, um die analoge Wirkung dieses Vorhalts in A-moll zu prüfen.)

2) Der Vorhalt der None vor der Oktav.

*Andante.*

**823.**

(Mozart. „Don Juan". No. 25. „Rede, rede, Du siehst mich bereit".)

Dieser Vorhalt ist noch spannender, als der vorige; eine Eigenschaft, wodurch er sich zu einem der beliebtesten gemacht hat. Zu beziffern ist er aber nicht; denn wenn sich das *h*, wie es muss, nach *a* auflöst, ist dieses *a* nicht mehr Oktav von *α*, sondern schon Terz von *f* geworden. (Man wolle dieses Beispiel Note für Note eine kleine Terz höher schreiben oder spielen, um die analoge Wirkung dieses Vorhalts in C-dur zu prüfen.)

Wenn aber auch die Auflösung des Vorhalts noch in demselben Akkorde erfolgt, so sind doch mancherlei Fälle denkbar, in denen seine Bezifferung nicht wohl empfohlen werden kann. Dahin gehören zweitens die Vorhalte in allen Verwechslungen:

Gleich der erste Vorhalt *e* vor *d* ist hier dem Auge die Quarte vor der Terz, (4—3) — aber im Quintsextakkorde. Derselbe Ton war im wesentlichen Septimenakkorde (No. 815) der Vorhalt der Sexte vor der Quinte, (6—5.) dem Ohro ist er's auch hier, und der Vorhalt der Quarte vor der Terz im wesentlichen Septimenakkorde heisst *c* vor *h*; (No. 811.) dieses *c* wird hier einen Takt später Vorhalt der Septime vor der Sexte, (7—6.) — aber im Terzquartakkorde; beide Akkorde sind aber nur Verwechslungen des wesentlichen Septimenakkords.

Kann man nun, ohne sich grenzenlos zu verwirren, einen und denselben Vorhalt, den das Ohr stets als denselben hört, in den Verwechslungen mit andern Zahlen beziffern, als im Stammakkorde? — Gewiss nicht. Hier ist nichts anders zu thun, als das Gedächtniss mitarbeiten und von ihm behalten zu lassen, dass derselbe Ton, welcher z. B. im Septimenakkorde der Sexte vor der Quinte ist, im Quintsextakkorde zum Vorhalt der Quarte vor der Terz, im Terzquartsextakkorde zum Vorhalt der None vor der Oktav und im Sekundakkorde zum Vorhalt der Septime vor der Sexte wird. Aehulich muss man in den Dreiklängen und mit allen Intervallen verfahren, denn alle können ja zu Vorhalten werden.

Von der Unausführbarkeit, Vorhalte im Basse deutlich zu beziffern, überzeugt man sich durch die einzige Betrachtung, dass, da man die Akkorde vom Basstone — der dann immer, auch in den Verwechslungen, als erster Ton gilt — zu zählen beginnt, jeder Vorhalt daselbst ohne Ausnahme die Sekunde von der Prime (2—1) ist, wodurch aber nichts weniger als eine genügende Bezeichnung erreicht wird. Aus diesem Grunde sind auch die beiden Vorhalte im Basse in den zwei letzten Takten von No. 817 ohne Bezifferung geblieben.

Alles Dieses führt zu der bereits vorhin angedeuteten Maxime: dass man sich den Karakter und die Wirkung einprägen muss, die irgend ein Vorhalt im Stammakkorde hervorbringt, wo der Grundton im Basse steht. Dieser Karakter bleibt ihm intensiv auch in den Verwechslungen; von der Möglichkeit, ihn stets genau und seiner Wesenheit gemäss beziffern zu können, muss man ganz absehn. Folgender Vorhalt,

beidemal *f* vor *e*, ist dem Ohre beidemal der Vorhalt der Quarte vor der Terz, obgleich die Zählung von dem Basstone aus bei b) die Nummern 7—6 ergiebt. Der Akkord ist beidemal der C-dur-Akkord, und der Effekt des *f* beidemal derselbe.

In dieser Beziehung ist auch der Sextakkord der Unterdominante, derjenige, in dem sich von allen Unterdominantakkorden am meisten Vorhalte einzufinden pflegen, nur eine Verwechslung, obgleich sonst alle Akkorde, welche auf der Unterdominante selbst ihren Sitz haben, in ihrem Sinne als Stammakkorde angesehn werden. Dieser Vorhalt

ist nur dem Auge die Septime vor der Sexte; dem Ohre ist er die None vor der Oktav. Der nächste Vorhalt

ist nur dem Auge die None vor der Oktav; dem Ohre ist er die Quarte vor der Terz. Der Akkord ist beidemal der D-moll-Akkord.

Ein zweifelhafter und vielbestrittener Fall ist folgender Vorhalt der Quarte vor der Terz im Dreiklange der Unterdominante:

wir reden nicht von dem Querstande *h* gegen *b*, — der wird dadurch unumgänglich, dass der Vorhalt leitereigen genommen werden muss; aber jenes *b* verlangt in der Mittelstimme das sofortige Eintreten der Terz *a*, vor welchem sich in der Oberstimme der Vorhalt *h* befindet. Dieser Verdopplung wegen deuten Einige das *h* nicht als Vorhalt, sondern als blossen Hilfston. Da für beide Annahmen giltige Gründe vorzubringen sind, so thut man am besten, in diesem Falle einen von denjenigen zu erkennen, wo Hilfston und Vorhalt zusammentreffen.

Der Vorhalt der Quarte vor der Terz über der Oberdominante hat einen Doppelkarakter und einen Doppelnamen. In der Mitte eines Satzes heisst er Vorhalt, und macht auch diesen Eindruck; auf dem drittletzten Platze vor dem Ganzschlusse aber, wo er an der Stelle des dissonirenden Quartsextakkords steht, bildet er den Quartquintakkord. (S. § 14.) Wäre es z. B. erlaubt, das No. 812 angezogene kleine Beispiel aus dem „Freischütz" so umzuändern,

829.

4 – 3

5
4

so könnten wir beide nebeneinander prüfen, im dritten Achtel des ersten
Takts den Vorhalt der Quarte vor der Terz, und im ersten Viertel
des dritten Takts den Quartquintakkord. (S. § 14)

Niemand kann sich darüber täuschen, dass hier der zweite Zusammenklang der drei Töne *g*, *c* und *d* ein ganz anderer, ein viel bedeutungs-
vollerer ist, als der erste. Man erkennt in Jenem augenblicklich einen
von denjenigen Akkorden, deren vorzüglichste Thätigkeit sich nur vor
dem Ganzschlusse entfaltet, daher es auch die Vorzeit nöthig fand, ihn
durch den besonderen Namen Quartquintakkord auszuzeichnen, zur
Unterscheidung von dem anspruchsloseren Vorhalt der Quarte vor der
Terz, der zwar ebenso klingt, durch seine gänzlich veränderte Stellung
aber von weit geringerem Gewicht ist. Die Gleichheit des Klanges hat
ohne Zweifel zu der zweifachen Deutung Veranlassung gegeben, deren eine
den Quartquintakkord für einen Stellvertreter des dissonirenden Quartsextakkords. die andere ihn für einen Vorhalt vor dem Oberdominantdreiklange hält.

### § 72.

#### Die Vorausnahme des Basses.

Der letzte zur Besprechung vorliegende Gegenstand, dem Inhalte
des vorigen Paragraphen sich anschliessend, dadurch wichtig, dass er, wie
der Vorhalt, keine Akkorde bildet, deren Zustandekommen vielmehr ge-
wissermassen verhindert, wenigstens ihren bequemen Ueberblick erschwert,
der also eigentlich nur in umgekehrtem Sinne zur Akkordlehre gehört, ist
die Vorausnahme (Antizipation), bestehend in einem akkordfremden
Tone, (selten in mehren,) der erst in der — oft einige Takte später —
nachfolgenden Harmonie seine Rechtfertigung findet und, wie der Vorhalt,
in jeder Stimme und in jedem Akkorde zur Anwendung kommen kann.
Wir wollen uns nur kurz mit der wichtigsten beschäftigen, mit der Vorausnahme des Basses, weil von ihr aus mit Leichtigkeit auf die anderer
Stimmen geschlossen werden kann.

Dem Basse ist die Melodie (im engeren Sinne) am fremdesten. Er
trägt die ganze Akkordwelt auf seinen Schultern und sein Einherschreiten
ist, wenn auch ein unbedingtes Verlangen nach Langsamkeit und Bedäch-
tigkeit übertrieben genannt werden muss, doch je bestimmter und gewich-
tiger, desto besser. Er entspricht der von ihm gehegten Erwartung, des
ganzen Satzes sichere Stütze zu sein, ebensowohl durch Angeben der kräftigsten Akkordtöne, welcher jede Melodie zu ihrer Verherrlichung bedarf,
als durch Markiren der rhythmischen Hauptmomente auf den besten Takt-
gliedern. Hierbei kann es sich leicht ereignen, dass er in die Nothwendig-

keit versetzt wird, plötzlich einen Ton ergreifen zu müssen, der zu der
eben erklingenden Harmonie noch nicht, vielmehr erst zu der nachfolgenden, passt,

und dies ist dann seine Vorausnahme. (Vergl. No. 818.) Sie ist auf
drei Arten am häufigsten: einmal wenn, wie soeben, der Bass zur Be-
kräftigung des ersten Viertels schon die Tonika anschlägt, während die
andern Stimmen noch auf Tönen halten, die der Oberdominante angehören;
zweitens aus Opposition gegen die Synkopen der übrigen Stimmen,

und drittens, wenn im Durgeschlechte der Sextakkord der Unterdominante zur Anwendung kommt, im Basse das unmittelbare Eintreten
des Unterdominanttons wünschenswerth ist, die melodieführende Stimme
aber die anderen zwingt, mit ihr solange auf der Oberdominante des Sextakkords (gewöhnlich dem verminderten Septimenakkorde oder einer seiner
Verwechslungen) zu verweilen, bis der Sextakkord sich klar gestalten kann:
(Vergl. auch No. 519 bis 522.)

(Weber. Der „Freischütz‟. No. 2. „Und vertraue, vertraue dem Geschick.‟)

Die kühnsten Vorausnahmen sind diejenigen, welche mehre Takte
andauern, bis sich die eigentlich gemeinte Harmonie vervollständigt.
Folgendes Beispiel giebt davon eine Probe:

(L. v. Beethoven. Anfang des Finale der „Pastoralsinfonie".)

Das *f* des Basses vom fünften bis zum achten Takte ist eine solche mehrtaktige Vorausnahme, während die übrigen Stimmen noch unbekümmert in der Oberdominante bleiben. Der darin liegenden scheinbaren Willkür muss stets ein künstlerisches und einleuchtendes Motiv zu Grunde liegen; hier ist es die launige Nachbildung eines ländlichen Orchesters. Das sechste Achtel des zwölften Taktes ist die Vorausnahme eines ganzen Akkords; sie hat uns aber hier nicht zu beschäftigen, weil sie als Taktverrückung dem rhythmischen, und nicht dem harmonischen Gesichtskreise verfüllt.

Alle diese verschiedenen Kunstobjekte: die Durchgangs- und die Hilfstöne, der Orgelpunkt, der Vorhalt, die Bassvorausnahme u. s. w. modifiziren sich so fein, gehn so oft ineinander über, sind so oft nur mehrerlei Benennungen für eine und dieselbe Sache, dass es derselben Vorsicht zu ihrer Unterscheidung bedarf, wie bei der Quarte und Unterdominante und bei der Quinte und Oberdominante.

## § 73.
### Die Choralharmonisirung.

An die Ausarbeitung des Kapitels unter dieser Ueberschrift geht jeder Theoretiker mit ganz besonderer Freude. Man kann aus jedem Lehrbuche die Vorliebe herauslesen, die den Verfasser während der Abfassung grade dieses Gegenstandes beseelte, denn die gediegene Choralharmonisirung ist das Fundament des reinen vierstimmigen Satzes, wie vergleichsweise die Kenntniss der lateinischen für die Erlernung der romanischen Sprachen. Jeder Lehrer weiss, mit welcher Ungeduld der Schüler, dem diese Wichtigkeit schon durch Tradition bekannt ist, die Stunde herbeischnt, um auch seinerseits den Zug nach diesem Vliesse zu beginnen, darum gewährt es ihm Befriedigung, mit seinen Erfahrungen den Weg dahin zu ebnen. Selbst der Gedanke, dass voraussichtlich auch einmal ein Einzelner, der, wenig gewissenhaft oder stetig, die vorangegangene Lehre vernachlässigt hat, und in der Meinung, aus dem der

Choralharmonisirung gewidmeten Abschnitte dieselbe allein erlernen zu
können, nun getäuscht und unbefriedigt das Buch, dem er die Schuld bei-
misst, aus der Hand legen wird, ist noch nie im Stande gewesen, die
Annehmlichkeit dieser Beschäftigung zu trüben.

Viel verbreitet ist der Irrthum, dass eine längere Beschäftigung mit
dem Aussetzen von Chorälen zusehr von der modernen und weltlichen
Musik abziehe. Dies ist ebensowenig wahr, als sich z. B. ein Sänger
durch Studium der Solfeggien dem richtigen Vortrage seiner Opernarien
entfremdet. Wie Diesem durch die Uebungen die Grundzüge geläufig
werden, nach denen ihm später die Ausführung jedes Gesangstücks leicht
wird, so lernt der Harmoniker an den Chorälen (NB. in akkordischer
Beziehung) die Grundzüge seines spätern Bedarfs in jeder Sphäre kennen.

Eigentlich ist jedes Lehrbuch schon von selbst eine fortgesetzte Anleitung zum Choralharmonisiren, — auch dieses vorliegende hat nirgend
einen Anlass versäumt, zweckdienliche Weisungen einzuflechten, doch giebt
es noch mancherlei spezielle Fingerzeige, welche abgesondert von Allem
Uebrigen einen eigenen Platz für sich haben müssen. Sie setzen einen
unermüdlichen Fleiss voraus, unter Aufsicht eines Lehrers, der in dem
Rufe nicht allzugrosser Nachsichtigkeit steht. Alles Lesen theoretischer
Werke, alles Durchspielen der Legion gedruckter und geschriebener Choralbücher ist nicht ausreichend; es fördert sehr, kann aber von den eigenen
Arbeiten, die Feder in der Hand, nicht dispensiren

1) Die aufeinander folgenden Akkorde müssen so gewählt werden,
dass je zwei von ihnen meistentheils einen Ton gemeinschaftlich haben.
Sehr gut ist es, wenn dieser Ton als Bindemittel zwischen zwei Akkorden
in einer und derselben Stimme liegenbleiben kann, doch lässt es sich nicht
allenthalben erreichen. Diese Gemeinschaftlichkeit findet sich bei allen
Dominant- und bei allen (grossen und kleinen) Terzenschritten vor.
sowohl nach oben als nach unten:

„Ein' feste Burg ist unser Gott" u s. w.

834.

Hinsichtlich der Terzenschritte nach oben ist zu merken, dass sie am schönsten sind, wenn der zweite Akkord ein wesentlicher Septimenakkord ist, wenigstens wenn er die grosse Terz hat, also z. B. von C-dur nach E-dur:

„Ach Gott und Herr" u. s. w.

835.

Hat der zweite Akkord die kleine Terz, — beide sind hier zur Vergleichung nebeneinandergestellt, — so ist der Terzenschritt nach oben wegen seiner Farblosigkeit zu meiden, wenigstens nicht aufzusuchen. (Ueber die mit den Terzenschritten oft verbundenen Querstände s. § 20. No. 123 und 124.)

Mit diesen zwei Worten: Dominant- und Terzenschritte, ist bereits ein so ungeheures Feld der Fortschreitung abgesteckt, dass eigentlich nur noch wenig zu sagen bleibt, denn sie enthalten, um nur Einiges namhaft zu machen, die Möglichkeit, von irgend einem Anfangsdreiklange aus in die Akkorde über der kleinen und grossen Terz (mit oder ohne Septime) gehn zu können, ferner in die Quarte, und wenn diese zur Unterdominante wird, nach allen ihren Akkorden und deren Umbildungen, nach der Quinte (Oberdominante), nach der kleinen und grossen Sexte u. s. w. Dadurch dass alle diese Schritte mit Verwechslungen gethan werden können, schwillt der Reichthum unübersehlich an.

Es müssen noch die Sekundschritte genannt werden. Sie sind im Allgemeinen zu vermeiden; denn zwischen zwei nebeneinanderliegenden Dreiklängen — C und D oder D und C, dur oder moll u. s. w. — existirt kein Verwandtschaftsgrad, sie haben keinen Ton gemeinschaftlich. Doch sind Sekundschritte nach oben gefällig: a) in Trugschlüssen, und b) in der Aufeinanderfolge beider Dominanten. (Beide Fälle sind in den obigen Beispielen angebracht.) Sekundschritte nach unten sind von guter Wirkung, wenn der zweite Akkord zur Oberdominante wird:

„Auf meinen lieben Gott" u. s. w.

836.

2) Mit Ausnahme weniger Choräle müssen des Textes wegen stets die beiden ersten Zeilen wiederholt werden. Hier ist es von je als eine besondere Kunst geschätzt worden, die Repetition mit ganz neuen Akkorden auszufüllen, in denen — den Ganzschluss ausgenommen, denn der ist meistens unumgänglich — aus der ersten Bearbeitung Nichts wiederkehrt. Um sich die Bahn hierzu zu eröffnen, ist es wohlgethan, zum Zweitenmale gleich von vorn herein mit einem andern Akkorde zu beginnen, und wenn es der Melodieton irgend erlaubt, mit der unteren Terz. (Im Durgeschlecht ist dies die Parallele.) Dadurch werden sofort neue Gesichtskreise gewonnen. (Andere Wegweiser, z. B. die Wahl eines von dem ersten verschiedenen Unterdominantakkords, nach welchem speziell durch seine Oberdominante hingeleitet werden muss, kommen später zur Sprache.) Eine veränderte Harmonisirung von No. 834, mit der Parallele beginnend, wäre beispielsweise so möglich, ohne dass dem Karakter der Melodie dadurch Eintrag geschähe:

837. oder:

und um dies auch im Mollgeschlechte zu zeigen, eine zweite Harmonisirung von No. 836 mit dem Anfange in der Unterterz:

838.

3) Den groben Quinten- und Oktavenfehlern weicht man mit Glück durch Gegen- oder Seitenbewegung in den beiden äussersten Stimmen aus. (In den bisherigen Beispielen diente dieser Wink als Richtschnur.) Dies darf jedoch nicht so engherzig aufgefasst werden, als ob es nöthig wäre, bei jedem Schritte, den die Melodie etwa abwärts thut, ihr mit dem Basse entgegenarbeiten zu müssen, — es bezieht sich nur auf die Hauptrichtungen derselben. Wenn aber auch in der graden Bewegung durch eine glückliche Akkordwahl die Gefahr jener Fehler beseitigt ist, so wird die Gegen- oder Seitenbewegung, weil gediegener und kräftiger, als die grade, welche leicht in Süssigkeit und Weichlichkeit verfällt, in ästhetischer Beziehung doch vorgezogen. (Vor den Quinten hinter der Unterdominante als Sextakkord ist § 16 No. 60 gewarnt.)

4) Eine in Choralmelodieen häufige Vorkommniss sind die Terzensprünge nach unten. Man thut wohl, (nicht immer, aber doch meistens) beiden Tönen die Akkorde einer Oberdominante und einer darauf folgenden Tonika unterzulegen,

„Aus meines Herzens Grunde" u. s. w.

839.

sodass der zwischenliegende Ton, wenn er vorhanden wäre, die wesentliche Septime bilden würde. (Dieser Ton wird auch vielerorts als wesentliche Septime von der Gemeinde eingeschaltet und die Melodie damit verweltlicht und verdorben.) Natürlich darf dann diese Dissonanz in keiner andern Stimme vorhanden sein, weil ihr nothwendiges Abwärtsgehn sonst verdeckte Oktaven mit der Oberstimme verursacht.

Eine andere höchst willkommene Akkordisirung eines solchen Terzensprungs ist folgende,

840.

die wir mit Worten nicht weiter beschreiben wollen, weil sie das Auge viel schneller auffasst.

Ein solcher Terzensprung wird aber unmöglich mit Oberdominante und Tonika begleitet werden können, wenn ihn zwei Töne machen, welche in der diatonischen Tonleiter Septime und Quinte sind, in C-dur also z. B. von h nach g:

„Vom Himmel hoch, da komm' ich her" u. s. w.

NB.

841.

In der Aufeinanderfolge von G-dur und C-dur (Dominantschritt) wird h Leitton nach c. Die Melodie, welche nicht verändert werden darf *(cantus firmus)*, gestattet seine regelrechte Auflösung nicht; der Terzensprung abwärts ist aber eine Widernatürlichkeit, die er durchaus nicht verträgt. Man muss also eine andere Akkordwahl treffen, z. B.

**842.**

besser noch ist die folgende, die treuer an der Tonika festhält und die Tonart der Quinte nicht so stark in den Vordergrund gelangen lässt:

**843.**
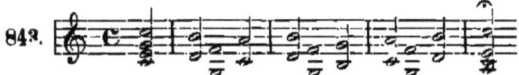

Es ist erfahrungsmässig, dass die Gemeinde diesen zwischen der Septime und Quinte befindlichen Ton nicht ausfüllt, was sie doch sonst so gern thut; ein Missbrauch, dem die Organisten bei weitem nicht mit der Energie steuern, wie eigentlich ihre Pflicht wäre.

5) Nicht weniger häufig, als die Terzensprünge nach unten, sind die Quartensprünge nach oben. Sie pflegen anfänglich die Quelle mancher Verlegenheit zu sein, um so wünschenswerther ist es zu wissen, dass sich ihre Begleitung ebenfalls leicht durch Oberdominante und Tonika bewerkstelligen lässt, und zwar auf zweierlei Weise, sodass die Melodietöne, wenn man die Grundtöne der Akkorde ins Auge fasst, entweder deren Quinten oder diese Grundtöne selbst sind. Von den Oberdominanten dürfen aber nur die Sekund- oder Terzquartsextakkorde genommen werden, und unter dem zweiten Tone muss immer ein Sextakkord stehn, z. B.

**844.**
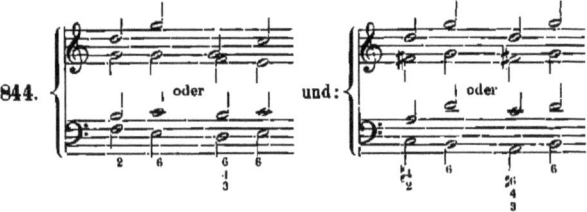
oder     und:     oder

Den Quintsextakkord und darauf folgenden Dreiklang muss man in beiden Tonarten dringend meiden, weil sie auf dem zweiten Akkorde in der einen Tonart die leeren Quinten, und in der andern die ebenso leeren Oktaven in die äussersten Stimmen legen.

Finden sich nun diese Quartensprünge nach oben (oder Quinten-
sprünge nach unten) in der ersten oder zweiten Zeile eines Chorals, so
ist sogleich der Weg zu einer doppelten Harmonisirung vorgezeichnet.
Z. B.

„Schwing' Dich auf zu Deinem Gott" u. s. w.

**845.**

Der vorgeschrittene Harmoniker weiss noch viele andere überraschende
Akkordfolgen aufzufinden; hier ist auch nur von Fingerzeigen für Anfänger
die Rede.

6) Wir kommen nun zu den beiden Tetrachorden der diatonischen Tonleiter, von denen eins beinahe in jedem Chorale
vorkommt.

### In C-dur:

Das erste:
aufwärts: *c, d, e, f;* abwärts: *f, e, d, c;*
das zweite:
aufwärts: *g, a, h, c;* abwärts: *c, h, a, g.*

### In A-moll:

Das erste:
aufwärts: *a, h, c, d;* abwärts: *d, c, h, a;*
das zweite:
aufwärts: *e, fis, gis, a;* abwärts: *a, g, f, e.*

Es ist nothwendig, auf die ausserordentliche Mannigfaltigkeit von
Akkordanordnungen aufmerksam zu machen, denen sie sich willig fügen.
Die folgenden Beispiele fassen vorzugsweise die zweite und die siebente
Stufe beider Tonleitern in's Auge, und bemühen sich, die rechte Mitte zu
halten zwischen den gewöhnlichsten Harmonisirungen von Tonika und
Oberdominante, die sich gar zu bald erschöpfen, und den künstlicheren,
die der Privatübung vorbehalten bleiben müssen.

## In C-dur.

Das erste Tetrachord, auf- und abwärts:

"Allmächt'ger Vater, Gott der Huld" u. s. w.

846.

Das zweite Tetrachord, aufwärts:

"Allein zu Dir, Herr Jesus Christ" u. s. w.

847.

Das zweite Tetrachord, abwärts:

In A - moll.

Das erste Tetrachord, aufwärts:

Das erste Tetrachord, abwärts:

Das zweite Tetrachord aufwärts *(e-fis-gis-a)* musste bereits früher so oft dargestellt werden, dass wir mit Recht darauf verweisen können, namentlich auf § 19; dann auf § 41, No. 290 bis 292, auf § 57, No. 572, auf § 64, No. 728 bis 733 u s. w.

Das zweite Tetrachord, abwärts:

„Herr Jesu Christ, Du höchstes Gut" u. s. w.

**851.**

7) Es giebt viele Choralzeilen, welche in der Oberdominante des parallelen Mollgeschlechts endigen müssen oder doch wenigstens können. Einige der vorstehenden Beispiele geben hierzu Anleitung, am ausführlichsten spricht sich § 62 darüber aus.

8) Schwerer, als die bis hieher beregten Punkte, sind die Uebergänge, (nicht blosse Ausweichungen) zumal in entfernte Tonarten. Hier muss man sich im Allgemeinen von dem Grundsatze leiten lassen, die neue Tonart so früh wie möglich einmal anzuschlagen, und wenn dies nicht gut thunlich ist, wenigstens eine ihrer Dominanten oder ihre Parallele, müsste man auch zu diesem Zwecke Viertel und Achtel zu Hilfe nehmen. Im Speziellen entscheidet darüber die jedesmalige Melodie.

9) Einer der wichtigsten Hebel zu glücklicher und schneller Harmonisirung sowie zu wohlgerundeter Abschliessung einer Choralzeile ist die frühzeitige Wahl eines Unterdominantakkords. Man merkt es jeder Melodie bald ab, ob derselbe auf den vierten oder auf den dritten Platz — rückwärts gezählt — zu stehn kommen wird, denn dies richtet

sich ja nur nach dem Vorhandensein oder Nichtvorhandensein des dissonirenden Quartsext- oder Quartquintakkords, und dann sind in denjenigen
Zeilen, die einen Ganzschluss zulassen, und das sind die meisten, einschliesslich des ersten sogleich fünf oder vier Akkorde (also wenigstens
die Hälfte) fertig. Nur muss man sich nicht verführen lassen, diesen
Schluss zuerst hinzuschreiben, weil man nicht wissen kann, in welche Oktav
oder Lage die betreffenden Intervalle kommen werden, und dann hiesse
das auch die Arbeit von hinten beginnen, was nur der ausgebildete Harmoniker gefahrlos vollbringen kann. Dieser arbeitet seinen Satz bis in
die Einzelheiten hinein so fertig im Kopfe aus, dass es ihm einerlei ist,
ob man ihm die Aufgabe stellt, den Tenor zuerst, dann den Alt, als dritte
Stimme den Bass, und endlich zuletzt die Melodie oben darüber zu
schreiben, und dergleichen Proben mehr. Für den Anfänger aber kann
eine solche Fertigkeit weiter nichts sein, als eine Aufforderung, es Jenem
baldmöglichst gleich zu thun.

Welcher Unterdominantakkord zu nehmen ist? — Darüber kann
einzig die Melodie befragt werden. Aber es sind ihrer so viele und der
Melodieton erlaubt fast immer das Zutreten einer so grossen Anzahl, dass
die Verlegenheit gewöhnlich nicht lange dauert, denn man erinnert sich
bald derjenigen Akkorde, welche zu dem gegebenen Melodietone überhaupt
passen. Möglich ist jeder, — und in dieser Beziehung ist es sehr
anzurathen, die Wahl des Unterdominantakkords frühe zu treffen und an
derselben unverbrüchlich festzuhalten, weil dadurch der ganzen Arbeit
ein wohlthätiger Anhalt gegeben und man, da die vorhergehenden Akkorde
doch passend zu ihm hinleiten müssen, aller Schwankungen und Un-
schlüssigkeiten überhoben wird.

Steht beispielsweise in C-dur auf dem Unterdominantplatze der Ton *f*,
also die Unterdominante selbst, so passen dazu unweigerlich gut von den
dreistimmigen Akkorden allein die vier, welche wir bereits im § 48,
hinter No. 349, an der ersten Zeile des Chorals „Allein Gott in der Höh'
sei Ehr'" gezeigt haben, nämlich den Dreiklang F-dur und sein Sextakkord,
wie auch der Sextakkord D-moll und sein Dreiklang.

Jetzt können wir, gestützt auf die in den beiden vorletzten Paragraphen gebotenen Hilfsmittel, den Sextakkord D-moll auch einmal mit
der Bassvorausnahme anwenden, ebenso, wenn wir wollen, in dem
wesentlichen Septimenakkorde hinter ihm den wohlklingenden Vorhalt
der Sexte vor der Quinte benutzen:

Von den vierstimmigen Akkorden nennen wir, als mit diesem *f* der Melodie besonders verträglich, nur zwei, den Septimenakkord *d - f - a - c*
(**C. I.**) und den beiden Geschlechtern angehörenden Quintsextakkord
*d - f - as - h* (**F. III.**):

Nicht minder können alle Unterdominantakkorde des Mollgeschlechts, an ihrem karakteristischen *as* kenntlich, herübergezogen werden; wir führen, da die übrigen sehr leicht sind, nur die zwei seltensten an, den Dreiklang *d - f - as* (**B. I.**) und den Sextakkord *f - as - des* (**B. IV.**):

und vervollständigen damit die Zahl unserer in Noten dargestellten Harmonisirungen (keineswegs aller möglichen) einschliesslich der vier aus § 48 bis auf neun, in denen derselbe Akkord auf demselben Platze fast nie zweimal vorhanden ist. Sie sind alle nur aus Rücksichtnahme eines einzigen Tones entstanden, und wiederum nur, insofern dieser Ton als Unterdominante betrachtet wurde. Geben wir diesem *f* eine andere Deutung, versuchsweise (weil es nach *e* abwärtsgeht) einmal die der Septime im wesentlichen Septimenakkorde, so eröffnen sich augenblicklich ganz neue Gesichtspunkte, und das Harmonisiren geht gleichsam von vorn wieder an. Wir sehn sofort vier noch unbetretene Wege, denn wir können ihm den Septimenakkord auf *g* unterlegen, dann den Quintsextakkord auf *h*, und zweimal den Terzquartsextakkord auf *d*, sowohl abwärts- als aufwärtsgehend:

Eine verhältnissmässig immer ähnliche Mannigfaltigkeit entsteht aus der veränderten Deutung irgend eines andern von diesen acht Melodietönen; auch wenn man die Zeile im Ganzen in den zwei nahe verwandten Tonarten A-moll und F-dur harmonisirt:

und doch sind in diesen siebzehn verschiedenen Akkordisirungen noch lange nicht alle Hilfsmittel erschöpft, noch nicht alle Vorhalte, noch nicht alle Tonarten, noch nicht alle Vorausnahmen, noch nicht alle Akkorde, z. B. die gehäuften verminderten Septimenakkorde, ebensowenig die Anzahl der Akkorde, denn man kann ja zu jedem Melodietone zwei und noch mehr nehmen und sie bis zu sechzehn, vierundzwanzig u. s w. vermehren. Alles Dieses zusammengenommen macht jede Berechnung undenkbar und erschliesst das Gebiet der Unendlichkeit.

Diese Kunst ist es, welche den Werken deutscher Meister einen so grossen Reiz giebt, und im deutschen Geiste wurzelt der Gedanke, einer wiederkehrenden Melodie durch veränderte Harmonisirung frisches Interesse zu verleihen, eine Höhe, zu welcher sich andere Nationen, wenige nicht erhebliche Anläufe abgerechnet, unbeschadet ihrer anderweitigen z. B. melodischen oder dramatischen Begabung doch noch nicht aufgeschwungen haben. Leider birgt sie aber auch den Uebelstand, leicht in Grübelei und Unklarheit ausarten zu können. Doch wo wäre das Kraut, das nicht in ungeschickter Hand zum Gifte würde?

Es sind nicht viele Choralzeilen vorhanden, welche sich der ausgedehntesten und mannigfaltigsten Behandlungsweise nicht willig fügten. Man kann in dieser Beziehung schon eine beträchtliche Anzahl vierstimmig ausgesetzter Choralbücher durchblättern, ehe man findet, dass in einer Zeile die Wahl zweier Bearbeiter auf dieselben Akkorde gefallen wäre, — viel weniger in einem ganzen Chorale. Eines der Hauptmittel zu solcher Vielseitigkeit ist in den Unterdominantakkorden gegeben, welche, wenn auch ihre Nachfolge immer die gleiche ist, doch in dem, was ihnen vorangeht, die unbeschränkteste Verschiedenheit theils zulassen, theils fordern. Jeder Melodieton auf dem Unterdominantplatze hat seine bestimmten, aber zahlreichen Akkorde und man erinnert sich bald derer, die zu $f$ passen, oder zu $fis$, oder zu $a$, (dieses $a$ verträgt die meisten, weil es in fünf Unterdominantformen die Terz von $f$ oder $fis$ ist,) oder zu $c$, oder zu $d$, und wenn dieses $d$ abwärts nach $c$ oder aufwärts nach $e$ geht, zu $dis$ oder $es$, zu $e$ u. s. w. kurz zu allen Tönen der Tonleiter bis auf $g$ und $h$. Ja auch diese beiden können auf künstlichem Wege in den Unterdominantenkreis hereingezogen werden, denn es ist möglich, der Oberdominante *g*, wenn sie als Orgelpunkt in der Oberstimme festliegt, die Unterdominante als Sextakkord unterzulegen,

„Lobt Gott, ihr Christen" u. s. w.

857.

und *h* kann förmlich Bestandtheil eines Unterdominantakkords werden, wie hier, wo es zu der Umbildung **F. III.** gehört:

„Komm', o Schöpfer, hell'ger Geist" u. s. w.   Zweite Zeile.

858.

Der Raum gestattet nicht, mit allen Tönen eine vollständige Ausführung zu unternehmen, — es würde sonst aus diesem einzigen Gegenstande allein ein ganzes Buch werden. Es muss an dem oben mit dem Ton *f* einigermassen ausgeführten Nachweise genügen, mit dem Bemerken, dass bei allen übrigen Tönen die betreffenden Umbildungen in Kraft treten. Im Mollgeschlechte verhält sich Alles ganz analog.

10) Die aus dem Moll- in das Durgeschlecht herübergeholten Unterdominantakkorde sind im Allgemeinen zu meiden, wenigstens nicht aufzusuchen. Man hält dafür, dass das Gezierte, was sie dem Satze beimischen, für den Choral nicht passend, wenigstens nicht erforderlich sei. Nur wenn es gilt, die Symmetrie mit etwas unmittelbar Vorhergehendem oder Nachfolgendem zu bezwecken,

„Du, o schnödes Weltgebäude" u. s. w.

859.

da nimmt man sie unbedenklich. — Dieser Gegenstand ist einer von denen, welche lediglich dem Geschmacke des Künstlers anheimgegeben bleiben müssen, denn er stuft sich so tausendfältig und so zart ab, dass er unter keine apodiktisch feste Normen gebracht und von keiner Lehre erschöpfend dargestellt werden kann.

11) Es wird für einen Fehler gehalten, wenn man einen Ganz-schluss mit Grundbässen da anbringt, wo die durch die wesent-liche Septime herbeigeführte Terz der Schlusstonika oben-aufliegt. Z. B.:

„Schwing' Dich auf zu Deinem Gott" u. s. w. Fünfte Zeile.

860.

Die vier letzten Melodietöne a, g, f, e taugen im Ganzschlusse wohl zu einer Mittel-, keineswegs aber zu einer Oberstimme; auch bleibt so die Schlusstonika ohne Quinte, was unter einer Fermate bei einem Dreiklange in der zweiten Lage nicht, vielmehr nur in dessen erster Lage statthaft ist. Entweder müssen die Akkorde einem andern Ziele zugelenkt, oder wenn C-dur bleiben soll, der Schluss dahin mit Verwechslungen her-beigeführt werden:

861.

12) Wenn vor dem Ganzschlusse der dissonirende Quartsext-akkord zur Erscheinung kommt, so darf derselbe nie auf einen unaccen-tuirten Takttheil fallen. Dies wäre sonst ein Fehler gegen den Rhythmus. Bis man sich in eine genaue Kenntniss und Ergründung der inneren Wesenheit der Choräle hineingearbeitet hat, kann man die guten von den schlechten Takttheilen zuerst dadurch unterscheiden lernen, dass man die Choräle in Viertelnoten schreibt und dann das erste und dritte Viertel beobachtet. Nur auf eins von beiden darf der dissonirende Quartsextakkord fallen. Die folgende Zeile ist in dieser Beziehung fehlerhaft,

„Freu' Dich sehr o meine Seele" u. s. w.

862.

weil sie, in Vierteln geschrieben, den Quartsextakkord auf dem zweiten Viertel enthalten würde. Oft kann man freilich — sei es, durch die

Akkordwahl dazu veranlasst, oder der Gegenbewegung oder der Sangbarkeit der Stimme wegen — nicht anders, als jenen Quartsextakkord nehmen, dann muss man aber darauf bedacht sein, ihn dadurch, dass man ihm noch einen andern Akkord (am liebsten einen geschärften Unterdominantakkord) folgen lässt, zu dem konsonirenden zu machen. Z. B. die letzte Choralzeile dahin abgeändert:

**863.**

13) Wenn im vierstimmigen Satze die drei oberen Stimmen so gedrängt zusammenstehn, dass zwischen ihnen kein zum Akkorde gehöriger Ton mehr Raum findet, so nennt man ihn in der engen Harmonie geschrieben. Der herkömmliche Ausdruck für das Gegentheil ist: die zerstreute Harmonie.

Beide Arten sind durch Karakter und Ausdruck, gleichwie durch die Behandlung, die sie erfordern, sosehr von einander verschieden, dass sie ein eigenes Studium beanspruchen. Dasselbe wird am besten durch den Hinblick auf die vier Hauptsingstimmen geleitet: Sopran, Alt, Tenor und Bass. Ein Satz für diesen sogenannten gemischten Chor kann — vorausgesetzt dass die zwei oberen weiblichen Stimmen nicht ungewöhnlich tief gelegt sind, wonach sich dann die beiden andern zu richten haben, — nicht füglich anders, als in der zerstreuten Harmonie gehalten werden, ebenso ein Satz für das Streichquartett, für zwei Klarinetten (zwei Oboen) und zwei Fagotte u. s. w. Ein Satz für vier Männer- oder Frauenstimmen, für ein Trompeten-, Horn- oder Posaunenquartett u. s. w. dagegen macht in der Regel die enge Harmonie nöthig.

Am zweckmässigsten für den Anfänger sind Uebungen in der zerstreuten Harmonie, so wie sie diejenigen von unsern Beispielen zeigen, welche auf zwei Notenlinien geschrieben sind. Sie sind durch den jeder Stimme offen gehaltenen weiteren Spielraum leichter, und es ist demzufolge der naturgemässe Weg, sie den schwereren Uebungen in der engen Harmonie vorangehn zu lassen.

14) Nach den vier Hauptgesangstimmen sind die vier Stimmen des reinen vierstimmigen Satzes mit denselben Namen belegt worden: Sopran, Alt, Tenor und Bass. Diese Rangordnung muss immer beibehalten werden, in dem Sinne nämlich, dass der Alt nicht über den Sopran und dieser nicht unter den Alt treten darf, sonst würde der Alt zum Sopran und der Sopran zum Alt, ebenso der Tenor nicht über den Alt, dieser nicht unter den Tenor u. s. w. Geschieht es dennoch, was übrigens — d. h. ohne augenscheinliche Bezweckung eines ganz besonderen und eigenthümlichen Effekts — als Fehler angerechnet wird, so sagt man: die Stimmen durchkreuzen sich. In Chorälen ist eine solche Durchkreuzung der Stimmen zwecklos, unnütz, und deshalb auch unbedingt verboten.

Mit jenen Namen sind auch zugleich die G r e n z e n abgesteckt worden, innerhalb deren die einzelnen Stimmen sich bewegen müssen: keine darf über den natürlichen Umfang der gleichnamigen Menschenstimme hinaus, weder in der Höhe noch in der Tiefe. Ihr V e r h ä l t n i s s zueinander sieht man am liebsten so angeordnet, dass sich eine jede von der andern i m A l l g e m e i n e n nicht weiter als eine Quinte oder Sexte entfernt. Besonders gilt dies von den drei oberen Stimmen; mit dem Basse kann man schon dreister verfahren, ja seine imposante Natur wirkt oft um so mächtiger, je isolirter er den andern gegenübersteht. Als Richtschnur ist es üblich, den Dreiklang C-dur in der e r s t e n L a g e, wie folgt, vor Augen zu stellen:

die drei ersten Stellungen des Akkords sind gut; die vierte und fünfte der unverhältnissmässig weiten Zerrissenheit der drei oberen Stimmen wegen verwerflich. Den unvortheilhaftesten Eindruck macht die letzte Stellung, welche zwischen Terz und Quinte den weiten Raum einer Dezime leer lässt.

---

# Dritter Abschnitt.

## Die fünfstimmigen Akkorde.

### § 74.

Der letzte Versuch, Töne terzenweise zu Akkorden übereinanderzubauen, giebt den fünfstimmigen Akkorden das Dasein. Sie werden gewonnen, indem man den vierstimmigen oder Septimenakkorden eine v i e r t e  T e r z hinzufügt, wie ihrer Zeit (§ 28) die Dreiklänge durch Hinzuthun einer dritten Terz zu Septimenakkorden wurden.

Das System ihrer Aufstellung ist, da die Septimenakkorde bleiben, bereits durch No. 182 gegeben;

a) in C-dur:

und b) in A-moll:

Das neu hinzugetretene Intervall ist des Grundtons None; sie heissen davon mit einem allgemeinen Namen: Nonen- oder Sept-Nonenakkorde.

Die Spekulation hat sich viel damit abgegeben, diese Akkorde in den täglichen Gebrauch einzuführen; mehre von ihnen sind auch dazu geeignet, andere weniger, einige, namentlich No. 2 in C-dur und No. 2 und 3 in A-moll, weil sie Unvereinbares enthalten, gar nicht. Wir wollen diese Spekulationen, da sie unserm Zwecke fern liegen, nicht wiederholen; uns genügt es, das daraus hervorgegangene Resultat auszubeuten: dass sich in dem Sinne wirklicher Akkorde und für die Praxis erspriesslich in beiden Geschlechtern nur der eine bewährt hat, welcher auf der jedesmaligen Oberdominante ruht, (in jeder von unsern beiden Reihen also der erste). Da dies nun in beiden Geschlechtern der wesentliche Septimenakkord mit zugefügter None ist, so nennt man sie auch die beiden wesentlichen Nonenakkorde.

Was die Zukunft noch bringen wird, ist uns Lebenden natürlich verschlossen; es ist aber nicht wahrscheinlich, dass die übrigen Nonenakkorde je zur Popularität gelangen können. Bis jetzt ist es nur gelungen, sie in einigen Durchgangs- und Vorhaltsformen nutzbar zu machen, sodass man, wenn von Nonenakkorden geredet wird, auch ohne ausdrückliches Hinzufügen der Bezeichnung „wesentlich" gar an keine andern denkt. Wir werden uns deshalb auch nur mit ihnen beiden beschäftigen.

Der Nonenakkord von C-dur,

bestehend aus Grundton, grosser Terz, reiner Quinte, kleiner Septime und grosser None, nebst seinen Verwechslungen:

866.

Diese Aufstellung in der zerstreuten Harmonie wird das Befremdliche, das die Akkorde vielleicht beim ersten Anblick haben, augenblicklich verlieren, wenn wir darauf aufmerksam machen, dass hier dieselben beiden Töne h und a aus dem Septimenakkorde zweiter Gattung (S. § 31) wiederkehren, welche nur in dem Verhältniss einer Septime, wo also das a über dem h steht, dem Ohre fasslich und angenehm sind. Umgekehrt als Sekunde verlieren sie diese Fasslichkeit und klingen, als ob sich der Spieler vergriffen hätte, deswegen ist auch die letzte Verwechslung gänzlich unbrauchbar. Unsere Absicht ist aber, von aller Spekulation durchaus abzustehn und die Akkorde nur in ihrer praktikabeln Anschaulichkeit zu zeigen, darum ist *a* stets als Septime über *h* gesetzt, und auch die drei Töne *f*, *g* und *a*, welche in den Verwechslungen dicht nebeneinander zu stehn kommen würden, sind aus ebendenselben Gründen überall weit auseinandergehalten.

Die Bezifferung des Nonenakkords geschieht mit der Zahl 9, hier und da auch wohl mit $\frac{9}{7}$. Die Verwechslungen sind weder zu beziffern noch zu benennen. Die erste, *h-d-f-g-a*, müsste Quintsextseptimen-, die zweite, *d-f-g-a-h*, Terzquartquintsext-, die dritte, *f-g-a-h-d*, Sekundterzquartsext-, und die vierte, *a-h-d-f-g*, Sekundquartsextseptimenakkord heissen, — ungeheuerliche Namen, mit deren Aussprache die Lippen verschont geblieben sind. Die Bezifferung ist nie eingeführt worden, weil sie unausbleibliche Verwirrung erzeugt hätte.

## Der Nonenakkord von A-moll,

bestehend aus Grundton, grosser Terz, reiner Quinte, kleiner Septime und kleiner None, nebst seinen Verwechslungen:

Dieselben Motive, wie bei dem Vorigen, sind auch hier bei der Aufstellung in der zerstreuten Harmonie leitend gewesen.

Ihrer ganzen Konstruktion nach sind die beiden Nonenakkorde dissonirende und zwar Oberdominantakkorde. Sie sind deren allervollendetste Form, denn sie schliessen alle übrigen Oberdominanten in sich; nämlich in C-dur:

den Oberdominantdreiklang: . . . *g, h, d.*
den verminderten Dreiklang: . . . *h, d, f.*
den wesentlichen Septimenakkord: . *g, h, d, f.*
den Septimenakkord zweiter Gattung: . *h, d, f, a.*
Sie Alle bilden in ihrer Vereinigung den Nonenakkord: . . *g, h, d, f, a.*
und in A-moll:
den Oberdominantdreiklang: . . . *e, gis, h.*
den verminderten Dreiklang: . . . . *gis, h, d.*
den wesentlichen Septimenakkord: . *e, gis, h, d.*
den verminderten Septimenakkord: . . *gis, h, d, f.*
Sie Alle bilden in ihrer Vereinigung den Nonenakkord: . *e, gis, h, d, f.*

Im Grunde genommen haben wir also keine neuen Schöpfungen, sondern nur die Vereinigung mehrer frühern (deren Auflösungsgesetze wir als bekannt annehmen) zu einem Akkorde vor Augen. Die neu hinzugekommene Note muss sich, wie die Septime, in die nächste diatonische Stufe abwärts auflösen. Einen Fall giebt es jedoch, wo sie liegenbleiben kann. Derselbe wird bei No. 873 vorkommen.

Der Nonenakkord:

Choral: „An Wasserflüssen Babylon" u. s. w.

In C-dur.

In A-moll.

Die Vollständigkeit des fünfstimmigen Nonenakkords führt die selbstverständliche Bedingung herbei, dass seinetwegen der ganze Satz fünfstimmig gehalten werden muss. So verwickelt dieser fünfstimmige Satz auch beim ersten Anschein aussieht, so ist er doch sehr leicht, da es sich mit alleiniger Ausnahme des Nonenakkords nur um Verdoppelung zweier Töne in den Dreiklängen und eines Tons in den Septimenakkorden handelt. Bei der Verdoppelung der Dreiklangstöne ist man gar keinen Beschränkungen unterworfen; und in den Septimenakkorden thut man am besten, entweder den Grundton zu verdoppeln, weil diese Verdoppelung dann als Quinte des nachfolgenden Dreiklangs liegenbleiben, oder die Quinte, weil dieselbe den freien Gang hat und das Einemal aufwärts, das Andremal abwärts fortschreiten kann. Hieraus ergiebt sich schon von selbst die Regel für das zu Vermeidende. Es muss die Verdoppelung aller der Intervalle unterbleiben, die einen von der Natur fest vorgezeichneten Fortschritt haben, und diese sind: a) die Leittöne, b) die Septimen, und c) alle willkürlich erhöhten und erniedrigten Intervalle.

Die erste Verwechslung:

In C-dur:                         In A-moll.

Manche Harmonielehrer nehmen gar keine Verwechslungen des Nonenakkords an, und erkennen in diesem und den beiden folgenden Fällen die sich bewegenden Töne als Intervalle des Septimenakkords zweiter Gattung, und das in C-dur festliegende g, sowie das in A-moll festliegende c, als Orgelpunkt. Die Berechtigung zu einer solchen Annahme, wenn man die Abstammung der Tonverbindung in's Auge fasst, muss als höchst zweifelhaft erscheinen.

Die zweite Verwechslung:

In C-dur:  In A-moll:

870.

Die dritte Verwechslung:

In C-dur.  In A-moll.

871.

Die vierte Verwechslung ist, wie wir schon vorhin aussprachen, unbrauchbar. Im Durgeschlechte ist es nicht zu umgehn, dass *a* unter das *h* kommt, wodurch der ganze Akkord unfasslich und missklingend wird; und in A-moll ist der Zusammenklang von einer Härte begleitet, die ihn nur in höchst seltenen Fällen zu empfehlen vermag:

872.

Ein lieblicher Gebrauch des Nonenakkords besteht darin, ihn als Unterdominante in der Tonart der Quarte (d. h. wir rechnen den Nonenakkord *g-h-d-f-a* als leitereigen in C-dur, und F-dur ist davon die Quarte,) zu verwenden:

*Andante.*

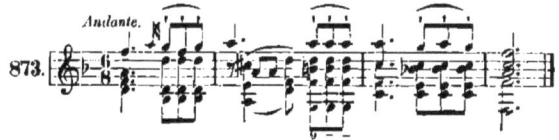

873.

Die Erklärung ist: In F-dur heisst die Unterdominante *B*; der Septimenakkord auf diesem *B* ist *h-d-f-a* (**D. I.**); dessen Umbildung (**D. II.**) *h-d-f-a*, und dieser Umbildung ist noch die untere Terz *g* hinzugethan. — Die None *a* bleibt als Sexte des folgenden Quartsextakkords liegen.

Eben dieser Quartsextakkord kann aber auch ausfallen, und dann lässt sich der Nonenakkord als Unterdominante von F-dur auch auf dem drittletzten Platze denken:

874.

Beide Beispiele, in C-dur übertragen, müssten so lauten:

875.

Der Nonenakkord des Mollgeschlechts bequemt sich diesem Gebrauche ebenfalls. Der Nonenakkord *e - gis - h - d - f* als Unterdominante von D-moll:

a) Viertletzter Akk.:

876.

b) Drittletzter Akk.:

Beide Sätze in A-moll übertragen, wo dann der Unterdominant-Nonen-
akkord *h - dis - fis - a - c* heisst:

Nach dem in § 65 durchgeführten Nachweise, die Unterdominante
des Mollgeschlechts in das Dur zu verpflanzen, darf es nun auch nicht
mehr befremden, den Moll-Nonenakkord in der Eigenschaft als Unterdominante im Durgeschlechte anzutreffen:

man wird sich auch nun nicht mehr aus der Fassung bringen lassen, sollte
man dieses *as* der Oberstimme enharmonisch als *gis* (neben dem *g* des
Basses) geschrieben lesen.

Der Zusammenklang der fünf Töne *g - h - d - f - a* ist ausserordentlich
beliebt und kommt sehr häufig vor. Man würde jedoch weit irren, wenn
man ihn immer für den Nonenakkord halten wollte. In dieser Beziehung
ist mit vieler Schärfe zu fassen: dass er nur dann der Nonenakkord ist,
wenn sich alle fünf Töne gleichzeitig dominantisch in den tonischen Dreiklang auflösen; mit noch deutlicheren Worten, wenn in dem Augenblicke,
wo die None *a* nach *g* abwärts geht, dieses *g* sofort Quinte von *c* wird
und nicht mehr Bestandtheil eines andern Akkords (z. B. des wesentlichen
Septimenakkords) ist. Diese Bedingung ist in den Beispielen 868 bis 872
genau innegehalten worden. In zahllosen andern Fällen, die sich recht
gut durch folgendes Citat aus Weber's Freischütz-Ouvertüre repräsentiren
lassen,

ist derselbe nicht der Nonenakkord, denn unter dem *g* im dritten Viertel des vierten Takts, wohinein sich das *a* aufgelös't hat, klingt noch der wesentliche Septimenakkord fort. Das *a* ist hier nur Verzierungs- oder Hilfston von *g*, und steht statt:

Zur nähern Verständigung wolle man ebenfalls die folgende Harmonisirung der ersten Zeile des Chorals „An Wasserflüssen Babylon" mit der in No. 868 vergleichen:

dort war der wirkliche Nonenakkord, — hier aber nicht. Dahingegen ist es wieder der Nonenakkord, wenn auch, was sehr häufig und von angenehmer Wirkung ist, die None in den folgenden Dreiklang als Vorhalt der Sexte von der Quinte hinübergezogen wird:

Im Mollgeschlechte verhält sich dies Alles so ähnlich, dass wir uns der Pflicht für enthoben erachten, deshalb Beispiele anzuführen.

Im strong vierstimmigen Satze wir meinen damit
den für vier Singstimmen oder vier Blasinstrumente geschriebenen, wo
das Einflechten einer fünften Stimme unmöglich ist, — muss der
Nonenakkord unvollständig bleiben. Das einzige entbehr-
liche Intervall ist, wie in den Dreiklängen und Septimenakkorden, auch
hier wieder die Quinte:

Eine zweite Weglassung ist die des Grundtons *g*, wodurch dann eben
nichts mehr übrig bleibt, als der Septimenakkord zweiter Gattung aus
§ 31,

doch betrachtet man fortwährend das weggelassene *g* als unsichtbar wirkenden Grundton, durch den die Auflösung dieses Septimenakkords *h-d-f-a*
in den Dreiklang C-dur ermöglicht wird. Dies ist der merkwürdige
Unterschied zwischen dem Septimenakkorde zweiter Gattung in C-dur
und dem aus denselben Tönen bestehenden Septimenakkorde dritter
Gattung in A-moll. In C-dur ist er der zweite vierstimmige Oberdominantakkord, welcher nur eine diatonische Stufe aufwärts fortschreitet, (unselbständiger Gebrauch,) weil der weggelassene aber
unsichtbar fortwirkende Grundton *g* den Dominantschritt nach *c* thut; in
A-moll ist er der erste vierstimmige Unterdominantakkord, welcher
selbständig den Dominantschritt nach *e* macht. In C-dur müssen in
seinen Verwechslungen die Töne *h* und *a*, wenn sie dem Ohre fasslich
bleiben sollen, stets eine Septime weit auseinandergehalten sein,
— in A-moll können sie dagegen ungehindert als Sekunde dicht
nebeneinanderstehn.

## § 75.

Die allmälige Entwicklung des Akkordsystems liess bis jetzt das
Aufstellen eines mit einem Blicke zu übersehenden Bildes nicht zu;
es erfolgt dasselbe aber hier am Schlusse auf nebenstehender Tabelle in
C-dur, C-moll und A-moll.